Wahrhaft Neues

T0161625

Forum Theologische Literaturzeitung

ThLZ.F 28 (2013)

Herausgegeben von Ingolf U. Dalferth
in Verbindung mit Albrecht Beutel, Beate Ego, Andreas
Feldtkeller, Christian Grethlein, Friedhelm Hartenstein,
Christoph Markschies, Karl-Wilhelm Niebuhr, Friederike
Nüssel und Martin Petzoldt

Hartmut von Sass (Hrsg.)

Wahrhaft Neues

Zu einer Grundfigur christlichen Glaubens

EVANGELISCHE VERLAGSANSTALT
Leipzig

Hartmut von Sass, Jahrgang 1980, studierte Evangelischen Theologie und Philosophie in Göttingen, Edinburgh und Berlin, danach folgten Assistentur, Promotion und Habilitation in Zürich. Seit 2010 ist er zugleich Associate Fellow am Collegium Helveticum und hatte Forschungsaufenthalte in Claremont (USA) und Oxford (Trinity College). Seit 2013 Privatdozent für Systematische Theologie und Religionsphilosophie in Zürich.

Bibliographische Information der Deutschen Nationalbibliothek

Die Deutsche Nationalbibliothek verzeichnet diese Publikation in der Deutschen Nationalbibliografie; detaillierte bibliografische Daten sind im Internet über ‹http://dnb.d-nb.de› abrufbar.

© 2013 by Evangelische Verlagsanstalt GmbH, Leipzig
Printed in Germany · H 7614

Das Werk einschließlich aller seiner Teile ist urheberrechtlich geschützt. Jede Verwertung außerhalb der Grenzen des Urheberrechtsgesetzes ist ohne Zustimmung des Verlags unzulässig und strafbar.

Gedruckt auf alterungsbeständigem Papier

Umschlag und Entwurf Innenlayout: Kai-Michael Gustmann, Leipzig
Satz: Evangelische Verlagsanstalt GmbH
Druck und Binden: Hubert & Co., Göttingen

ISBN 978-3-374-03150-4
www.eva-leipzig.de

Vorwort

Der Band geht auf eine Tagung zurück, die im November 2011 am Zürcher Collegium Helveticum stattgefunden hat. Bis auf die Einleitung sind alle Beiträge in diesem Rahmen vorgetragen und im Licht der gemeinsamen Diskussionen überarbeitet worden.

An der Entstehung von Tagung und Band sind mehrere Institutionen und Personen beteiligt, denen auch an diesem Ort gedankt sei. Zunächst geht ein Dank an alle Autoren, die sich dem Thema des Neuen angenommen und es aus Sicht der unterschiedlichen theologischen Disziplinen zur Sprache gebracht haben. Zu danken ist auch dem Collegium Helveticum für die Unterstützung bei der Organisation und Durchführung der Tagung sowie für die Mithilfe bei der Erstellung des Manuskripts. Namentlich gilt mein Dank dem Leiter des Collegiums, Gerd Folkers, sowie den dortigen Mitarbeitern Andrea Truttmann und Martin Schmid. Zudem hat das Collegium die gesamte Finanzierung getragen – *merci beaucoup!* Überdies möchte ich der Evangelischen Verlagsanstalt – und speziell Annette Weidhas, der Programm- und Verlagsleiterin – danken. Es ist schön, dass dieser Band sein »Forum« gefunden hat.

Zürich, im Dezember 2012   Hartmut von Sass

Inhalt

Hartmut von Sass

Wahrhaft Neues?
Eine einleitende Erinnerung

>>Theologie verliert ihr Thema,
wenn sie nicht mit dem völlig Verändernden zu tun hat.<<
Gerhard Ebeling[1]

1. ANNÄHERUNG:
NEUES ALS AMBIVALENTES THEMA DER THEOLOGIE

Schon der Prediger Salomo mag große Zweifel daran gehabt
haben, dass das Neue mehr sei als reine Illusion. Er stellt daher gleich zu Beginn seiner recht nüchternen Zeitdiagnose
fest:

>>Was geschehen ist, eben das wird hernach sein. Was man getan hat,
eben das tut man hernach wieder, und es geschieht nichts Neues
unter der Sonne. / Geschieht etwas, von dem man sagen könnte: ›Sieh,
das ist neu‹? Es ist längst vorher auch geschehen in den Zeiten, die vor
uns gewesen sind.<< (1,9 f.)

Dass nichts Neues unter der Sonne geschehe, muss aber nicht
heißen, dass *gar nichts Neues* geschieht, sondern nur, dass
nichts Neues *unter der Sonne* geschehen wird. Gibt man den
Platz an der Sonne auf, könnte sich das Neue sehr wohl un-
verhofft einstellen – so zumindest eine mögliche Lesart.[2] Eine

---

1 *Einführung in Theologische Sprachlehre*, Tübingen 1971, 58; kursiv im Orig.

2 Vgl. den Beitrag von Konrad SCHMID in diesem Band.

andere Deutung hingegen, die sich in größerer Nähe zur
vehementen Kritik traditioneller Weisheit und ihrer Vertrös-
tungslogik zwischen Tun und Ergehen befindet, wird im
zitierten Votum eher die Reaktion auf die längst etablierte Be-
schwörung des Neuen erkennen: Gerade weil es für die Literatur von Tora und Prophetie ausgemacht zu sein scheint,
dass es eine Zukunft gibt, der Neues im Dual von Erneuerung
des Beständigen und Verheißung des Unerwarteten bestens
vertraut ist, wird nun gegen den alttestamentlichen *main-
stream* quasi frühstoisch angeschrieben.

Die Gegenbesetzung durch den Prediger bestätigt also
gerade die in Bezug auf die Möglichkeit des Neuen vorherr-
schende Mehrheitsmeinung. Das belegen unterschiedlichste,
in sich wiederum sehr heterogene Passagen des Alten Testaments. Sie berichten von der Schöpfung als ganz Neuem, zu
der sich – angesichts der Sünde – der Neuanfang mit Noah,
das »neue Jerusalem« oder die »neue Schöpfung« bei Wahrung
der Kontinuität kritisch verhalten. Gott fängt mit seiner
Schöpfung immer wieder neu an, was das Christentum in
einem Neuen Testament mit entsprechenden Folgelasten in
»Anknüpfung und Widerspruch« zum alten Bund verarbeitet.
Dabei steht der Umbau messianischer Erwartungen als De-
eskalierung einer Apokalyptik des Gesalbten im Mittelpunkt,
sodass die Hoffnung auf umfassend kosmologische Transformation bereits hier sanft, aber bestimmt einer anthropolo-
gischen Zentrierung weicht. Eine ganz »neue Kreatur« als de-
zidierter Kontrast zur alt gewordenen Vergangenheit wird
von Paulus gepredigt (II Kor 5,17), während der Brief an die
Epheser den Fokus auf eine neue Lebensführung noch ver-
stärkt: Der »neue Mensch« gilt ihm als Chiffre für eine »in
wahrer Gerechtigkeit und Heiligkeit« »anzuziehende« Weise
glaubender Existenz (Eph 4,17–24).

Diese knappen Verweise sind nicht mehr als je eigens zu bedenkende (und im ersten Teil dieses Bandes exemplarisch bedachte) Schlaglichter auf einen zentralen Topos, der die beiden Testamente an einigen ihrer prominentesten Passagen durchzieht. Von dort aus ist die Figur des Neuen in die Dogmatik als zuweilen tatsächlich »konsequente Exegese«[3] eingegangen (wie die systematisch-theologischen Beiträge des Bandes an drei wirkmächtigen Modellen belegen). Mit diesem Transfer des Neuen als einem der Schöpfungslehre bzw. der Eschatologie zuzurechnenden Lehrstück wird jedoch ein doppelter Kontrast in dessen Variationen sichtbarer: zum einen die ambivalente (theologische) Wertung des Neuen zwischen *Hoffnung und Reserve*, zum anderen die (zeitgeschichtliche) Konjunktur des Neuen zwischen *Radikalisierung* und *Bewahrung*.

Zunächst zum ersten Kontrast: Neues genießt eine Vorschussplausibilität, die ihre Virulenz aus den zunächst ganz positiv gefärbten Konnotationen des gesamten Begriffsnetzes bezieht, in welches das *novum* eingewoben ist. ›Kreativität‹ oder ›Innovation‹ bzw. die etwas anders gelagerten Konzepte ›Vollendung‹ oder ›Erfüllung‹ lassen sich kaum als *per se* bedenklich abweisen. Im Gegenteil, vom Neuen scheint eine nachhaltige Faszination auszugehen als Ausdruck oder gar Motor dessen, was emphatisch ›Leben‹ genannt wird, das ohne Spannung, Ungewissheit und wesentlich Ausstehendes als

---

3   Vgl. Eberhard JÜNGEL, *Gottes Sein ist im Werden. Verantwortliche Rede vom Sein Gottes bei Karl Barth. Eine Paraphrase*, Tübingen (1966) ³1976, 123 (Epilog), DERS., »Glauben und Verstehen. Zum Theologiebegriff Rudolf Bultmanns«, in: DERS., *Wertlose Wahrheit. Zur Identität und Relevanz des christlichen Glaubens. Theologische Erörterungen III*, 2. Aufl., um ein Register erweitert, Tübingen (1990) 2003, 16–77, 22.

4   Zu einem philosophischen Begriff der Langeweile: Martin HEIDEGGER,

unerträglich langweilig vergehen würde.4 Doch die Opposition zur Freude am Advent des Neuen liegt auf der Hand: Wirkt das unüberschaubar Neue nicht doch eher gefährdend und beängstigend? Als Kehrseite des Lobs auf's Neue zeichnet sich daher ein allzu vertrauter Konservatismus ab, der von einem harmlosen Bedächtigkeitsgestus bis hin zur dezidierten Xenophobie im Namen einer vermeintlichen Treue zum Alten vielfältige Schattierungen annehmen kann. In Zeiten der Krise werde Neues stets als Abfall vom Alten angesehen, so befürchtet etwa David Hume in Paraphrasierung von Francis Bacon.5 Daran schließt sich die stets neu auszuhandelnde Frage an, auf welcher Seite des Duals von alternder Vergangenheit und vielversprechender Zukunft die Begründungs- und Rechtfertigungslasten denn nun liegen.

Daraus ergibt sich eine eigentümliche Schwebe in der Bewertung von Neuem, sodass sich zur besagten Vorschussplausibilität eine Hermeneutik des Verdachts gesellt. Man kann diese Doppelung an der zunehmenden Abschleifung etwa der politisch motivierten Erneuerungsrhetorik recht gut studieren. Konzepte wie ›Revolution‹ oder ›Reform‹ partizipieren noch an den säkularisierten Heilsaussichten, die in der ewigen Wiederkehr des immer gleichen Konnex zwischen Versprechen und Enttäuschung kaum noch greifen. Dies jedoch sind recht unschuldige Relationen des Negativen verglichen mit der ebenfalls aus dem politischen Diskurs stam-

---

Die Grundbegriffe der Metaphysik. Welt – Endlichkeit – Einsamkeit [VL 1929/30], Frankfurt a. M. ³2010, Teil 1, Kap. 2–5 & Teil 2, Kap. 1; dazu auch das Konzept der ›Neugier‹ als Unfähigkeit, bei etwas zu verweilen, sodass mit ihr das Neue gerade in der »Aufenthaltslosigkeit« verfehlt zu werden droht: Sein und Zeit, Tübingen ¹⁸2001, § 36 (bes. 172).

5 So David HUME, Dialoge über natürliche Religion [1779], übers. und hg. von Norbert HOERSTER, Stuttgart 2004, 19 (Philos Rede).

menden Ideologisierung des Neuen; denn nicht nur Jesaja
und die Paulusschule haben von einem »neuen Menschen« zu
reden gewusst. Weit verdächtigere Vertreter von Regimen, die
sich des positiv konnotierten *novum* bedient haben, beteilig-
ten sich bekanntlich aus ganz anderen Intentionen am nur
oberflächlich betrachtet selben Sprachspiel. Das Neue bleibt
daher eine – auch für die Bibel – prekäre Kategorie.

Damit hängt ein zweiter Kontrast zusammen, der auf die
konjunkturellen Verschiebungen in der Thematisierung des
Neuen abzielt. Offenbar gibt es ›novophile‹ Perioden der Kul-
tur- und Geistesgeschichte und solche, die sich als ›neuig-
keitsunbedürftig‹ verstehen – mit allen graduellen Abwand-
lungen zwischen diesen beiden Polen. Auf der einen Seite
steht dabei die revolutionäre Phase des Auf- und Abbruchs,
die die Zeichen der Zeit so deutet, dass die Visionen des Künftigen gerade nicht als utopisch oder gar sich selbst realisierend verstanden werden, sondern ihnen durch tätige Intervention auf die Sprünge zu helfen ist. Auch die Theologie bleibt
von derartigen Aufregungsschüben nicht unberührt, wie die
1920er Jahre so exemplarisch wie eindrücklich zeigen. Auf die
Ägide des Historismus und seinen endgültigen Aporien bei
Ernst Troeltsch reagiert nach dem Ersten Weltkrieg als Ende
etablierter Selbstverständnisse ein ganz anders gelagertes
Interesse an der Geschichte. Von dieser Transformation zehrt
auch die sogenannte Dialektische Theologie, deren Paradigma
der Krisentheologe Friedrich Gogarten pointiert formuliert:

> »Sieht [der »Zeitbetrachter«] nur das Neue, das er vorhersagte, so sieht
> er nur eine Veränderung innerhalb des Alten, aber er sieht nicht das
> Neue, das all diesem Alten mit allen seinen Veränderungen gegenüber
> das ganz und gar Neue, das absolut Neue, das absolut Andere ist.«[6]

6 Friedrich GOGARTEN, »Die Krisis der Kultur« [1920], in: *Anfänge der dialek-*

13

Sich nicht in einer »Neuzeit«, sondern »zwischen den Zeiten« existierend zu verstehen, ist offenbar seinerseits mitten in der Zeit verankert und insofern ganz zeitbedingt und heute womöglich anfällig für schlichtes Befremden. Vielleicht auch deshalb, weil der Ruf nach Neuem in Zeiten relativer Stabilität im Leeren verhallt, durch keine Notwendigkeit gedeckt zu sein scheint oder sich schlicht abgenutzt hat.[7] Eben in solch einer Phase mögen sich weite Teile des 19. Jahrhunderts befunden haben, und auch unsere Breitengrade bewegen sich aus ganz divergenten Gründen in einer ›post-heroischen und post-revolutionären Zeit‹,[8] in denen die Aktien des Neuen nicht hoch gehandelt werden. Diesem Umstand könnte ein generelleres theologisches Bedenken zur Seite gestellt werden; denn Gott ist nicht der (oder das) Neue, sondern gilt mit Blick auf die traditionelle Eigenschaftslehre als der Ewige, sodass Gogartens langjähriger Gesinnungsgenosse Rudolf Bultmann lapidar feststellt, dass Neuheit keine auf Gott zutreffende Kategorie sei.[9] Das Problem bestünde dann nicht darin,

tischen Theologie. Teil 2: Rudolf Bultmann – Friedrich Gogarten – Eduard Thurneysen, hg. von Jürgen MOLTMANN, München 1963, 101–121, 105; vgl. auch Karl BARTH, Der Römerbrief [Zweite Fassung 1922], Zürich [17]2005, bes. 136 (»das radikal Andere«).

7   Zu bedenken ist jedoch, dass gerade die »Wendetheologien« (Dialektische Theologie, Hermeneutik, neureformierte Theologien) antimodernistische Züge aufgewiesen haben; so Falk WAGNER, »Religion und Theologie zwischen Vieldeutigkeit und Zweideutigkeit«, in: Peter KOSLOWSKI und Richard SCHENK (Hg.), Ambivalenz – Ambiguität – Postmodernität. Begrenzt eindeutiges Denken, Stuttgart-Bad Cannstatt 2004, 229–269, 237.

8   Zu diesen Konzepten Herfried MÜNKLER, »Die neuen Kriege«, in: Der Bürger im Staat (Themenheft: Neue Kriege) 54:4 (2004), 179–184, hier 184.

9   Rudolf BULTMANN, »Die liberale Theologie und die jüngste theologische Bewegung« [1924], in: DERS., Glauben und Verstehen I, Tübingen [5]1964, 1–25, hier 8.

dass uns der eingespielte dialektische Furor zeitbedingt fremd geworden ist (und daher umgekehrt erneut über uns kommen könnte), sondern darin, dass ein grammatischer Kategorienfehler vorliegen würde, der konfuserweise das *novum* einem jenseits des Neuen liegenden Kandidaten zuordnete. Dieses theologische Moment spiegelt sich noch in einer religiösen Lebensweise, die nicht mehr am Neuen, sondern an der Fügung ins Altbewährte orientiert ist, also nicht mehr an der absoluten Unterbrechung unserer Lebensvollzüge, sondern an der Anerkennung unserer Existenz, die in der Verlässlichkeit Gottes (oder für andere Religionen: der Gottheit[en]) gründen mag.

Eben diese beiden Kontraste, die *Wertung des Neuen als Topos* und die *Gewichtung des Neuen als Thema*, hat die Theologie latent zu verarbeiten – bis dahin, dass die Relevanz dieser Figur, zumal in ihrer emphatischen Steigerung als *wahrhaft Neues* (systematisch-theologisch im Blick auf das Christentum oder religionswissenschaftlich-vergleichend im Blick auf andere Religionen) in Abrede gestellt wird. Handelt es sich lediglich um eine Wendung, die ihre Provinzialität dadurch verrät, die Interessen einer recht spezifischen, etwa offenbarungstheologischen Tradition fahrlässig zu generalisieren? Wenn, wie Troeltsch meinte, die Tür zum »eschatologischen Bureau« zumeist verschlossen ist,[10] könnte die Beantwortung der genannten Frage zur Verlängerung der Öffnungszeiten führen.

---

10 Ernst TROELTSCH, *Glaubenslehre. Nach Heidelberger Vorlesungen* 1911/12, München/Leipzig 1925, 36.

2. Zur dualen Grammatik des Neuen

›Das‹ Neue ist kein monolithischer Block, nichts, was ausschließlich auf den Singular abonniert wäre. Offenbar stellt sich Neues immer wieder ein, manches Mal recht gut prognostizierbar, zuweilen aber auf ganz überraschende Weise. Dieses Element des noch Unbegriffenen oder gar Unbegreifbaren kann *formal* oder *inhaltlich* verstanden werden: Das Neue könnte sich folglich darin abzeichnen, dass sich mitunter Altbekanntes gerade jetzt und zum Erstaunen aller verwirklicht. Das Neue könnte sich hingegen auch darin zeigen, dass sich vollkommen Unbekanntes realisiert oder als noch Ausstehendes bereits jetzt ankündigt. Schon diese Differenz wird deutlich machen, dass ›das Neue‹ nur *die Summe seiner Variationen symbolisiert.*[11] Eben dieser Vielfalt wird nun nachgegangen, indem fünf begriffliche Duale des Neuen dekliniert werden, die den angedeuteten Unterschied verfeinern.

2.1 Ontologisch und hermeneutisch Neues

Es ist eines, etwas *wirklich Neues* zu erfahren, ein anderes, etwas *wirklich neu* zu verstehen. Im einen Fall geht es um die *Wirklichkeit des Erkannten*, im anderen um die *Wirklichkeit des Erkennens*. Die erste Variante könnte man die ontologische nennen: Etwas real Neues (*de re*), d. h. etwas bislang nicht Dagewesenes kommt in die Welt. Die zweite Variante könnte man die hermeneutische nennen: Etwas für uns Neues bereichert die Welt (*de dicto*), d. h. etwas Bestehendes und in bestimmter Weise Vertrautes gelangt unter eine neue Perspek-

---

11 Analog formuliert zu Claude LÉVI-STRAUSS, »Die Struktur der Mythen«, in: DERS., *Strukturale Anthropologie*, Frankfurt a. M. 1967, 226–254, 241.

tive. Die Elemente dieses Duals verhalten sich komplementär zueinander; man kann wirklich Neues nicht wirklich neu verstehen, weil Letzteres voraussetzt, dass das dann angeblich Neue bereits bekannt ist. In diesem Fall wäre das Neu-Verstehen des Neuen mit dem Verstehen des Neuen identisch, sodass man das ›neu‹ kürzen muss. Umgekehrtes gilt ebenso, weil sich die adverbiale Wendung des neuen Verstehens auf etwas, das schon bestehen muss, richtet. Während folglich etwas Neues in die Welt treten kann, ohne dass es zum Zeitpunkt des Auftretens jemand zur Kenntnis nimmt,[12] ist das neue Verstehen an Akteure gebunden und damit personenabhängig.

Eine alternative, gewissermaßen konstruktivistische Zuordnung bestünde darin, *beide* skizzierten Elemente unter den Oberbegriff des Hermeneutischen zusammenzufassen, die Differenz darunter zu subordinieren und sie zwischen *ontologisch* und *modal* Neuem zu erkennen. Damit würde einerseits dem Umstand Rechnung getragen, dass beide Aspekte einen Akt des Verstehens enthalten können – unter Beibehaltung ihres komplementären Charakters: Wirklich Neues muss *als Neues*, d. h. im Vergleich mit Bekanntem erfahren und – wie rudimentär auch immer – verstanden werden, während andererseits das Neu-Verstehen ohnehin einen

---

12 Das Neue wäre dann eine *rekursiv* gewonnene Kategorie, gerade nicht im Auftreten als solchem erkennbar, sondern innerhalb eines Vergleichs, dessen Relata sich zeitlich erst einmal ausbilden und klären müssten, zumal das Außerordentliche erst durch den Kontrast zum Ordentlichen sichtbar wird; vgl. Bernhard WALDENFELS, »Phänomenologie der Erfahrung und das Dilemma einer Religionsphänomenologie«, in: Wolf-Eckart FAILING u. a. (Hg.), *Religion als Phänomen. Sozialwissenschaftliche, theologische und philosophische Erkundungen in der Lebenswelt*, Berlin/New York 2001, 63–84, 83.

wesentlich hermeneutischen Vorgang darstellt. Gemäß dieser Version fiele die obige Asymmetrie zwischen der Objektivität des wirklich Neuen und dem an Personen gebundenen neuen Verstehen weg, da auch im ersten Fall Neues *als Neues* von jemandem erkannt werden müsste.

Ein ontologisches Verständnis der Schöpfung legt die Lehre von der *creatio ex nihilo* nahe, wenn man die *creatio prima* als ein quasi naturwissenschaftliches Lehrstück über die ersten Tage des Kosmos (miss)versteht. Ein solches Verständnis liegt auch dort vor, wo Gottes *gubernatio* im Sinne der *creatio continua* als immer neue Intervention aufgefasst wird, die nötig sei, weil sie als Innovation die vom Geschöpf verantworteten Fehlentwicklungen abwende. Doch ist ein derartiges Verständnis gemeint, wenn von »neuer Schöpfung« die Rede ist? Ist nicht vielmehr vorausgesetzt, dass wir in einer Welt ohne »Hinterwelt« leben, sodass gerade theologisch vom Neuen als einer Kategorie des Verstehens die Rede sein müsste?

Umstritten mag dies auch dort noch sein, wo der konfuse *Dualismus* einer ›Zwei-Reiche-Lehre‹ abgelehnt und auch theologisch dafür plädiert wird, unsere Welt nicht metaphysisch zu verdoppeln; denn aus diesem *monistischen* Votum ergeben sich ganz unterschiedliche Optionen. Auf der einen Seite stehen in der Tat kosmologisch orientierte Ansätze wie die Prozesstheologie, die Gott als *movens* emergenter Prozesse zu begreifen versucht und damit im Leibnizschen Paradigma von notwendigem Gott und kontingenter Welt beides ›vernotwendigt‹.[13]

---

13 Vgl. dazu den Beitrag von Günter THOMAS in diesem Band (in Auseinandersetzung mit Arthur Peacocke); ferner siehe die theologisch motivierten Arbeiten zum Emergenzproblem, etwa: Philip CLAYTON / Paul DAVIES,

Gott wird hier zum Inbegriff des immer neuen Prozesses universaler Entwicklung. Auf der anderen Seite stehen nachkritische Theologien – vom neoidealistischen Subjektivitätsparadigma bis hin zur Hermeneutischen Theologie –, welche auf je ihre Weise das Neue modal verstehen. Schon Schleiermacher – in gewisser Hinsicht der Nestor *beider* nachkritischen Projekte – verdeutlicht, dass die Bewegungen des Geistes »nicht den Bewegungen äußerer Gegenstände« zugeschrieben werden sollten; vielmehr gelte, dass »dieselben Handlungen des Universums, durch welche es sich Euch im Endlichen offenbart, es auch in ein neues Verhältnis zu Eurem Gemüt und eurem Zustand« bringen.[14] Diese Passage könnte so gelesen werden, dass der Lauf des ›Universums‹ mehrere oder gar unendliche Möglichkeiten, gedeutet zu werden, freisetzt. Je unter welchem Aspekt – des Handelns (Ethik), des Denkens (Metaphysik), des Fühlens (Religion) – das ›Universum‹ angeschaut wird, ist es anders und alles in ihm – auch der Betrachter selbst[15] – neu verstanden.[16]

Es ergeben sich aus dem Skizzierten drei für die gegenwärtige theologische Diskussion durchaus repräsentative

---

The Re-Emergence of Emergence: The Emergentist Hypothesis from Science to Religion, Oxford 2006.

14 Friedrich D. E. SCHLEIERMACHER, *Über die Religion. Reden an die Gebildeten unter ihren Verächtern* [1799], hg. von Hans-Joachim RO-THERT (PhB 255), Hamburg 1958, 37 f.

15 So Rudolf BULTMANN, »Kirche und Lehre im Neuen Testament« [1929], in: *Glauben und Verstehen* I, 153–187, hier 156.

16 SCHLEIERMACHER hatte zuvor klargemacht, dass er von einer Welt unter verschiedenen Aspekten spricht: »Stellet Euch auf den höchsten Standpunkt der Metaphysik und der Moral, so werdet Ihr finden, daß beide mit der Religion *denselben Gegenstand* haben, *nämlich das Universum und das Verhältnis des Menschen zu ihm.*« (*Über die Religion*, 24; Herv. von mir).

Modelle (des Neuen), die sich durch Kreuzung der obigen Näherbestimmungen stichwortartig einfangen lassen:

– *dualistisch-kosmologische Modelle* (Gott als quasi naturwissenschaftliche Erstursache; Neues als *creatio ex nihilo*);

– *monistisch-kosmologische Modelle* (Gott als Inbegriff prozesshafter Entwicklung des Universums; das Neue als die permanente Emergenz im Universalen);

– *monistisch-hermeneutische Modelle* (Gott als Qualifizierung des Welt- und Selbstverständnisses; das Neue als Umkodierung der Lebensweise).[17]

2.2 NEUES ZWISCHEN NEUIGKEIT UND ERNEUERUNG

Einen ganz anderen Akzent setzt das Dual von *renovatio* und *novitas*. Nun geht es nicht mehr um ein neues Verstehen im Gegensatz zum Verstehen des Neuen, sondern um den Richtungssinn dieses Verständnisses. Gefragt wird nicht mehr, welcher Status dem konkreten *novum* zukommt, sondern, woran es zu messen wäre, um wirklich und wahrhaft neu zu sein. Dabei zeichnen sich zwei wirkmächtige, sich gegenseitig ausschließende Positionen ab.

Auf der einen Seite steht der Verweis aufs Alte im Namen des Neuen. Nicht das Unerwartete wird gepriesen; vielmehr geht es um eine Rückkehr zu einem einstmals realisierten Zustand, wobei diese Rückkehr durchaus kreativ sein kann. Die Wiederherstellung ist daher nicht bloße Wiederholung, sondern aktive Wiedergewinnung. Das Neue wird damit als Erneuerung des Alten gedacht – mit allen Adaptionsweisen, das

---

17 Ich verzichte hier auf eine Diskussion, inwiefern *dualistisch-hermeneutische Modelle* vorliegen, will aber nicht verschweigen, dass Teile der Hermeneutischen Theologie dafür zu kritisieren sind, die Möglichkeit dieser Frage nicht eindeutig genug abgewiesen zu haben.

Alte ins Gegenwärtige einzupassen oder umgekehrt das Präsente gemäß des weit Zurückliegenden zu formen. Das ›alte Neue‹ erhält nun die Würde des eigentlich Gewollten, dessen man sich durch Restitution erneut zu versichern hat. Die Geschichte wird nun dadurch zur Heilsgeschichte, dass sich ihre Logik zwischen den Brennpunkten *paradise lost/paradise regained* aufspannt. Doch häufig sind es gerade diese Eckpunkte, die aus dem Zentrum der theologischen Betrachtung fallen und vom Zwischenraum, dem (sündigen) Vergessen des Neuen als zu erneuerndes Altes, verdrängt werden. Entsprechend steht nicht mehr das Objekt der *renovatio* im Fokus des Interesses, sondern dessen Modus im Erinnern – eine *memoria* also, die platonische Züge trägt.[18]

Diese Figur stand stets unter dem Verdacht, entweder geschichtsphilosophisch naiv zu sein oder das unkontrollierbare Ergebnis ideologischer Projektionen darzustellen oder sich der unguten Hellenisierung des biblischen Zeugnisses zu verdanken. Mit Blick auf Letztere stellt sich in der Tat die Frage, ob der neue mit dem erneuerten »Äon« zu identifizieren sei oder der alten Weltzeit nicht gerade das absolute Ende verkündet werde.[19]

Dieser Bruch kann seinerseits ganz unterschiedliche Formen annehmen: die vollkommene Beendigung des Alten, des-

---

18 Den hier anvisierten Unterschied hat Kierkegaard eingefangen, indem er Sokrates den Lehrer (im Sinne der ›Hebammenkunst‹) von Jesus als dem Erlöser, der zugleich die Bedingungen, verstanden zu werden, selbst mitbringt, abgrenzte: Sören KIERKEGAARD, *Philosophische Bissen*. Übersetzt, mit einer Einleitung und Kommentar hg. von Hans ROCHOL, Hamburg 1989, Kap. II: »Gott als Lehrer und Retter«.

19 Vgl. Rudolf BULTMANN, »Der Mensch zwischen den Zeiten nach dem Neuen Testament« [1952], in: DERS., *Glauben und Verstehen III*, Tübingen ³1965, 35–54, bes. 41.

sen Integration in Anderes oder die Überbietung durch Neues. Zu weit sollte man die Erneuerungsrhetorik jedoch nicht
treiben, denn im Gegensatz zum klassisch-politischen Mes-
sianismus, von dem noch die Französische Revolution ge-
nährt wurde, ist die christliche Heilserwartung entzaubert,
fast nüchtern: Der Gesalbte ist erschienen und nichts hat sich
›offensichtlich‹ geändert.[20]

Beide Konkretionen des Neuen, *renovatio* und *novitas*,
folgen ganz unterschiedlichen Dynamiken. Neues als Erneuerung des Uralten steht für einen Strukturkonservatismus,
der zugleich notwendig kritisch ist. Er richtet sich gegen Bestehendes als Verblendung des eigentlich Relevanten, das
den Gegenstand unbedingter Bewahrung bildet. Neues als
neues Vorkommnis hingegen ist trotz aller Vehemenz nicht
festgelegt auf eine bestimmte Haltung zum Alten – und
zwar deshalb, weil das Alte nicht *per se* alt ist, sondern weil
es erst durch das Auftreten des Neuen dem Alten zuzurech-
nen ist.

Damit hängt eine zweite Dynamik zusammen: Im Rahmen der *renovatio* kommt dem Bestehenden stets ein *privatio*-Charakter zu; ihm ermangele etwas, das es im Kontrast
zum Anfang verloren habe. Im Sinne der *novitas* hingegen
wird das Neue als Exzess gedacht, der nicht schon vorhandene
Lücken füllt, sondern dem Bestehenden wirklich zugute-
kommt. Die erste Variante folgt der Logik der Mängelbesei-
tigung, die zweite Variante der des Überflusses – was Ernst
Fuchs wie folgt zusammenfasst:

---

20 Dies mag eines der Motive eines hermeneutischen Verständnisses des Neu-
en im Gegensatz zum Kosmologischen sein; vgl. ferner Thierry DE DUVE,
*Auf, ihr Menschen, noch eine Anstrengung, wenn ihr post-christlich sein
wollt!*, Zürich/Berlin 2009, 23.

»Der Glaube will nicht nur einer Mangelerscheinung bei uns genügen. Mit dem Glauben wird jetzt etwas Neues, in Gott selbst Begrün-
detes als wunderbare Anwesenheit Gottes geltend gemacht.«[21]

2.3 NEUES ALS *POTENTIA* UND ALS *POSSIBILITAS*

Wo nichts mehr möglich ist, gibt es auch nichts Neues. Eine
im Wirklichen aufgehende Welt, ist daher bestenfalls mög-
lichkeitsarm. Nun ist aber die Welt bekanntlich mehr als das,
was der Fall ist, sodass Möglichkeiten als »der ontologische
Platzhalter des Neuen« bezeichnet werden können.[22] Hinter
diesem ›Stellvertretungsgedanken‹ steckt zunächst die aus
der neueren Metaphorologie bekannte Wertschätzung für die
Dimension des Möglichen. Ihr traditionell gegen Aristoteles
gerichteter Einspruch, Metaphern käme selbst ein ontolo-
gischer Eigenwert zu,[23] hat zugleich Auswirkungen für das
modale Denken; denn wenn sich die alte Substitutionstheorie

---

21 Ernst FUCHS, *Jesus. Wort und Tat*, Tübingen 1971, 73; vgl. auch 85; diese
    Einsicht ist bes. von Ingolf U. DALFERTH aufgenommen worden, etwa in:
    »Alles umsonst. Zur Kunst des Schenkens und den Grenzen der Gabe«, in:
    Michael GABEL/Hans JOAS (Hg.), *Von der Ursprünglichkeit der Gabe.
    Jean-Luc Marions Phänomenologie in der Diskussion*, Freiburg i. Br./
    München 2007, 159-191, 184 f.

22 Eberhard JÜNGEL, »Neu – Alt – Neu. Theologische Aphorismen«, in: DERS.,
    Erfahrungen mit der Erfahrung. Unterwegs bemerkt, Stuttgart 2008, 21-
    27, hier 27.

23 Für diese Umstellung stehen zwei ganz unterschiedlich orientierte Theo-
    riestränge: einerseits die *analytisch ausgerichtete Sprachphilosophie*, re-
    präsentiert von Ivor A. RICHARDS, »Die Metapher«, in: Anselm HAVER-
    KAMP (Hg.), *Theorie der Metapher*, Darmstadt ²1993, 31-52, und Max
    BLACK, »Die Metapher«, in: ebd., 55-79; andererseits die aus der Hermeneu-
    tik und Phänomenologie kommenden Entwürfe von Hans BLUMENBERG,
    Paradigmen zu einer Metaphorologie, Frankfurt a. M. 1997; DERS., »Beob-
    achtungen an Metaphern«, in: *Archiv für Begriffsgeschichte* 15:2 (1971),
    161-214, und Paul RICŒUR, »Stellung und Funktion der Metapher in der

zur figürlichen Rede als unangemessen erweist und damit
auch Metaphern nicht rein ornamental verstanden werden
können, sondern erst einmal als eigenständiges Thema zu
entdecken wären, gelangt auch das Neue in den Fokus des Interesses.

    Eben dies ist längst geschehen, aber es blieb nicht dabei.
Denn mit steigender Wertschätzung des Tropischen im All-
gemeinen und des Metaphorischen im Besonderen ging der
Übergang des traditionellen Primats von der Wirklichkeit auf
die Möglichkeit über. Während bei Aristoteles der Modus
der Möglichkeit noch »eine Art Gespensterdasein«[24] führte,
kommt ihm nun das ontologische Privileg zu. Die »stille Kraft
des Möglichen«[25] bezieht sich daraus, dass zum einen Möglichkeiten nicht länger als *privatio* des Wirklichen verstanden
wurden[26] und dass sich zum anderen das Mögliche nicht aus
dem Wirklichen ergibt,[27] sondern umgekehrt Wirkliches stets
verwirklichtes Mögliches ist (im Ausschluss anderer – das
Wirkliche weiterhin begleitender – Möglichkeiten)[28].

    Der dritte Schritt nach der neuen Wertschätzung des
Möglichen (und damit des Neuen) sowie nach der skizzierten
Umverteilung des ontologischen Primats vom Wirklichen

    biblischen Sprache«, in: DERS./Eberhard JÜNGEL, *Metapher. Zur Herme-*
    neutik religiöser Sprache. Mit einer Einführung von Pierre GISEL, Mün-
    chen 1974, 45–70.

24 So Nicolai HARTMANN, *Möglichkeit und Wirklichkeit*, Berlin ³1966, 5.

25 Martin HEIDEGGER, »Brief über den ›Humanismus‹« [1946], in: DERS.,
    Wegmarken, Frankfurt a. M. ³2004, 313–364, hier 317.

26 So legt es ARISTOTELES, *Metaphysik*, Buch Theta, 1049b, nahe.

27 Dazu Dirk EVERS, *Gott und mögliche Welten. Studien zur Logik theologi-*
    scher Aussagen über das Mögliche, Tübingen 2006, bes. 334.

28 Zu diesem Gedanken siehe das »Zwischenspiel« in Sören KIERKEGAARDS
    Philosophischen Bissen, 71–85.

aufs Mögliche (und damit vom Alten aufs Neue) besteht in der Klärung des Begriffs des Möglichen (und damit des Begriffs des Neuen). Aufgrund des Facettenreichtums aller Modalbegriffe und der Auffächerung des Möglichen in eine Kategorie des Logischen, Semantischen, Realen, Kontrafaktischen bzw. Irrealen[29] muss ich mich hier mit dem schlichten, wenn auch zentralen Dual von *potentia* und *possibilitas* begnügen (welches sich in die angerissenen Zusatzunterscheidungen einzeichnen ließe).[30] Unter *potentia* ist die Möglichkeit im Sinne der Entfaltung des im Wirklichen bereits Enthaltenen zu verstehen. Der Weltenlauf ist demnach die Selbstverwirklichung des von jeher im Möglichen als Mögliches Angelegten. Alles Neue verhält sich zum Vorangehenden daher *analytisch*. Unter *possibilitas* ist hingegen die Möglichkeit im Sinne der Entstehung des dem Wirklichen bislang Fremden zu verstehen. Der Weltenlauf ist demnach die Verwirklichung des je neu Möglichen, das als Verwirklichtes das Wirkliche an- bzw. bereichert. Alles Neue verhält sich zum Vorangehenden daher *synthetisch*.

Beide Möglichkeitsbegriffe dürfen nicht gegeneinander ausgespielt werden; es dennoch zu tun, mündet nur in die Übernahme starker metaphysischer Annahmen: im einen Fall in die Einwilligung in einen umfassenden Determinismus, im anderen in die Isolierung partikularer Vorkommnisse von ihren kausalen Kontexten. Jenseits dieser Grenz-

---

29 Vgl. Ingolf U. DALFERTH, »Erkundungen des Möglichen. Perspektiven hermeneutischer Religionsphilosophie«, in: *Perspectives in Contemporary Philosophy of Religion*, ed. by Tommi LEHTONEN and Timo KOISTINEN, Helsinki 2000, 31–87, bes. 71 f. und 77.

30 Theologischerseits siehe dazu Eberhard JÜNGEL, *Gott als Geheimnis der Welt. Zur Begründung der Theologie des Gekreuzigten im Streit zwischen Theismus und Atheismus* [1977], Tübingen ³1978, 289–298.

werte hat die Differenz jedoch ihren Sinn – und ihre Auswirkungen auf den Begriff des Neuen; denn Neues als *potentia* würde wahrhaft Neues *de facto* ausschließen, während
Neues als *possibilitas* den Raum öffnet, um genau dies zu
denken. Und dennoch muss aus rein begrifflichen Gründen
für beide Möglichkeitsweisen ein Realitätssinn bewahrt werden, weil Möglichkeiten in ihrer Doppelung von Entfaltung
und Hinzufügung strikt modal zu verstehen sind; d. h. Möglichkeiten sind Möglichkeiten *am Wirklichen*, sodass es eine
(Selbst)Verwirklichung des Möglichen nur *mit* Wirklichem
geben kann, aber auch nur *an* Realem zu realisieren ist.[31] Dieses modale Verständnis geht auf den Begriff des Neuen über,
dem damit – dogmatisch ausgedrückt – ein *anhypostatischer*
Charakter zukommt.

2.4 NEUES ZWISCHEN TEMPORALITÄT UND NORMATIVITÄT

Die Gegenbegriffe zum Alten variieren in aufschlussreicher
Weise. Das Dual *alt/jung* findet offenbar in erster Linie für
Lebendiges Anwendung; denn wir sprechen nicht von jungen
Steinen oder jungen Autos, wohl aber von einer jungen
Pflanze, einem Jungtier oder einem »jungen Spund«. Jung
steht hier meist für eine wertfreie ›Alters‹-Angabe [!], zuwei-
len aber auch mit dem leicht kritischen Konnotativ fehlender
Erfahrung oder dem ironischem Neid angesichts des eigenen

---

31 *By the way*: Dies ist einer der Haupteinwände gegen Versuche, das ontologische Argument so zu lesen, dass aus der Möglichkeit des Begriffs die Notwendigkeit des Bezeichneten geschlossen wird; denn die Möglichkeit verweist nur wieder auf ein Wirkliches, *an* dem sie ›ist‹, was den ›Beweis‹ nur
verschiebt. Für diese problematische Lesart siehe jedoch Friedrich HER-
MANNI, »Warum ist überhaupt etwas? Überlegungen zum kosmologischen und ontologischen Argument«, in: *Zeitschrift für philosophische
Forschung* 65:1 (2011), 28–47.

Alters. Noch die Bezeichnung eines geologisch jungen Gebir-
ges scheint an der skizzierten Ausrichtung auf Lebendiges zu
partizipieren, indem sie auf dessen kaum sichtbare Entwicklung quasi personalistisch übertragen wird.

Das Dual *alt/neu* setzt bei aller begrifflichen Unbestimmt-
heit und partiellen Überlappung etwas andere Akzente. Während jenes Begriffspaar das *prozedurale* Moment hervorhebt
(Junges wird zu Altem), unterstreicht dieses das *diskontinuierliche* Moment (Neues löst Altes ab). Wird folglich etwas als
jung bezeichnet, steht dies zumeist schon im lautlos mitlau-
fenden Horizont der eigenen Vergänglichkeit: *Das Junge ist
das noch Junge*. Strikt abzugrenzen ist die Kategorie des
Neuen davon nur um den Preis der Künstlichkeit – und dennoch drängt sich eine Differenz auf. Abgesehen davon, dass
nicht alles Neue jung ist und nicht alles Junge neu, scheint
nun die Kontrastierung zum Alten von Interesse zu sein: *Das
Neue macht das Alte alt*. Der Begriff des Jungen ist damit gewissermaßen selbstgenügsam, weil Junges mit dessen eigener Zukunft als potentiell Altem verglichen wird. Der Begriff
des Neuen hingegen ist schon immer beim Anderen seiner
selbst, weil das Neue seiner alter Umgebung gegenübergestellt ist.

Der mit dem Neuen angezeigte Kontrast kann jedoch zwei
unterschiedliche Formen annehmen, welche sich abzeichnen, wenn man versucht, *Neues von Anderem abzugrenzen*. Es
liegt nahe zu behaupten, dass alles Neue anders ist, weil es
als Kontrastbestimmung untergraben werden würde, so-
bald man dem *novum* dessen Alterität gegenüber dem Alten
nähme. Und es liegt ebenso nahe zu behaupten, dass Umgekehrtes gerade nicht gilt, dass es also unzutreffend ist, Anderes *per se* als neu zu bezeichnen. Es würde entsprechend gelten: Alles Neue ist anders, aber nicht alles Andere ist auch neu.

Nun drängen sich zwei Optionen auf, den besagten Unterschied einzufangen. Die erste Version zielt darauf ab, Neues als einen *evaluativ-normativen* Term einzuführen. Neues würde demnach nicht nur eine Veränderung bezeichnen (wie es ›Anderes‹ auch tut), sondern diese auch komparativ bewerten (wie es ›Anderes‹ gerade nicht tut). Neues würde demnach in einem erläuterungsbedürftigen Sinn ›besser‹ sein als Altes gemäß einer zu etablierenden Vergleichshinsicht, dem sogenannten *tertium comparationis*.[32] Die zweite Version zielt darauf ab, Neues als einen *neutral-temporalen* Term zu gebrauchen, sodass unterschiedliche Vergleichsglieder gemäß ihrem Alter (*diachrones* Moment) miteinander zu einem bestimmten Zeitpunkt (*synchrones* Moment) verglichen werden. Mit ›Anderem‹ hingegen ist die Hinsicht des Vergleichs viel unspezifischer. Es kann, wenn auch selten, wie beim Neuen das zeitliche Moment gemeint sein (dann wäre die Bedeutung von ›neu‹ und ›anders‹ analog); es kann aber auch eine ganz andere Vergleichshinsicht, etwa die unterschiedliche Form von Gegenständen, gemeint sein (was beim temporal Neuen offenbar nicht der Fall ist).[33]

Beide Versionen aber verhalten sich asymmetrisch zueinander; denn so wie die erste wertende Option formuliert ist, schließt sie das zeitliche Element mit ein, während Umge-

---

32 Zur Architektur (sinnvoller) Vergleiche siehe Hartmut VON SASS, »Vergleiche(n). Ein hermeneutischer Rund- und Sinkflug«, in: Andreas MAUZ und Hartmut VON SASS (Hg.), *Hermeneutik des Vergleichs. Strukturen, Anwendungen und Grenzen komparativer Verfahren*, Würzburg 2011, 25–48; DERS., »Komparativ/deskriptiv. Wittgenstein und die Suche nach Vergleichsobjekten«, in: *Allgemeine Zeitschrift für Philosophie* 37:1 (2012), 69–91.

33 Das Dual von Temporalität und Normativität ist schon im Griechischen bekannt, das dafür die Begriffe *neos* bzw. *kainos* gebildet hat; dazu Jürgen

kehrtes nicht gilt: Aus der zeitlichen Deutung ergibt sich keine Wertung des Zeitlichen. Nun befindet sich das temporale Verständnis des Neuen recht nahe am gewöhnlichen Sprachgebrauch und enthält im Gegensatz zum evaluativen Anspruch die harmloseren Voraussetzungen. Diese sind insbesondere an ein bestimmtes *Zeitverständnis* gekoppelt, sodass dessen Transformationen zugleich Verschiebungen im Begriff des Neuen mit sich führen. In Abhängigkeit etwa von mythischen, zyklischen, kosmologischen, apokalyptischen, messianischen, metaphysischen, subjektiv-konstruktivistischen oder linearen Auffassungen der Zeit wird das Neue entsprechend einzuordnen sein.[34] Es kommt zudem darauf an, welchen Modus der Zeit man für die Ortung des zeitlich existierenden Menschen veranschlagt: Versteht er sich aus dem, was vor ihm liegt, zumal auch Künftiges vom Vergangenen bestimmt bleibt? Oder geht der Mensch ganz im Moment, dem Augenblick, auf? Oder versteht sich der Mensch aus dem, was noch aussteht, aus der »Zeit, die bleibt«[35]? Die Realität des Neuen verrät gerade hier ihren Facettenreichtum als Thema irreduzibler Variationen.

MOLTMANN, »Art. Neu, das Neue«, in: HWPh, Bd. 6, 725–731, 725; dies ist insofern interessant, als das Neue kein Thema für die klassische griechische Philosophie gewesen ist, sondern als solches erst im Alten Testament (insbes. bei DtJes) erkannt wird (vgl. ebd., 726).

34 Dazu *Religion und Gestaltung der Zeit*, hg. von Michael MOXTER, Dieter GEORGI und Hans-Günter HEIMBROCK, Kampen 1994; Ingolf U. DALFERTH, »Theologie der Zeit: Alte und Neue Zeit«, in: Udo FINK und Anton SCHINDLER (Hg.), *Zeitstruktur und Apokalyptik, Interdisziplinäre Betrachtungen zur Jahrhundertwende*, Zürich 1999, 77–103.

35 Vgl. Giorgio AGAMBEN, *Die Zeit, die bleibt. Ein Kommentar zum Römerbrief*, Frankfurt a. M. 2006.

Schwerer wiegen die Annahmen, die dem evaluativen Verständnis des Neuen zugrunde liegen; denn sofern eine Umbesetzung beabsichtigt ist, die ›alt‹ und ›neu‹ nicht mehr primär zeitlich, sondern wertend versteht, zeichnen sich weitreichende Folgerungen ab. Zu diesen zählt, dass zeitlich Altes in einem normativen Sinne neu sein kann, während ›Nagelneues‹ im ideellen Rahmen längst veraltet sein mag. Zu den Herausforderungen dieser Kreuzungen gehört auch, dass ein Kriterium der Wertung etabliert werden muss, sofern Neues nicht der reinen Willkür überlassen werden soll. – Wir werden sehen, dass die Figur des wahrhaft Neuen als ein theologisches Projekt verstanden werden kann, welches diese Folgerungen in zweifacher Weise eskaliert: Erstens soll Neues vollkommen unabhängig von allen temporalen Konnotationen und damit ausschließlich normativ gedacht werden; zweitens soll jegliches Kriterium, das der Wertung von Alt und Neu vorausliegt, verabschiedet werden.

2.5 Neues in Latenz und als (künftiges) Ereignis

Wie lange ist das Neue neu? Wann kippt das Neue ins Altertümliche? Tut es dies zaghaft-schleichend oder abrupt auf einen Schlag? In diesen Fragen ist Neues offenbar noch nicht als normative Kategorie im Blick, sondern verbleibt im Bereich des Zeitlichen. Und es scheint vorausgesetzt zu sein, dass Neuem, Neuheiten und Neuigkeiten eine Halbwertszeit zukommt, die zwar irgendwann vergeht, aber doch eine gewisse Spanne beansprucht. Das *novum* wird hier entweder als Attribut des Gegenstandes selbst behandelt (etwas entsteht neu) oder als Näherbestimmung seines Auftretens (etwas ist für jemanden neu). In beiden Fällen liegt eine Latenz des Neuen vor, die andauert, bis die Gewöhnung um sich greift,

oder bis das zuvor Neue von Neuerem abgelöst wird. Im ersten
Fall bricht die Latenz ein, indem man des *novum* überdrüssig
wird; der Grund liegt gleichsam im Gegenstand selbst (*Ero-
sion*). Im anderen Fall endet die Latenz dadurch, dass sich Anderes Bahn bricht; der Grund liegt in einem anderen Gegenstand, der das bislang als neu Geltende ablöst (*Substitution*).

Dass Neues trotz aller Latenz flüchtig ist und zuweilen
überaus rasant in Altes zerfällt, scheint zu seiner Grammatik
zu gehören. Die neuere protestantische Theologie hat diesen
Umstand zugespitzt, indem sie auf je unterschiedliche Weise
und ohne die Figur des Neuen als solche stets zu verwenden,
die *Latenz des novum* durch die *Instanz der novitas* einge-
tauscht hat. Gemeint ist mit dieser Umbesetzung, dass die
Eingangsfrage, wie lange Neues neu bleibe, als irreführend
zurückgewiesen wird, um das (wahrhaft) Neue auf den Moment seines Auftretens zu konzentrieren. Neues bricht in das
Jetzt ein, ohne dass ihm etwas Dauerhaftes eigen sei. Grundlegende Absicht dieser zunächst ganz theologisch motivierten ›Punktualisierung‹ scheint die Befürchtung zu sein,
Neues sei alt, wenn es vom Alten her verstanden wird, sodass
es zugleich verunmöglicht würde, wenn es nicht vom Bestehenden radikal abgetrennt gedacht wird. Auch hier teilt sich
dieses Bedenken in einen ontologischen und einen hermeneutischen Strang. Ontologisch müsste gelten, dass das Neue
kausal unabhängig vom Alten besteht; hermeneutisch müsste
gelten, dass das Neue kognitiv unabhängig vom Vorwissen
verstehbar ist. Beide Stränge behaupten entweder Unmög-
lichkeiten oder stehen für kantische Grenzbegriffe.

Und dennoch ist die Figur des Neuen als punktualisierte
und damit ganz formale Bezeichnung in der Zeit äußerst
prominent. Man denke an Kierkegaards Emphase des Augen-
blicks und seine überaus ambivalente Sprungmetaphorik

angesichts der paradoxen Verkündigung des Ewigen in der Gegenwart;[36] man denke an die Dialektische und Hermeneutische Theologie mit ihrer Kritik an den Variationen futurischer Eschatologie zugunsten des augenblicklichen Entscheidungscharakters des Glaubens;[37] man denke an den etwas anders gelagerten Begriff des Kairos bei Paul Tillich, der als Sinnerfüllungskategorie Hegels absoluten Geist in die Akte des Seins selbst verlegt, sodass im Moment des Neuen das Alte keine Rolle spielt.[38]

All diese Exemplare stehen für ein *instantanes* Verständnis des *novum*, das unter heftige Kritik gerät, wenn man Gottes Heilshandeln als sich in der Geschichte realisierend und vollendend ansieht. Der Ort des Neuen ist dann gerade nicht der Augenblick, sondern das teleologische Ende als Vollendung der Geschichte. Das Ende wird dann nicht als Endpunkt verstanden, sondern als Prozess des Endes, gleichsam einer ›Endung‹, die schon jetzt Anteil an ihrer Dynamik gibt, indem sie sich proleptisch (in Jesus Christus) in unserer Gegenwart realisiert: Es ist eine Vorwegnahme des zukünftig Neuen, das bleiben wird. Damit ist eine Zukunftsorientierung gestiftet, die dem Glauben durchaus eigen ist, wenn sie nicht als »militanter Optimismus«[39] politisch im Namen eines vermeintlichen *Ultimum* missbraucht wird.[40]

---

36 Vgl. Sören KIERKEGAARD, *Philosophische Bissen*, 42.

37 Dazu u. a. Rudolf BULTMANN, *Theologie des Neuen Testaments*, Tübingen (1949) ³1958, 360; DERS., *Geschichte und Eschatologie*, Tübingen 1958, 183 f.; DERS., »Geschichte und Eschatologie im Neuen Testament« [1954], in: DERS., *Glauben und Verstehen III*, 91–106, 99 und 102.

38 Siehe u. a. Paul TILLICH, »Kairos« [1922], in: *Ausgewählte Texte*, hg. von Christian DANZ u. a., Berlin/New York 2008, 43–62; dazu auch Christian DANZ in seinem Beitrag zu diesem Band.

Mit Blick auf die gegenwärtige Konjunktur des Ereignis-
begriffes und seinen semantischen Überschneidungen mit
dem Konzept des Neuen gewinnt jedoch wieder ein instantanes Verständnis die Überhand. Es darf vermutet werden, dass
die Instanz des Neuen als Einspruch gegen dessen Latenz
enttheologisiert worden ist,[41] dabei jedoch ähnliche Motive
fortwirken wie noch auf dogmatischem Gelände. Auch im
Ereignisdiskurs herrscht eine Trennungsmetaphorik vor, die
unterschiedliche Weisen der Ausformung annimmt. Entweder ist die Rede vom Ereignis *post-hermeneutisch* zu verstehen: Das Event ist dann losgelöst zu betrachten von jeder
Eingemeindung in Vorverständnis und einen als Daseinsge-
schehen oder als Methodenvehikel veranschlagten Zirkel.
Oder aber die Rede vom Ereignis ist *post-phänomenologisch*
zu verstehen: Das Event ist dann losgelöst zu betrachten von
allen Spielarten des Duals zwischen konstituierendem Ich
und einordnendem Horizont. In beiden Varianten dominiert

---

39 Ernst BLOCH, *Das Prinzip Hoffnung*. Kapitel 1–32, Frankfurt a. M. 1985,
    227; vgl. insgesamt 224–235.

40 Für diese Position steht bekanntlich Wolfhart PANNENBERG, »Dogma -
    tische Thesen zur Lehre von der Offenbarung«, in: *Offenbarung als Ge-
    schichte*. In Verbindung mit Rolf RENDTORFF, Ulrich WILCKENS, Trutz
    RENDTORFF hg. von Wolfhart PANNENBERG, Göttingen 1961, 91–114,
    bes. 104–106 (wo Pannenberg an der Kategorie des Neuen dezidiert fest-
    hält); in anderer Weise auch Jürgen MOLTMANN, *Gott in der Schöpfung*.
    Ökologische Schöpfungslehre, München 1985, 216 f.; DERS., *In der Ge-
    schichte des dreieinigen Gottes. Beiträge zur trinitarischen Theologie*, Mün-
    chen 1991, 112; DERS., *Das Kommen Gottes. Christliche Eschatologie*,
    Gütersloh 1995, bes. Teil IV: »Neuer Himmel – neue Erde. Kosmische Escha-
    tologie« (285–349).

41 Vgl. die schon im Buchtitel formulierte These von Dominique JANICAUD
    (*Le Tournant théologique de la phénoménologie française*, Combas 1991),
    die sich gerade im Ereignisdiskurs bestätigt.

die Brechung und Überwältigung des Vorfindlichen, sodass sich Ereignisse als »Exzess« gegenüber dem Alten zeigen und neue Ordnungen des Verstehens (oder gar des Politischen) schaffen.[42]

Neues als Kategorie der zerbrechlichen Latenz gehört in ein horizontales Denken der Ordnungen, während Neues als Kategorie plötzlicher Instanz in ein vertikales Denken der Unterbrechung gehört. Im einen Fall liegt die Tendenz auf Vermittlung und Übergang, im anderen auf radikalisierter Befreiung vom Kontext.[43]

---

[42] Vgl. Dazu Slavoj ZIŽEK, Die Tücke des Subjekts. Übersetzt von Eva GIL-MER u. a., Frankfurt a. M. 2001, bes. 173–182.

[43] Exemplarisch sei auf zwei wichtige Ereignisdenker (für die zuweilen auch die Kategorie des Neuen relevant wird) verwiesen: Jean-Luc MARION, »The Saturated Phenomenon«, in: DERS., The Visible and the Revealed, New York 2008, 18–48; Dieter MERSCH, Ereignis und Aura. Untersuchungen zu einer Ästhetik des Performativen, Frankfurt a. M. 2002. Zu diesem Diskurs insgesamt ferner Hartmut VON SASS, »Event-Management. Vom Ereignis und seinem theologischen Horizont« (im Druck). – Es ist interessant zu beobachten, dass die oben eingespielten Kategorien (Neues, Kairos, Exzess, Ereignis) zuweilen im Synonymen ineinanderfließen; etwa in der Beschreibung des Ereignischarakters der Kunst: Walter LAMMI, »Hans-Georg Gadamer's ›Correction‹ of Heidegger«, in: Journal of the History of Ideas 52:3 (1991), 487–507, bes. 507 (Ereignis als Exzess / Kairos); bzw. in der Beschreibung des Offenbarungsgeschehens des Glaubens: Ernst FUCHS, Das urchristliche Sakramentsverständnis. Vorlesungen, Bad Cannstatt (1958) ²1965, 34; DERS., »Die Sprache des Neuen Testament« [1959], in: DERS., Zur Frage nach dem historischen Jesus, Tübingen (1960) ²1965, 258–279, 269 (Ereignis als Neues).

3. ÜBERGÄNGE VON ALT UND NEU

Aus dem Dual von Latenz und Instanz des Neuen ergibt sich das weitläufige Spektrum der Übergänge von Alt und Neu. Dem Neuen, das über den Augenblick hinaus besteht, entspricht der *graduelle* Übergang vom Alten her zu neuem Alten hin. Hingegen fallen Anfang und Ende des Neuen geradezu ineinander, wenn Neues als hereinbrechendes Ereignis verstanden wird, sodass keine wirklichen Übergänge, nur noch *abrupte* Übersprünge vorliegen. Innerhalb dieser Bandbreite zeichnen sich jedoch unterschiedliche Varianten ab, wie sich Altes und Neues zueinander verhalten. Schauen wir uns das etwas genauer, wenn auch in abstrahierender Typisierung an.

Zusammenbruch/Ablösung: Die Entstehung von Neuem verdankt sich entweder dem Zusammenbruch des Alten oder der Überwältigung des Alten durch Neues. In Situationen der ersten Art ist man möglicherweise geradezu gezwungen, die Leerstelle, die das erodierend Alte hinterlässt, mit neuem Leben zu füllen (ob das Vakuum dann noch ›dasselbe‹ bleibt oder seinerseits transformiert wird, ist eine andere Frage); das Neue drängt sich hier nicht auf, sondern muss erst noch ge- und erfunden werden. Nicht das Neue untergräbt das Alte, sondern das Alte hat seine Lebenskräfte verbraucht und gibt neue Räume frei. Eben dies verhält sich in Situationen der zweiten Art anders. Hier befindet sich das Alte nicht im Zustand seiner Vernichtung, sondern steht der Heraufkunft des Neuen aktiv entgegen und muss erst noch abgelöst werden. Im ersten Fall geht der Übergang damit auf die Brüchigkeit des Alten zurück, das aus sich selbst heraus alt ist. Im zweiten Fall ist es die Attraktivität des Neuen, die Altes erst zu Altem macht, das ohne das Neue selbst das Neue präsentiert hätte.

Kampf/Innovation: Im Fall der Ablösung deutet sich bereits an, dass die Definition dessen, was tatsächlich als alt und als neu zu gelten hat, gar nicht ausgemacht ist. Oft stoßen (in Politik, Wissenschaft, auch im Privaten) inkompatible ›Paradigmen‹ aufeinander, die sich umweglosen Zuordnungen beider Labels schlicht entziehen. Es zeichnet sich dann ein Kampf zwischen Opponenten ab, denen man häufig erst rekursiv die Attribute des Neuen und Zukunftsträchtigen einerseits und des Traditionellen und Überkommenen andererseits zuordnet – doch nicht immer ist das, was sich durchsetzen konnte, ›das Neue‹. Ein meist deutlich spürbares, zuweilen ›gewaltiges‹ Gefecht liegt aber in jedem Fall vor. Und dieses wird zusätzlich bestärkt, wenn das Neue sich den Intentionen von Erneuerern verdankt. Der sich oft einstellende Zwang zur Neuheit wird zum Drang des Neumachens, sodass auch die positiv konnotierte Innovation im Ambivalenten verbleibt.

Zusammengehörigkeit: Die Gegenthese wird nun dafür plädieren, von allzu starken Abgrenzungen zwischen Alt und Neu Abstand zu nehmen, weil sie in mindestens einer Hinsicht miteinander ›solidarisch‹ sind: Altes ist *schon jetzt* alt, während Neues es nur *noch nicht* ist. Das kann man in beiderlei Richtung lesen; zumal das jetzt Alte einmal zum Neuen gehörte, während das jetzt Neue unweigerlich einmal zum ›alten Eisen‹ zu zählen sein wird. Damit haben wir es mit zwei Dualen zu tun, die sich transitiv zueinander verhalten: *alt und neu* sowie *neu und neuer*. Neues wird folglich durch noch Neueres eingeholt und damit zu Altem werden, was man die »Kompromissbereitschaft des Neuen« nennen mag.[44] Und darin zeigt sich eine zweite Form der Solidarität; denn Alt und

---

44 Eberhard Jüngel, »Neu – Alt – Neu. Theologische Aphorismen«, 22.

Neu sind offenbar komplementäre (wenn auch kaum kon-
träre) Gegenbegriffe, sodass die Rede vom Neuen schon aus
analytischen Gründen die des Alten mit sich führt.

Gleichzeitigkeit: Die Steigerung der skizzierten Solidarität beider Gegenbegriffe mag so weit gehen, dass sie ihr komplementäres Element einbüßen und keine konzeptuellen
Antagonisten bleiben. Wenn aber Alt und Neu folglich ge-
meinsam und simultan auf einen Kandidaten zutreffen sollen, ist ihre Allianz nur möglich, wenn man sie in Perspektiven auflöst: Etwas kann alt und neu sein, je unter welchem
Aspekt die Betrachtung steht – kein Übergang vom einen zum
anderen, sondern Gleichzeitigkeit beider. Der Theologie ist
dieses ›Simul‹ nur allzu vertraut, weshalb Zwingli repräsentativ für die reformatorische Theologie feststellt, dass »die Kraft
des alten Menschen« zwar immer wieder »hervorschießt« und
»wir den alten Menschen noch in uns spüren, doch neue Menschen sind«[45]. Die simultane – und im Doppelsinn zu verste-
hende – Identität von altem und neuem Mensch könne daher
nur geglaubt werden, wie Bultmann später folgern wird;
wenn Alt und Neu keine Eckdaten einer »Qualitätsverän -
derung des diesseitigen Menschen« darstellen, verbleibt als
Grund des mit dem alten Menschen identischen neuen »Gottes Urteil« als Perspektive auf unser Leben.[46]

Schwebezustand: Noch vor aller Tendenz zur Vereindeuti-
gung zwischen Alt und Neu bzw. nach der Anerkennung der
blinden Flecken, die diese Neigung mit sich führt, drängt sich

---

45 Huldrych ZWINGLI, »Kommentar über die wahre und falsche Religion«
   [1525], in: *Schriften III*, hg. von Thomas BRUNNSCHWEILER und Samuel
   LUTZ, Zürich 1995, 31–451, 159 und 163.
46 Alle BULTMANN-Zitate aus: »Die liberale Theologie und die jüngste theologische Bewegung«, 24.

ein anderes Phänomen auf, das bislang nicht Berücksichtigung gefunden hat. Ging es zunächst um den Übergang als Bewegung vom Alten zum Neuen und dessen Rückwirkung aufs Alte, geht es nun um den Übergang selbst, gleichsam als Dauerzustand, der nicht unumwunden abgelöst wird, sondern die unverbindliche Schwebe zwischen beiden bezeichnet.[47] Sowohl Altes als auch Neues stehen in Geltung – und damit weder das eine, noch das andere als entscheidendes Moment. Temporale oder perspektivische Auflösungen sind hier nirgends in Sicht, sodass ein Interim herrscht – als Schwelle, Ambivalenz, Vagheit. Ein Bereich wird damit freigelegt, der gegen das *tertium non datur* von Alt und Neu Einspruch erhebt und aus dem sonstigen konträren Dual ein bestenfalls komplementäres werden lässt.

Welches Übergangsszenario vorherrscht, ist wesentlich davon abhängig, wie sich unser Verhältnis zu Altem und Neuem konkret gestaltet. Dies kann in eine zweifache Frage gekleidet werden: »Lebt das Neue vom Alten oder lebt das Alte vom Neuen?«[48] Diese Frage fragt nicht wirklich, sondern scheint ein Ausdruck dafür zu sein, *beides* gerade nachhaltig zu bejahen. Abzustreiten, dass das Neue vom Alten her lebt, kommt reiner Naivität gleich und führt zudem in eine gedankenlose Abwertung unserer Herkunft, ohne die es doch keine Zukunft geben kann.[49] Und so könnte der bekämpfend-

47 Siehe dazu Jörg LAUSTER, *Religion als Lebensdeutung. Theologische Hermeneutik heute*, Darmstadt 2005, 178 (im Anschluss an Henning Luther und Bernhard Waldenfels).

48 So fragt Eberhard JÜNGEL, »Das Entstehen von Neuem«, in: DERS., *Wertlose Wahrheit. Zur Identität und Relevanz des christlichen Glaubens*, 132–150, 132.

49 Siehe Odo MARQUARD, *Zukunft braucht Herkunft. Philosophische Essays*, Stuttgart 2003.

ablösende Charakter des Neuen gegenüber dem Alten einem Modus weichen, der Altes nun nicht disqualifiziert, sondern dessen ›Wahrheit, Klarheit und Würde‹ hervortreten lässt.[50] Das Problem des Neuen wäre demnach nicht das Neue, sondern das durch das Neue unselbstverständlich gewordene Verhältnis zum Alten.[51]

Und umgekehrt: Braucht Herkunft auch Zukunft, lebt das Alte wirklich vom Neuen her? Schon auf der schlicht begrifflichen Ebene ist dem, wie wir bereits sahen, zuzustimmen; denn Altes wird durch Neues zu Altem und ›lebt‹ daher von diesem. Elementarer wird es, wenn dieses Leben tatsächlich als existentieller Vollzug betrachtet wird, der wesentlich dadurch gekennzeichnet ist, dass Menschen auf etwas aus sind. Sich aus dem, was aussteht, zu verstehen, wird zugleich die Gegenwart und Vergangenheit qualifizieren; man kann dies schlicht Erwartung nennen oder gar Naherwartung, technischer Intentionalität oder prosaischer ›adventistische Grundhaltung‹. Auch hier aber wird die Zukunftsausrichtung von einer aufschlussreichen Ambivalenz begleitet: Entweder ist nun das Neue in die Zukunft verlagert, sodass seine Wahrhaftigkeit eine zeitliche Vollendungsfigur darstellt, deren proleptische Vorboten schon heute an ihr Anteil geben (*Zukunft als vollendet Neues*).[52] Oder die Weise, das Leben angesichts der Parusie der Zukunft zu führen, ist selbst das

---

50 So Hans WEDER in seinem Beitrag zu diesem Band; dazu schon Eberhard JÜNGEL, *Entsprechungen: Gott – Wahrheit – Mensch. Theologische Erörterungen*, München 1980, 7 (Vorwort).

51 Dazu Eberhard JÜNGEL, »Der Schritt des Glaubens im Rhythmus der Welt«, in: DERS., *Unterwegs zur Sache. Theologische Bemerkungen*, München 1972, 257–273, 259.267.

52 Für diese Position steht wiederum Wolfhart PANNENBERG, *Systematische Theologie*. Bd. III, Göttingen 1993, 183.379.492.

Neue, unabhängig davon, ob und wie sich die Naherwartung erfüllt; sie bleibt Erwartung des immer Nahen (*vollendete Zu-Kunft als Neues*).[53]

Das vom Alten lebende Neue und das vom Neuen lebende Alte verdeutlichen somit auf je ihre Weise die *Indexikalität des Neuen*: Neues wird es nicht für sich und abstrakt geben, sondern nur *für jemanden* konkret. Entsprechend ist mit Ernst Fuchs zu bedenken: »Wir werden das Alte vom Neuen nur recht unterscheiden, wenn wir das Neue als unser Neues weiterdenken.«[54]

4. WAHRHAFT NEUES?

Eben das wird mit der Figur des wahrhaft Neuen versucht. Sie ist kein erratischer Block innerhalb einer traditionellen Debatte, sondern wird als dogmatisch zugespitzte Fassung einer Grundfigur des christlichen Glaubens verstanden. Dabei eskaliert sie gleichsam die grammatischen Zusammenhänge, die bislang freigelegt wurden. In der Tat kann es nun »nichts Neues unter der Sonne« mehr geben, weil ›das Neue‹ von planetarischen Konstellationen ganz unabhängig allein Gott als dessen »Grund und Inhalt« zugeschrieben wird.[55] Im eingangs umrissenen Doppelkontrast zwischen theologischer

---

53 Für diese Position steht Martin HEIDEGGER als Paulus-Leser: »Einleitung in die Phänomenologie der Religion« [VL WS 1920/21], in: *Phänomenologie des religiösen Lebens.* GA 60, Frankfurt a. M. 1995, 1–156, 102 f. und 106.

54 Ernst FUCHS, »Über die Möglichkeit, Gott zu erfahren« [1963], in: DERS., *Glaube und Erfahrung. Gesammelte Aufsätze III*, Tübingen 1965, 174–192, 190.

55 Zur differenzierten Einheit von Grund und Inhalt des Glaubens siehe schon Wilhelm HERRMANN, »Grund und Inhalt des Glaubens«, in: *Ge -*

Hoffnung und Reserve sowie zwischen zeitgeschichtlich bedingter Radikalisierung und Bewahrung wird hier jeweils das Erstere privilegiert, wobei ein ganz bestimmter Begriff des novum vor der blinden Normierung des bloß Zukünftigen schützt. Mit Blick auf die oben vorgestellte duale Grammatik des Neuen handelt es sich um eine primär hermeneutische Figur, die Neuheit nicht im Rahmen kosmologischer Intervention, sondern als neues Selbstverständnis verhandelt; die Neues nicht auf eine renovatio abonniert, sondern diese nur als einen möglichen Fall echter Erneuerung beschreiben würde; die Neues als das Zuspiel von echten Möglichkeiten versteht, welche nicht reine Entfaltungen des Seins bilden (potentia), sondern Seinsgewinne darstellen (possibilitas); die sich nicht auf ein temporales Verständnis des Neuen festlegen lässt, ja dieses gerade als verkürzt zurückweist, um eine normative Auffassung freizulegen, die Neues strikt an Gottes Handeln koppelt; und die daher eine Reserve gegenüber der Dauer des Neuen verrät und es im Sinne von Gottes Unverfügbarkeit als instantanes Ereignis lehrt. Kurz: Hier wird keine säkulare Kategorie theologisch aufgerüstet, sondern diese ist von vornherein genuin theologisch verstanden. Die Frage bleibt: Muss man Neues so denken, wenn man theologisch das Neue bedenkt?

Karl Barth etwa ist genau dieser Meinung. Seine frühen dialektischen Entwürfe, besonders geschult an Paulus und Johannes, sehen im Neuen ein Prädikat Gottes, im Menschen hingegen das verneinte Alte, aus dem sich Neues nicht ergeben kann, wenn nicht das wahrhaft Neue, das nicht veraltet, ihm zugute kommt. Das Neue, so Barth, sei nicht die neue

---

sammelte Aufsätze. Hg. von Friedrich W. Schmidt, Tübingen 1923, 275-294, bes. 290 und 292.

Variante des Alten, sondern Aufweis dessen Unmöglichkeit, der alten Welt, des alten Menschen.[56] Eine Identität des getauften Menschen mit seiner Vergangenheit wird gar bestritten,[57] sodass der Pfarrer aus Safenwil schließlich feststellt:

> »Glaube ist der unvergleichliche, der unwiderrufliche, der nicht mehr rückgängig zu machende Schritt über die Grenze vom alten zum neuen Menschen, von der alten zur neuen Welt.«[58]

Auch Bultmann wird dem zustimmen, um zu ergänzen, dass es sich um ein Urteil handelt, welches aus dem Glauben selbst stammt und nicht von außen an ihn herangetragen werde. Die behauptete Neukonstitution *sola fide* sei mit Blick auf die Phänomene hingegen vollkommen unausgewiesen, erst recht die Gewissheit, dass es um eine Neuheit gehe, die nicht veraltet.[59] Glaube sei eben nicht die Kenntnisnahme neuer Vorkommnisse, sondern die völlige Umkehr und Erneuerung des Menschen.[60]

In der Folge ist dies auf unterschiedliche Weise ausbuchstabiert worden: christologisch, hermeneutisch und glaubenstheologisch. Die erste Option wählte wiederum Barth, nachdem er sich mit seinem Anselmbuch endgültig von seiner dialektischen Phase freigeschrieben hatte.[61] Dort hatte

---

56 Vgl. Karl BARTH, *Der Römerbrief*, 155 f.

57 Ebd., 188.

58 Ebd., 198.

59 Siehe Rudolf BULTMANN, »Das Problem der ›natürlichen Theologie‹«, in: DERS., *Glauben und Verstehen I*, 294–312, 310 f.; DERS., »Jesus Christus und die Mythologie« [1958], in: DERS., *Glauben und Verstehen IV*, Tübingen 1965, 141–189, 156.

60 Dazu Rudolf BULTMANN, »Theologie als Wissenschaft«, in: *Zeitschrift für Theologie und Kirche* 81:4 (1984), 446–469, 456.

61 Vgl. Wolf KRÖTKE, »Der Eifer um die Ehre Gottes. Die Bedeutung des Gebets für die Gotteslehre Karl Barths«, in: DERS., *Barmen – Barth – Bon-*

Barth noch festgestellt, dass der Glaube nicht zustande komme, ohne ein dem Menschen von außen begegnendes Neues.[62]
Im Fortgang seines Denkens wird der Autor der *Kirchlichen
Dogmatik* die Reichweite des Neuen christozentrisch fokus-
sieren und nur noch von dem einen wahren Menschen sagen,
er sei neu – und das ist allein der nicht als Typus, sondern als
Gleichnis Gottes verstandene Jesus Christus.[63]

Der Barth-Schüler Jüngel steht bei allen Überschneidungen für eine hermeneutische Position, die das Neue nicht auf
das Kommen des Gottessohns allein einengt, sondern das
Neue von dessen Wirkungen am sich durch die Entsprechung
zu Gott neu verstehenden Menschen her begreift. Wahrhaft
Neues komme verborgen zur Welt, so Jüngel, wobei Gott und
Liebe nicht alt werden, weil sie im Kommen bleiben.[64] »Und
solange das Neue nur in der schöpferischen Macht des Wortes
präsent ist, bleibt es neu, veraltet es nicht.«[65] Es ist also das
Wort, das immer neu anredet; es teilt nicht das dann Verfüg-
bare mit, sondern steht für ein nicht veraltendes Neues als
Gottes Wirklichkeit.

Von dort her beantwortet Jüngel die weiter oben bereits
gestreifte Frage nun doch in allein eine Richtung: Das Neue
sei zwar nur anhand seiner Wirkung am Alten zu erkennen;
aber, was neu ist, sei nicht vom Alten her zu bestimmen, son-

---

hoeffer. *Beiträge zu einer zeitgemäßen christozentrischen Theologie*, Bie-
lefeld 2009, 291–312, 297.

62 Karl BARTH, *Fides quaerens intellectum. Anselms Beweis der Existenz
Gottes im Zusammenhang seines theologischen Programms* [1931], hg.
von Eberhard JÜNGEL und Ingolf U. DALFERTH, Zürich (1981) ³2002, 18.

63 Dazu Andrea ANKER in ihrem Beitrag zu diesem Band.

64 Vgl. Eberhard JÜNGEL, *Gott als Geheimnis der Welt*, 513; DERS., »Das Entstehen von Neuem«, 142 und 144.

65 Eberhard JÜNGEL, »Neu – Alt – Neu. Theologische Aphorismen«, 25.

dern umgekehrt lebe das Alte in jeder Hinsicht vom Neuen her, das neu bleibe.[66]

Der Jüngel-Schüler Ingolf U. Dalferth wiederum setzt diese Tradition glaubenstheologisch fort, indem das normative Dual *alt/neu* mit der eschatologischen Differenz *Unglaube/ Glaube* identifiziert wird.[67] Dabei ist Neues stets das allein Gott zu verdankende Neue; dieses Neue ordne sich nicht in das Alte ein, sondern unterbreche dieses heilsam; diese Unterbrechung sei als Überwindung des Alten zu verstehen, werde jedoch erst dadurch *als Neues* erkennbar; wo Gott derart handle, mache er stets Neues aus dem Nichts, sodass sein Handeln eine permanente *creatio ex nihilo* darstelle; wem Gott aus dem Nichts schaffend begegne, der bleibe nicht, der er ist, sondern werde ganz neu durch das, was ihm durch Gott widerfahre; der Glaubende werde nun im und durch den Glauben, welcher immer aus dem Unglauben komme, alles anders und alles neu sehen – auch sich selbst.[68]

Mir scheint, dass die hier knapp skizzierte Traditionslinie diejenige ist, die gegenwärtig für das lebendigste Interesse der Theologie am Neuen steht. Zugleich werden an ihr die Probleme am deutlichsten, die sich mit dem dogmatischen Begriff des (wahrhaft) Neuen mit ›mehr als Notwendigkeit‹ verbinden.

---

66 So Eberhard JÜNGEL, »Das Entstehen von Neuem«, 149.

67 So etwa in Ingolf U. DALFERTH, *Malum. Theologische Hermeneutik des Bösen*, Tübingen 2008, 340 und 343.

68 Ingolf U. DALFERTH, *Der auferweckte Gekreuzigte. Zur Grammatik der Christologie*, Tübingen 1993, 59; DERS., »Volles Grab, leerer Glaube? Zum Streit um die Auferweckung des Gekreuzigten«, in: *Zeitschrift für Theologie und Kirche* 95 (1998), 379–409, hier 404 f.; DERS., »Erkundungen des Möglichen«, 63.

Normativität als Abwertung?: Wenn Neues von seinen temporalen Konnotationen strikt abgetrennt wird, um einem ebenso strikten normativen Verständnis des Neuen Raum zu schaffen, fragt sich sogleich, woher denn die Norm des Neuen ihre Valenz bezieht – und damit zugleich, wie der Widerpart des überwindungsbedürftigen Neuen eingeordnet wird. Dies hängt wiederum davon ab, wie das Neue attributiv näherbestimmt wird mit entsprechenden Auswirkungen für dessen alten Antagonisten. Ist vom *absolut* Neuen die Rede (Gogarten) oder vom *wirklich* Neuen (Barth) oder vom *wahrhaft* Neuen (Jüngel)?

Gemeint scheint hier Ähnliches zu sein – zuweilen bis zur Synonymität; doch die Gegenbegriffe wechseln und setzen Akzente, die zu unterscheiden sind: ›Absolut‹ tritt gegen einen Relativismus an, der offenbar für den Glauben in bestimmter Hinsicht ausgeschlossen werden soll. ›Wirklich‹ legt den Kontrast zum Scheinbar-Illusionären nahe, was für den Glauben zwar alternativlos ist, aber unspezifisch. Im ›Wahrhaften‹ klingt der Subtext mit, dass Nicht-Neues oder längst Altes dem Diktat des Falschen unterliegt. Ist tatsächlich dies gemeint, wenn das Neue gemeint ist?

Isolierung des Neuen: Die Emphase, die darauf liegt, das Neue nicht durch Altes kontaminieren zu lassen, ist durchgehend spürbar und theologisch verständlich. Ist aber die strikte Abkoppelung von Alt und Neu auch akzeptabel? Die wesentliche und auf mehrere Ebenen verteilte Abhängigkeit des Neuen vom Alten ist jedenfalls unübersehbar. Dies gilt, wie wir im Verlauf der Überlegungen sahen, *ontologisch* (Neues geht aus Altem hervor), *hermeneutisch* (Neues wird durch Altes verstanden), *epistemisch* (Neues wird an Altem erkannt), *definitorisch* (Neues wird in Abgrenzung von Altem bestimmt), *sprachlich* (vom Neuen sprechen wir mit

Altem)[69] und *temporal* (Neues wird im schon wieder Alten rekursiv erfahren). Wie also passt der Furor der theologischen Verabsolutierung zur notwendigen Verwobenheit des Neuen, die Unglaube und Glaube nur allzu vertraut ist?

Neues und die Aporien religiöser Praxis: Nun soll das alterungsresistente Neue keine dogmatische Kategorie bleiben, sondern etwas bezeichnen, das seinen Ort im religiösen Leben von Menschen hat. Diese Praxis ist allerdings wesentlich auf Wiederholung ausgerichtet. In Liturgie, Gebet sowie Wochen- und Jahresgestaltung ist eine »Tendenz zur Konstanz« angelegt,[70] wobei die vertraute Wiederkehr des immer Gleichen die »Sagkraft« der Tradition nicht schmälern muss, sondern möglicherweise gerade stiftet.[71] Das exakte Rezitieren der Texte, das keinen Raum für Improvisation lässt, ist für manche religiöse Traditionen allesentscheidend und bei Nichteinhaltung folgenschwer.[72] Und noch das Christentum partizipiert von ferne an dieser Observanz im Vertrauen auf seine traditionelle Überlieferung. Damit scheint sich eine Grundaporie abzuzeichnen zwischen dem unvergänglich Neuen, das nicht veraltet, als dogmatischer Grundbestimmung des Glaubens einerseits und der Praxis des Glaubens

---

69 Dies ist bes. von Eberhard JÜNGEL gesehen und in Bezug auf die katarchetische Funktion metaphorischer Rede festgehalten worden: *Gott als Geheimnis der Welt,* 398.

70 Ernst FUCHS, »Kanon und Kerygma. Ein Referat«, in: DERS., *Wagnis des Glaubens. Aufsätze und Vorträge,* hg. von Eberhard GRÖTZINGER, Neu-kirchen-Vluyn 1979, 21–41, 24.

71 So vermutet Hans-Georg GADAMER, »Unterwegs zur Schrift?« [1983], in: DERS., *Gesammelte Werke,* Bd. VII: *Griechische Philosophie III,* Tübingen 1991, 258–269, 260.

72 Dazu Jan ASSMANN, *Das kulturelle Gedächtnis. Schrift, Erinnerung und politische Identität in frühen Hochkulturen,* München ⁶2007, bes. 133.

andererseits, die ganz wesentlich auf Wiederholung und reproduktive Inszenierung angelegt ist.[73]

Ist aus diesen Schwierigkeiten herauszufinden? Stellen sie sich nur, weil sich schon die Problembeschreibung einer Konfusion verdankt? Geht diese vermeintliche Verwirrung lediglich auf dogmatische Partikularinteressen zurück? Ist das wahrhaft Neue eine Illusion – oder doch vorsichtiger als metaphorischer Grenzbegriff oder als bleibende, aber fruchtbare Aporie zu verstehen? Liegt das Problem im wahrhaft *Neuen* oder im *wahrhaft* Neuen? Könnten also Glaube und Theologie ohne diese Kategorie auskommen? Oder wäre Neues ganz anders zu denken als in der Kategorie des Wahrhaftigen?

5. Ein kleiner Überblick zum Band

Diesen und weiteren Fragen geht der vorliegende Band nach. Nicht nur über die möglichen Antworten auf die gestellten Fragen herrscht Uneinigkeit; schon der Sinn der Fragen selbst ist Gegenstand der Diskussion. Diese wird im enzyklopädischen Konzert der theologischen Disziplinen geführt, woraus sich die Struktur des Bandes ergibt. Er wird durch zwei exegetische Beiträge eröffnet, die thematisch zentralen Texten im Alten und Neuen Testament nachgehen. *Konrad Schmid* unterzieht die für den Topos des Neuen prominenten Passagen bei Jesaja einer *relecture* und erhellt, wie die Ansage der neuen Schöpfung als Kritik der alten gelesen werden sollte, ja als Aufruf die Vergangenheit zu vergessen und neu anzufangen. Die wiederum kritische Position dazu repräsentiere Kohelet, der die innerbiblische Auslegung fortsetzt und den

---

73 Dazu Ralph Kunz in seinem Beitrag zu diesem Band.

Blick vom Neuen auf das Jetzt der Gegenwart zu verlegen versuche. – *Hans Weder* beschreibt an drei zentralen Stellen des Neuen Testaments, dem Damaskusereignis und Saulus' Wandlung zum Apostel, dem Liebesgebot in Joh 13 sowie den Perikopen zur Nachfolge in den synoptischen Evangelien, wie prominent die Figur des Neuen in diesen Texten ist. Deutlich wird, dass das Neue nicht inhaltliche Neuigkeiten meint, sondern die ganz neue, nicht selbst, sondern Gott verdankte Lebensgrundlage der Existenz im Glauben.

Dem schließen sich drei systematisch-theologische Beiträge an, die die oben (in Abschnitt 2.1) skizzierten Modelle spiegeln, Neues im Dual von Hermeneutik und Ontologie zu denken.

Andrea Anker widmet sich Karl Barth, insbesondere dem der *Kirchlichen Dogmatik*, die vom »neuen Menschen« stets im Rekurs auf den einzig wahrhaft neuen Menschen, Jesus Christus, spricht. Damit ist nach den Figuren der Partizipation und Entsprechung zu fragen, die Barth vor allem im Gespräch mit Paulus zu denken versucht, damit das Neue nicht im Christologischen aufgeht, sondern diejenigen, an die sich Christus wendet, einbezieht. – *Christian Danz* sichtet den frühen Tillich nach Ansätzen, Neues in einer ganz anderen intellektuellen Landschaft als der Barths zu denken. Sofern sich der Glaube als Akt in der Dogmatik selbst beschreibt und die Geschichtsphilosophie als Ausdruck des geschichtlich handelnden Menschen zu verstehen sei, ist das Neue als Kategorie der Sinnerfüllung anzusetzen, die sich realisiert, wenn der Geist als Leben im Sinn sich selbst durchsichtig zu werden vermag. – Ein wiederum ganz anderes Muster verfolgt *Günter Thomas*, der insbesondere im Dialog mit dem Amerikanischen Theologen und Biochemiker Arthur Peacocke Möglichkeiten durchleuchtet, Neues gerade nicht im Neu-Verstehen

zu belassen, sondern eine Kosmologie der Emergenz zu er-
wägen, die in der sich vollendenden Schöpfung mit ontolo-
gischer Transformation nicht nur rechnet, sondern darauf
glaubend hofft.

Der Band wir mit homiletischen Überlegungen beschlossen, die *Ralph Kunz* in konstruktiver Auseinandersetzung
mit hermeneutischen Entwürfen zur Predigtlehre anstellt.
Dabei steht die angedeutete Spannung zwischen Neuem und
seinen Wiederholungen, die sich in der Predigt als Teil des
Gottesdienstes besonders bemerkbar macht, im Mittelpunkt.
Wie sieht folglich eine innovative Predigt aus, die ihre Kontu-
ren nicht verliert, wenn sie Neues sagen und neu sagen soll,
um ihren Ort zwischen Erzeugen und Bezeugen zu finden?

Konrad Schmid

Gibt es etwas Neues unter der Sonne?

Entdeckungen und Bestreitungen der Kategorie
des Neuen im Alten Testament

1. Das Alte Testament und die Entdeckung des »Neuen«

Das »Neue« ist – urteilt man in globaler und geschichtsum-
greifender Hinsicht – kein selbstverständliches Thema intel-
lektueller menschlicher Betätigung. Verlässt man sich auf
einen bezüglich theologischer Stellungnahmen unverdächti-
gen Zeugen, das Historische Wörterbuch der Philosophie, so
war es das Alte Testament, das die Kategorie des »Neuen« entdeckt und für dessen spätere abendländische Wirkungsge-
schichte in Theologie und Philosophie vorbereitet hat. Natürlich muss offen bleiben, ob eine andere geistige Kultur
oder eine andere Literatur das »Neue« nach dem Alte Testament auch entdeckt haben könnte, aber der Zufall hat den
Fund nun einmal dem Alten Testament zugewiesen und deshalb hat dieses überlieferungsbildend gewirkt und die entscheidenden Anstöße für die spätere Geistes- und Theologiegeschichte gegeben.

Jürgen Moltmann bietet in der Eröffnung des Artikels
»Neu, das Neue« im Historischen Wörterbuch der Philosophie
folgende Feststellungen: »Die klassische griechische Philosophie hat das N[eue] nicht thematisiert, denn nicht im Kon-

tingenten spiegelt sich das Göttlich-Wahre.«[1] Insofern stand
für die klassische griechische Philosophie das »Neue« nicht
im Vordergrund ihres Interesses, im Gegenteil. Dessen Ursprünge als theologisches und philosophisches Thema sind
woanders zu suchen: »Erst mit der Entstehung der Eschatologie in der alttestamentlichen Prophetie (bes. Deuterojesaja)
und folgend in der spätjüdischen und christlichen Apokalyptik wird das N[eue] thematisch zur Eigenart des Ganz-Ande-
ren, Wunderbaren der End- und Heilszeit.«[2]

In der Tat findet sich bei Deuterojesaja, jenem anonymen
Propheten aus der Zeit des babylonischen Exils, auf den man
den Grundbestand der Texte aus Jes 40–55 zurückführt,[3] und
den Folgetexten im Jesajabuch in Jes 56–66[4] eine starke Betonung des Themas des »Neuen«. Von 53 Belegen für חדשׁ »neu«
im Alten Testament, von denen viele in einem sachlich un-
prätentiösen Zusammenhang stehen und kein theologisches
Gewicht tragen, finden sich immerhin zehn innerhalb von

---

1 Jürgen MOLTMANN, »Art. Neu, das Neue«, in: HWPh, Bd. 6, Basel 1984, 726.

2 Ebd.

3 Vgl. Odil H. STECK »Deuterojesaja als theologischer Denker«, in: *Kerygma
   und Dogma* 15 (1969), 280–293 = DERS., *Wahrnehmungen Gottes im Alten
   Testament. Gesammelte Studien* (TB 70), München 1982, 204–220; Rein-
   hard G. KRATZ, *Kyros im Deuterojesaja-Buch. Redaktionsgeschichtliche
   Untersuchungen zu Entstehung und Theologie von Jes 40–55* (FAT 1),
   Tübingen 1991; DERS., »Art. Jesaja/Jesajabuch«, in: RGG4 IV (2001), 451–456;
   Konrad SCHMID, »Jesaja«, in: Jan C. GERTZ (Hg.), *Grundinformation Altes
   Testament. Eine Einführung in Literatur, Religion und Geschichte des
   Alten Testaments* (UTB 2745), Göttingen 42010, 324–346.

4 Vgl. Odil H. STECK, *Studien zu Tritojesaja* (BZAW 203), Berlin/New York
   1991; Reinhard G. KRATZ, »Art. Tritojesaja«, in: TRE 34 (2002), 124–130; Konrad SCHMID, »Art. Tritojesaja«, in: RGG4 VIII (2005), 625–627, s. auch Jacob
   STROMBERG, *Isaiah After Exile. The Author of Third Isaiah as Reader
   and Redactor of the Book* (OTM), Oxford 2011.

Jes 40–66: Jes 41,15; 42,9 f.; 43,19; 48,6; 62,2; 65,17 [bis]; Jes 66,22 [bis]. Es wird zu fragen sein, wie sich diese Texte zu ihrem historischen Kontext verhalten und welche Funktion der Rede vom »Neuen« in ihnen zukommt.

Im Folgenden sollen drei Texte im Vordergrund stehen, die programmatisch von »Neuen« sprechen, das Gott schafft (oder eben nicht schafft). Der erste, Jes 43,16–21, stellt einen »neuen« Exodus vor Augen und gehört literaturgeschichtlich in das ausgehende 6. Jh. v. Chr., während der zweite, Jes 65, 17–25, von einer »neuen« Schöpfung spricht und wohl erst im 3. Jh. v. Chr. entstanden ist, etwa zeitgleich mit dem dritten Text, Qoh 1,9–11, der nun seinerseits bestreitet, dass es »unter der Sonne« etwas »Neues« gebe.[5] Was ist das Profil dieser Texte, wie sind sie historisch zu erklären und welche Denkleistungen lassen sie erkennen?

---

5 Die Überlegungen zu den Textbeispielen folgen Konrad SCHMID, »Neue Schöpfung als Überbietung des neuen Exodus. Die tritojesajanische Aktualisierung der deuterojesajanischen Theologie und der Tora«, in: DERS., *Schriftgelehrte Traditionsliteratur. Fallstudien zur innerbiblischen Schriftauslegung im Alten Testament* (FAT 77), Tübingen 2011, 185–205. Zum Verhältnis von Jes 65 f. und Qoh 1 vgl. bes. Thomas KRÜGER, »Dekonstruktion und Rekonstruktion prophetischer Eschatologie im Qohelet-Buch«, in: Anja A. DIESEL u. a. (Hg.), *»Jedes Ding hat seine Zeit …«. Studien zur israelitischen und altorientalischen Weisheit.* FS Diethelm Michel (BZAW 241), Berlin/New York 1996, 107–129 = Thomas KRÜGER, *Kritische Weisheit. Studien zur weisheitlichen Traditionskritik im Alten Testament,* Zürich 1997, 151–172.

2. Deuterojesaja: Der alte und der neue Exodus

Jes 43,16–21

כֹּה אָמַר יְהוָה	16 So spricht Jhwh,
הַנּוֹתֵן בַּיָּם דָּרֶךְ	der einen Weg bahnt im Meer
וּבְמַיִם עַזִּים נְתִיבָה׃	und einen Pfad in mächtigen Wassern,
הַמּוֹצִיא רֶכֶב־וָסוּס חַיִל וְעִזּוּז	17 der Wagen und Pferde ausziehen lässt, Heer und Starke,
יַחְדָּו יִשְׁכְּבוּ	gemeinsam liegen sie da,
בַּל־יָקוּמוּ	nie mehr stehen sie auf,
דָּעֲכוּ כַּפִּשְׁתָּה כָבוּ׃	sind ausgelöscht, verloschen wie ein Docht.
אַל־תִּזְכְּרוּ רִאשֹׁנוֹת	18 Denkt nicht an das, was früher war,
וְקַדְמֹנִיּוֹת אַל־תִּתְבֹּנָנוּ׃	und was vormals war – kümmert euch nicht darum.
הִנְנִי עֹשֶׂה חֲדָשָׁה	19 Seht, ich schaffe Neues,
עַתָּה תִצְמָח	schon sprießt es,
הֲלוֹא תֵדָעוּהָ	erkennt ihr es nicht?
אַף אָשִׂים בַּמִּדְבָּר דֶּרֶךְ	Ja, durch die Wüste lege ich einen Weg
בִּישִׁמוֹן נְהָרוֹת׃	und Flüsse[6] durch die Einöde.
תְּכַבְּדֵנִי חַיַּת הַשָּׂדֶה	20 Die Tiere des Feldes werden mich
תַּנִּים וּבְנוֹת יַעֲנָה	ehren, die Schakale und die Strauße,
כִּי־נָתַתִּי בַמִּדְבָּר מַיִם	denn in die Wüste habe ich Wasser
נְהָרוֹת בִּישִׁימֹן	gegeben[7], in die Einöde Flüsse,
לְהַשְׁקוֹת עַמִּי בְחִירִי׃	um mein Volk, meine Erwählten, trinken zu lassen,
עַם־זוּ יָצַרְתִּי לִי	21 das Volk, das ich für mich gebildet habe.
תְּהִלָּתִי יְסַפֵּרוּ׃	Von meinen Ruhm werden sie erzählen.[8]

---

6 1QJes^a liest נתיבות »Pfade«, MT lässt sich aber als *lectio difficilior* gut be -
   gründen und ist wohl aus einer *aberratio oculi* entstanden, vgl. Ulrich
   Berges, *Jesaja 40–48* (HThK.AT), Freiburg u. a. 2008, 291; s. auch Karl Elliger, *Deuterojesaja* (BK XI/1), Neukirchen-Vluyn 1974, 355; Jean-Daniel
   Macchi, »»Ne ressassez plus les choses d'autrefois«. Esaïe 43,16–21, un sur-
   prenant regard deutéroésaïen sur le passé«, in: *Zeitschrift für Alttestamentliche Wissenschaft* 121 (2009), 225–241, 236, Anm. 38.

Ein sachgerechtes Verständnis von Jes 43,16–21 wird zunächst durch die – (auch) nach damaligen historischen Maßstäben geurteilt – »Heterodoxie« dieses Abschnitts erschwert. Er gliedert sich unschwer in drei Teile. Ein erster Abschnitt (43,16 f.) preist Jhwh in der Form eines partizipialen Hymnus und evoziert Bilder des Exodus aus Ägypten und der Rettung Israels am Schilfmeer. Die Aufnahme der Exodusüberlieferung ist zwar offenkundig. »Aber die Sprache und Art der Darstellung hat gerade mit den bekanntesten Ausprägungen dieser Tradition in Ex 14 und 15, vom Grundgedanken und dem einen oder anderen Motivwort abgesehen, merkwürdig wenig gemein.«[9] Offenbar orientiert sich Jes 43,16 f. nicht primär in literarischer Weise an einer literarischen Vorlage, sondern nimmt die Überlieferung erinnerungstechnisch auf und stellt sie in neuer Formulierung dar – wie dies im Rahmen altorientalischer und altisraelitischer Schriftkultur durchaus auch zu erwarten ist.[10] Dabei spielt natürlich auch das theologische Eigengepräge von Jes 43,16 f. eine wichtige Rolle: Die

---

7   1QJesᵃ liest אתן, »Erleichterung nach späterem Sprachgefühl« (Elliger, Deuterojesaja, 343).

8   Zur Zusammengehörigkeit von V. 20b.21 mit dem Voraufgehenden s. Elliger, Deuterojesaja, 358 f.; Klaus Kiesow, Exodustexte im Jesajabuch. Literarkritische und motivgeschichtliche Analysen (OBO 24), Fribourg/Göttingen 1979, 67 f.

9   Elliger, Deuterojesaja, 346; vgl. auch Michael Fishbane, Biblical Interpretation in Ancient Israel, Oxford 1985, 363 f.; Macchi, Choses, 229 mit Anm. 13; Eberhard Bons, »Y a-t-il une typologie de l'Exode en Isaïe 43,16–23?«, in: Raymond Kuntzmann (Hg.), Typologie biblique. De quelques figures vives (LeDiv), Paris 2002, 77–102, 86–89; s. auch Patricia Tull Willey, Remember the Former Things. The Recollection of Previous Texts in Second Isaiah (SBL.DS 161), Atlanta 1997, 28–33.

10 Vgl. David Carr, Writing on the Tablet of the Heart. Origins of Scripture and Literature, New York 2005; ders., »Mündlich-schriftliche Bildung

menschlichen Akteure der Exoduserzählung – Mose, der Pharao – werden zugunsten der Alleinwirksamkeit Gottes ganz ausgeblendet.

An Jes 43,16 f. schließt sich ein zweiter Abschnitt (43,18 f.) an, der in formaler Weise davon spricht, dass das Vergangene keiner Erinnerung mehr wert ist, Gott nun vielmehr Neues schaffe. Ein dritter Abschnitt schließlich führt dieses Neue aus und beschreibt es in den Farben eines neuen Exodus durch die Wüste, während dessen es nicht an Wasser mangeln wird.

Der Text und seine Gliederung zeigen somit hinreichend deutlich an: Alter und neuer Exodus stehen einander gegenüber: Des alten soll nicht mehr gedacht werden, er wird durch den neuen ersetzt werden. In etwas erstaunter Weise ist dieses sachliche Profil etwa von Westermann wie folgt kommentiert worden:

> »Hat aber Deuterojesaja in diesem Wort wirklich sagen wollen, das neue Tun Gottes und der dadurch bewirkte neue Exodus stelle das vergangene Tun Gottes und den Exodus am Anfang so in den Schatten, daß es über dem neuen, bald zu erwartenden vergessen werden soll? Es wäre sehr seltsam, wenn Deuterojesaja, der wie kein anderer Prophet sein Volk bei seinen Traditionen festhält, es immer wieder mit größtem Nachdruck an Gottes große Taten in seiner Vergangenheit erinnert, der seinem Volk das hohe Amt gibt, in dem Prozeß Gottes mit den Göttern der Völker Gottes Zeugen zu sein, d. h. zu bezeugen, daß ein verläßlicher Zusammenhang vorliegt zwischen Gottes Worten und Gottes Handeln, seinen Ankündigungen und deren Eintreffen – es wäre sehr seltsam, wenn derselbe Deuterojesaja hier sagte: Vergeßt das, was ich früher getan habe, und beachtet es nicht mehr!«[11]

---

und der Ursprung antiker Literaturen«, in: Helmut Utzschneider/ Erhard Blum (Hg.), *Lesarten der Bibel. Untersuchungen zu einer Theorie der Exegese des Alten Testaments*, Stuttgart 2006, 183–198.

Westermann denkt wahrscheinlich an Stellen wie Jes 46,9: »Gedenkt der frühesten Dinge seit der fernsten Zeit: Ich bin Gott und niemand sonst, Gott und nichts ist mir gleich.« Allerdings besteht ein deutlicher Unterschied zwischen Aussagen wie Jes 46,9 und 43,16–21, wie Berges richtig festgestellt hat: »Das ›Neue‹ bezieht sich nicht auf JHWH selbst, sondern auf sein Tun an Israel, wie es in Jes 43,18 der Fall ist.«[12] Vor allem aber lässt der Aufbau von 43,18 f.[13] keinen Zweifel daran, dass es in Jes 43,16–21 in der Tat darum geht, zwischen altem und neuem Exodus keine Analogie herzustellen, wie die ebenfalls von Berges herausgestellte antithetische Ausrichtung der beiden Verse deutlich zeigt.

---

11 Claus WESTERMANN, Das Buch Jesaja Kap. 40–66 (ATD 19), Göttingen 1966, 104 f. In der Sache ähnlich wehrt sich auch ELLIGER dagegen, das »Frühere« auf den Exodus zu beziehen: »Der Sinn von 18 ist also ganz allgemein: Laßt die Vergangenheit auf sich beruhen und richtet euren Sinn auf die Zukunft, die ich jetzt verkündige« (Deuterojesaja, 353). S. auch KIESOW, Exodustexte, 71–73 (mit ausführlicher Diskussion): »Das Frühere, das sind die Leiden des Volkes, konkret Jerusalems Untergang und die Deportation.« Ähnlich auch MACCHI, Choses, 234 mit Anm. 28. Vgl. die Diskussion bei KRATZ, Kyros, 68 mit Anm. 240; KRÜGER, »Dekonstruktion«, 155 mit Anm. 22. Im angelsächsischen Bereich konzentriert sich die Diskussion eher auf das Problem eines »neuen Exodus« in Jes 40–55. Vgl. Hans BARSTAD, A Way in the Wilderness. The »Second Exodus« in the Message of Second Isaiah (JSS Monograph 12), Manchester 1989, 107–112, vgl. die Forschungsgeschichte bei Lena-Sofia TIEMEYER, For the Comfort of Zion. The Geographical and Theological Location of Isaiah 40–55 (VT.S 139), Leiden 2011, 156–168. Barstad stellt dies in Abrede, lässt aber immerhin Jes 43,14–21 und 48,17–21 als Ausnahme zu (110, Anm. 286). Ob sich allerdings metaphorischer und »tatsächlicher« Wortsinn beim Exodusthema so strikt trennen lassen, wie Barstad vorschlägt, ist fraglich.

12 BERGES, Jesaja, 301.

13 Ebd., 300.

V. 18aα: »gedenkt nicht«   – V. 19aα: »siehe, ich mache«
V. 18aβ: »frühere Dinge«   – V. 19aβ: »Neues«
V. 18bα: »vergangene Dinge« – V. 19bβ: »jetzt sprießt es«
V. 18bβ: »bedenkt sie nicht« – V. 19bβ: »erkennt ihr nicht?«

Insofern scheint es Jes 43,16–21 in der Tat darum zu gehen, woran Westermann – und mit ihm wohl auch der zeitgenössische Leser dieses Textes – nicht zu glauben vermag: Der alte Exodus hat seine Heilsqualität verloren, Gott schafft etwas Neues, und dieses Neue wird in keiner vergleichbaren Analogie zum Alten stehen. Zutreffender als Westermann schreibt von Rad, dass diese Worte »gerade für die Frommen etwas von Lästerung enthalten haben mussten«[14].

Allerdings tangiert dieses in der Tat höchst innovative Konzept nicht die Selbigkeit Gottes als solche. Sie impliziert auch nicht die Abrogation *aller* früheren Heilstraditionen – was vor allem im Blick auf die Erzvätertradition hervorzuheben ist.[15]

Wie ist aber nun diese außerordentlich kritische Evaluation der Exodusüberlieferung zu interpretieren? Die geschichtliche Situation Deuterojesajas nach dem Untergang Judas und Jerusalems scheint die Bestätigung dafür gewesen zu sein, dass der Herausführung Israels aus Ägypten gemäß

---

14 Gerhard VON RAD, *Theologie des Alten Testaments. Band 2: Die Theologie der prophetischen Überlieferungen*, München ⁹1987, 257.

15 Vgl. STECK, *Deuterojesaja*. Darüber hinaus ist die Gegenüberstellung von »Früherem« und »Kommendem« im Rahmen der sich entwickelnden Argumentation innerhalb der Grundschrift des Deuterojesaja-Buchs zu interpretieren – einen beachtenswerten Vorschlag hierzu hat R. G. Kratz vorgelegt, s. KRATZ, *Kyros*, 152, vgl. dazu aber Konrad SCHMID, *Erzväter und Exodus. Untersuchungen zur doppelten Begründung der Ursprünge Israels innerhalb der Geschichtsbücher des Alten Testaments* (WMANT 81), Neukirchen-Vluyn 1999, 266–270.

Jes 40–55 keinerlei gegenwärtige Heilsrelevanz mehr zukommt. Der alte Exodus aus Ägypten hat ja offenkundig eine Unheilsgeschichte aus sich heraus gesetzt, die im Verlust des eigenen Landes gipfelte. Auf ihn als stiftendes Gründungsdatum lässt sich die Beziehung zwischen Israel und seinem Gott nicht mehr stützen. Deshalb soll seiner nicht mehr gedacht werden. Jes 43,16–21 setzt dagegen: Es wird einen neuen Exodus, nun aus Babylon geben, der den alten weit überbieten wird. Auf ihn ist zu achten, im Grunde genommen werden diese Vorgänge als selbstevident präsentiert. Zunächst wird Jhwh selbst aus Babylon ausziehen, dem das Volk dann nachziehen wird. Bemerkenswert ist, dass auch der neue Exodus ein »Wasserwunder« kennen wird, nun aber kein die Feinde destruierendes wie in Ex 14, sondern Jhwh wird Wasser in die Wüste geben, damit sein Volk getränkt werde.

Man darf mit einer gewissen Zuversicht davon ausgehen, dass dieses Motiv eines neuen Exodus im Sinne einer Prozession von entsprechenden Vorgaben der babylonischen Religion her inspiriert ist: Die festlichen Prozessionen in Babylon anlässlich des Neujahrsfestes (akītu-Fest)[16] scheinen der Deuterojesajaüberlieferung das Vorbild für die erwartete Rückkehr von Gott und Volk in das eigene Land gegeben zu haben.

Wie »neu« ist nun Deuterojesajas Idee eines neuen Exodus? Nun, »neu« ist sprachlogisch ein Relationsbegriff, »neu« ist etwas in Bezug auf etwas anderes. Gleichwohl kann man mit der griechischen Unterscheidung von *neós* (zeitlich neu) und *kainós* (qualitativ neu) doch sagen, dass Deuterojesaja auf etwas qualitativ Neues zielt. Das ist daran zu ersehen,

---

16 Vgl. dazu Beate PONGRATZ-LEISTEN, Ina šulmi īrub. Die kulttopographische und ideologische Programmatik der akītu-Prozession in Babylonien und Assyrien im 1. Jahrtausend v. Chr., Mainz 1994.

dass der neue Exodus keine zweite Auflage des ersten ist. Es ist erkennbar, dass Gott nicht »führt«, sondern nur »bereitet«. Die Heilszeit wird weder durch menschliche noch durch göttliche Zwänge charakterisiert sein, sondern sie ergibt sich von selbst. Entsprechend bedarf es auch keiner aktiven menschlichen Wahrnehmungsleistung, um den neuen Exodus zu wür-digen, er steht vor Augen, man muss nur hinsehen. Hinzu kommt die exklusive Kreativität des Neuen, das geschehen wird: Die im alten Exodus vorgesehene Vernichtung des Feindes spielt keine Rolle, Gottes Macht steht allein im Dienste der Versorgung seines Volkes – zerstörerische Perspektiven im Blick auf Feindmächte unterbleiben ganz.

3. TRITOJESAJA: DIE ALTE UND DIE NEUE SCHÖPFUNG

Jes 65,17–25

כִּי־הִנְנִי בוֹרֵא שָׁמַיִם חֲדָשִׁים וְאָרֶץ חֲדָשָׁה	17 Denn siehe, ich schaffe einen neuen Himmel und eine neue Erde,
וְלֹא תִזָּכַרְנָה הָרִאשֹׁנוֹת	und der früheren Dinge wird nicht mehr gedacht werden,
וְלֹא תַעֲלֶינָה עַל־לֵב:	und sie kommen nicht mehr in den Sinn (in das Herz).
כִּי־אִם־שִׂישׂוּ וְגִילוּ עֲדֵי־עַד אֲשֶׁר אֲנִי בוֹרֵא	18 Vielmehr frohlockt und jubelt endlos über das, was ich schaffe![17]
כִּי הִנְנִי בוֹרֵא אֶת־יְרוּשָׁלַ͏ִם גִּילָה וְעַמָּהּ מָשׂוֹשׂ:	Denn seht, ich schaffe Jerusalem als Jubel und ihr Volk als Frohlocken.
וְגַלְתִּי בִירוּשָׁלַ͏ִם וְשַׂשְׂתִּי בְעַמִּי	19 Und über Jerusalem werde ich jubeln, und frohlocken werde ich über mein Volk.
וְלֹא־יִשָּׁמַע בָּהּ עוֹד קוֹל בְּכִי וְקוֹל זְעָקָה:	Und in ihr wird nicht mehr gehört werden Weinen und Schreien.
לֹא־יִהְיֶה מִשָּׁם עוֹד עוּל יָמִים	20 Dort wird es keinen Säugling mehr geben, der nur wenige Tage lebt,
וְזָקֵן אֲשֶׁר לֹא־יְמַלֵּא אֶת־יָמָיו	und keinen Greis, der sein Leben nicht vollendet,

כִּי הַנַּעַר בֶּן־מֵאָה שָׁנָה יָמוּת	denn ein junger Mann wird sein, wer mit hundert Jahren stirbt,
וְהַחוֹטֶא בֶּן־מֵאָה שָׁנָה יְקֻלָּל׃	und wer hundert Jahre verfehlt, gilt als mit dem Fluch belegt.
וּבָנוּ בָתִּים וְיָשָׁבוּ	21 Und sie werden Häuser bauen und darin wohnen
וְנָטְעוּ כְרָמִים וְאָכְלוּ פִּרְיָם׃	und Weinberge pflanzen und deren Früchte essen.
לֹא יִבְנוּ וְאַחֵר יֵשֵׁב	22 Sie werden nicht bauen, damit ein anderer wohnt,
לֹא יִטְּעוּ וְאַחֵר יֹאכֵל	sie werden nicht pflanzen, damit ein anderer isst,
כִּי־כִימֵי הָעֵץ יְמֵי עַמִּי	denn das Alter meines Volks wird sein wie das Alter des Baums,
וּמַעֲשֵׂה יְדֵיהֶם	und was ihre Hände erarbeitet haben,
יְבַלּוּ בְחִירָי׃	werden meine Auserwählten genießen.
לֹא יִיגְעוּ לָרִיק	23 Sie werden sich nicht vergeblich abmühen und nicht in entsetzlicher Angst Kinder gebären,
וְלֹא יֵלְדוּ לַבֶּהָלָה	
כִּי זֶרַע בְּרוּכֵי יְהוָה הֵמָּה	denn sie sind die Nachkommen der Gesegneten Jhwhs,
וְצֶאֱצָאֵיהֶם אִתָּם׃	und ihre Sprösslinge werden mit ihnen bleiben.
וְהָיָה טֶרֶם־יִקְרָאוּ	24 Und noch ehe sie rufen,
וַאֲנִי אֶעֱנֶה	antworte ich,
עוֹד הֵם מְדַבְּרִים	noch während sie reden,
וַאֲנִי אֶשְׁמָע׃	erhöre ich sie.
זְאֵב וְטָלֶה יִרְעוּ כְאֶחָד	25 Wolf und Lamm werden einträchtig weiden,
וְאַרְיֵה כַּבָּקָר יֹאכַל־תֶּבֶן	und der Löwe wird Stroh fressen wie das Rind,
וְנָחָשׁ עָפָר לַחְמוֹ	und die Schlange – ihre Nahrung ist der Staub.
לֹא־יָרֵעוּ וְלֹא־יַשְׁחִיתוּ	Nirgendwo auf dem Berg meiner Heiligkeit wird man Böses tun oder Zerstörendes, spricht Jhwh.
בְּכָל־הַר קָדְשִׁי אָמַר יְהוָה׃	

---

17 Zur Frage der Ursprünglichkeit der hier gebotenen Imperative (die hier

Die Verheißung eines neuen Himmels und einer neuen
Erde in Jes 65,17–25 gehört zu den bekanntesten Texten im Bereich von Jes 56–66. Traditionellerweise erkannte man hinter
diesem Textbereich einen eigenständigen Propheten Tritojesaja, der in der nachexilischen Zeit gewirkt haben soll, nach
den bahnbrechenden Forschungen von O. H. Steck zu diesen
Kapiteln konnte sich aber die Position durchsetzen, dass es
sich bei dem Tritojesaja zugewiesenen Textgut um schriftgelehrte Auslegungsliteratur handelt, die zunächst im Horizont von Jes 40–55, dann aber in weiteren Schritten auch im
Horizont der gesamten wachsenden Jesajaüberlieferung gestaltet worden ist.[18] Wie vor allem W. A. M. Beuken[19] und
O. H. Steck[20] deutlich gemacht haben, ist Jes 65,17–25 nicht als
selbständige Texteinheit auszulegen, sondern in seinem Kontext zu bedenken. Dieser besteht – im näheren Rahmen von
Jes 65 f. – aus »fünf Gottesreden, die das voranstehende Gebet
63,7–64,11 beantworten und ausweislich der in der Forschung
vielbeachteten Rückbezugnahmen auf den Anfang zugleich
den Schluss des Jesajabuchs bilden wollen«[21]. Besonders entscheidend an dieser Erkenntnis ist dann die Folgerung, dass

---

vorliegende Gottesrede richtet sich an die Frevler, nicht an die Frommen)
vgl. Odil H. STECK, »Der neue Himmel und die neue Erde. Beobachtungen
zur Rezeption von Gen 1–3 in Jes 65,16b–25«, in: Jaques VAN RUITEN / Marc
VERVENNE (Hg.), Studies in the Book of Isaiah (BEThL 132), Leuven 1997,
349–365, 351 mit Anm. 9.

18 Vgl. o. Anm. 4, zur Datierung bes. von Jes 65 u. Anm. 25.

19 Willem A. M. BEUKEN, »Isaiah Chapters LXV–LXVI: Trito-Isaiah and the
Closure of the Book of Isaiah«, in: John A. EMERTON (Hg.), Congress
Volume, Leuven 1989 (VT.S 43), Leiden u. a. 1991, 204–221.

20 STECK, Studien, 217–262.

21 STECK, Himmel, 350; zu Jes 63,7–64,11 vgl. STECK, Studien, 217–242; Johannes GOLDENSTEIN, Das Gebet der Gottesknechte. Jesaja 63,7–64,11 im
Jesajabuch (WMANT 92), Neukirchen-Vluyn 2001.

sich Jes 65,17–25 nur an die im vorlaufenden Kontext genannten Frommen richtet – der neue Himmel und die neue Erde sind also nur für sie vorgesehen (Jes 65,9 f.), während die Frevler dem Gericht anheimfallen werden (Jes 65,11 f.).

Dass Jes 65,17–25 mit seinen Perspektiven nicht frei formuliert, sondern von zahlreichen vorgegebenen Textaussagen abhängig ist, hat man in der Jesajaforschung schon oft gezeigt. Sachliche Konvergenzen lassen sich etwa zu Sach 7 f., Ps 37 oder auch Dtn 31 f. feststellen,[22] in literarischer Hinsicht stehen Jes 65,17–25 vor allem Jes 43,16–21, Jes 11,6; Gen 1–3; Dtn 6,10 f.; 28,30 nahe. Besonders der erstgenannte Text Jes 43,16–21 ist von besonderer Bedeutung und soll – weil er eben selbst mit der Thematik des »Neuen« beschäftigt ist – als Hypotext von Jes 65,17–25 im Folgenden bedacht werden. Dass der »tritojesajanische« Abschnitt Jes 65,17–25 auf den »deuterojesajanischen«[23] Text Jes 43,16–21 zurückgreift, ist an dem ebenso prägnanten wie exklusiven Bezug über die Begrifflichkeit »nicht mehr des Früheren gedenken«[24] (in Jes 43,18 prohibitivisch formuliert, in 65,17 imperfektisch) wie auch an der göttlichen Ansage, »Neues« zu schaffen (in beiden Texten mittels *futurum instans* formuliert, d. h. dieses »Neue« steht unmittelbar bevor), und nicht zuletzt an der auffälligen Kombination dieser beiden Motive deutlich.

Bei aller Nähe, die die beiden Passagen so zueinander aufweisen, liegt jedoch sogleich auch auf der Hand, worin sie sich unterscheiden: Während in Jes 43,16–21 alter und neuer

---

22 STECK, *Himmel*, 354 f.

23 Zur Kontextvernetzung s. MACCHI, *Choses*.

24 Wolfgang LAU, *Schriftgelehrte Prophetie in Jes 56–66. Eine Untersuchung zu den literarischen Bezügen in den letzten elf Kapiteln des Jesajabuches* (BZAW 225), Berlin 1994, 135 u. ö.

Exodus einander gegenübergestellt werden, setzt Jes 65,17–25 alte und neue *Schöpfung* zueinander in Beziehung. Damit ist deutlich: Die mythischen Horizonte werden in Jes 65 wesentlich weiter gezogen als in Jes 43: Jes 65 greift über die Gründungsereignisse der eigenen Heilsgeschichte Israels zurück bis auf die Weltschöpfung, die im künftigen Heilshandeln Gottes überboten werden wird.

Vergleicht man das theologische Profil von Jes 43,16–21 mit demjenigen von Jes 65,17–25, so liegen Nähe und Distanz gleicherweise auf der Hand: Wie Jes 43,16–21 setzt Jes 65,17–25 dem Alten etwas Neues gegenüber, doch ist das Thema nun die Schöpfung selbst, innerhalb derer nicht mehr – wie in Jes 40–55 – heilsgeschichtlich differenziert wird. Anders als in Jes 43,16–21 wird auch nicht mehr dazu aufgerufen, dass »der früheren Dinge nicht mehr gedacht werden soll« – eine Aufforderung ist in Jes 65,17–25 nicht nötig, denn die früheren Dinge werden von selbst ganz in Vergessenheit geraten.

In der gegenüber Jes 43,16–21 fortgeschrittenen Verfassergegenwart von Jes 65,17–25 ist also die Antithese alter Exodus/neuer Exodus als nicht mehr hinreichend angesehen worden: Neues Heilshandeln von Seiten Gottes ist nur mehr auf der Basis einer neuen Schöpfung sinnvoll erwartbar.

Verstehbar ist die Position vor allem aufgrund des zeitgeschichtlichen Umfelds von Jes 65,17–25 innerhalb des 3. Jh.s v. Chr.,[25] das in einer umgreifenden historischen Perspektive

---

25 Die Entstehungszeit von Jes 65 f. lässt sich wie folgt eingrenzen: Das Klagegebet Jes 63,7–64,11 dürfte in der frühen Ptolemäerzeit – motiviert durch entsprechende zeitgeschichtliche Erfahrungen (Ptolemaios in Jerusalem 302/301 v. Chr.? vgl. Odil H. STECK, *Der Abschluß der Prophetie im Alten Testament. Ein Versuch zur Frage der Vorgeschichte des Kanons* [BThSt 17], Neukirchen-Vluyn 1991, 91 f.; grundsätzlich zustimmend, aber etwas offener GOLDENSTEIN, *Gebet*, 246 f.) – als weiterer, Jes 1–62 fortschreibender

gesehen in wesentlichen Zügen vom Verlust der Erfahrung
einer politisch stabilen Weltordnung, wie sie noch unter den
Rahmenbedingungen des Perserreichs gegeben war, geprägt

Abschluss des Jesajabuchs gebildet worden sein (zu diesem Jesajabuch der
von Steck sogenannten »Heimkehrredaktion« vgl. Odil H. STECK, *Bereitete
Heimkehr. Jesaja 35 als redaktionelle Brücke zwischen dem Ersten und dem
Zweiten Jesaja* [SBS 121], Stuttgart 1985, 45–80; Konrad SCHMID, *Literaturgeschichte des Alten Testaments. Eine Einführung*, Darmstadt 2008, 194f.)
und dokumentiert den Abbruch der »tritojesajanischen« Auslegungsbemü-
hungen in Jes 56–59, das erhoffte Eintreten des verheißenen Heils für ganz
Israel von immer weitergreifenden Bedingungen abhängig zu machen.
Damit geht – theologiegeschichtlich ein höchst bedeutsamer Schritt – in der
Folge die Aufgabe der Einheit des Gottesvolkes einher: Heil sehen die Ab-
schlusstexte in Jes 65 f., die noch später hinzugetreten sind und auf Jes 63,7–
64,11 antworten, nur noch für die Gerechten vor. Die Frevler dagegen werden dem Gericht verfallen (Jes 65,1–15, vgl. Jes 57,20 f.). Jes 65 f. insgesamt ist
also nicht älter als die Ptolemäerzeit, was aufgrund des vielleicht nicht pro-
to-, aber doch präapokalyptischen Gepräges des Textes ohnehin naheliegt
(vgl. zu den Ursprüngen der Apokalyptik Hartmut STEGEMANN, »Die Bedeutung der Qumranfunde für die Erforschung der Apokalyptik«, in:
David HELLHOLM [Hg.], *Apocalypticism in the Mediterranean World and
the Near East*, Tübingen ²1989, 495–509; Klaus KOCH, »Die Anfänge der
Apokalyptik in Israel und die Rolle des astronomischen Henochbuchs«, in:
DERS., *Vor der Wende der Zeiten. Beiträge zur apokalyptischen Literatur. Gesammelte Aufsätze. Band 3*, Neukirchen-Vluyn 1996, 3–39; Konrad SCHMID,
»Die Zerstörung Jerusalems und seines Tempels als Heilsparadox. Zur Zu-
sammenführung von Geschichtstheologie und Anthropologie im Vierten
Esrabuch«, in: Johannes HAHN [Hg.], *Zerstörungen des Jerusalemer Tem-
pels. Geschehen – Wahrnehmung – Bewältigung* [WUNT 147], Tübingen
2002, 183–206, 196–201; Ferdinand HAHN, *Frühjüdische und urchristliche
Apokalyptik. Eine Einführung* [BThSt 36], Neukirchen-Vluyn 1998; sowie
Odil H. STECK, »Überlegungen zur Eigenart der spätisraelitischen Apoka-
lyptik«, in: Jörg JEREMIAS/Lothar PERLITT (Hg.), *Die Botschaft und die
Boten*. FS Hans Walter Wolff, Neukirchen-Vluyn 1981, 301–315, kritisch zu
Philipp VIELHAUER, »Die Apokalyptik«, in: Wilhelm SCHNEEMELCHER
[Hg.], *Neutestamentliche Apokryphen in deutscher Übersetzung*, Tübin-
gen ⁶1997, 492–508.

KONRAD SCHMID

ist.[26] Die Überzeugung, dass die bestehende Schöpfung eine wenn auch nicht mehr »sehr gute« (Gen 1,31), aber durch die Selbständigkeit von Kult und Sprache doch hinreichend positiv qualifizierte Lebensordnung gewährleisten kann, ist mit dem Zusammenbruch der im Bereich des antiken Israel und Juda mehrheitlich begrüßten Perserherrschaft zu breiten Teilen verloren gegangen. Um die Schöpfung zu ihrem Ziel kommen zu lassen, bedarf es noch einmal einer grundlegenden Umgestaltung ihrer selbst - Jes 65,17–25 formuliert dazu das Konzept einer Neuschaffung von Himmel und Erde, das selber noch nicht als apokalyptisch zu bezeichnen ist, aber doch die Apokalpytik geistig bereits vorbereitet.

Neben der Rezeption von Jes 43,16–21 steht Jes 65,17–25 auch mit weiteren Texten in enger Diskussion. Die Aufnahme von Aussagen aus Gen 1–3 in Jes 65,17–25, namentlich von Gen 1,1 in Jes 65,17 und von Gen 3,14 in Jes 65,25, ist ebenso mit Händen zu greifen,[27] wie dies für Jes 43,16–21 der Fall ist. Man darf vermuten, dass die Berücksichtigung des Anfangsverses von Gen 1 und diejenige einer der Schlussaussagen in Gen 3 in dem Sinne zu verstehen sind, dass Jes 65,17–25 auf Gen 1–3 insgesamt anspielen will.

Die zur Nahrungszuweisung uminterpretierte - und im Kontext von Gen 2 f. noch als Fluch fungierende[28] - Aussage über die Schlange in Jes 65,25 spielt deutlich auf Gen 3,14 an. Die Kombination von »schaf-

---

26 Vgl. im Überblick SCHMID, Literaturgeschichte, 201–211.
27 Zu Pentateuchbezugnahmen in den Spätschichten der Jesajaüberlieferung vgl. Odil H. STECK, »›... ein kleiner Knabe kann sie leiten‹. Beobachtungen zum Tierfrieden in Jes 11,6–8 und 65,25«, in: Jutta HAUSMANN / Hans-Jürgen ZOBEL (Hg.), Alttestamentlicher Glaube und biblische Theologie. FS Horst Dietrich Preuß, Stuttgart u. a. 1992, 104–113, 109, Anm. 30.
28 Ruiten (Jaques VAN RUITEN, »The Intertextual Relationship Between Isaiah 65:25 and Isaiah 11:6–9«, in: Florentino GARCÍA MARTÍNEZ [Hg.], The Scriptures and the Scrolls. FS Adam S. van der Woude [VT.S 49], Leiden u. a. 1998, 31–42,40 f.) interpretiert die Aufnahme von Gen 3,14 in Jes 65,25 im Lichte von Aussagen wie Mi 7,17 und Ps 72,9 und sieht die Schlange

fen« mit den Objekten »Himmel« und »Erde« verweist deutlich nach Gen 1,1. Es ist weder zu beweisen, noch aber auch auszuschließen, dass diese beiden Aufnahmen – am Anfang und gegen Ende von Gen 1–3 – dem Leser anzeigen möchten, dass Gen 1–3 insgesamt in Jes 65, 17–25 im Blick und bei der Lektüre zu bedenken ist.

Dass Gen 1–3 der gebende und Jes 65 der nehmende Part ist, lässt sich unschwer begründen: Die Rede von einem »neuen« Himmel und einer »neuen« Erde rekurriert logisch auf eine entsprechende Vorgabe. Hinzu tritt in diesem Fall die vergleichsweise gesicherte absolute Datierung von Gen 1 im Rahmen der Priesterschrift, deren Grundschrift wohl zwischen 539 und 525 v. Chr. anzusetzen sein dürfte.[29]

Im Blick auf die späteren Entwicklungen im Rahmen der jüdischen Apokalyptik ist allerdings festzuhalten, dass die Vorstellung eines »neuen Himmels« und einer »neuen Erde« in Jes 65 f. nicht als Zwei-Äonen-Lehre zu verstehen ist. Dieses Lehrstück lässt sich erstmals explizit in 4. Esra und 2. Baruch belegen, die im Gefolge der Tempelzerstörung 70 n. Chr. entstanden sind. In der Tat dürfte die mancherorts für die Apokalyptik insgesamt für nachgerade konstitutiv gehaltene Zwei-Äonen-Lehre ursächlich mit der Erfahrung der Zerstörung des zweiten Tempels in Zusammenhang zu bringen sein.[30]

In Jes 65,17–25 kann davon aber noch nicht die Rede sein. Es geht nicht um eine »Neuschöpfung« im Sinne einer kosmologischen Neuordnung der Welt – ganz offenkundig bleiben ja Himmel und Erde als kosmische Bauwerke dieselben.

---

entsprechend als in Schach gehaltene, feindliche Größe. Doch ist weder die Formulierung von Jes 65,25 vergleichbar mit Mi 7,17 und Ps 72,9, noch passt dieses Verständnis in den übergreifenden Kontext von Jes 65 f.

29 Vgl. Albert DE PURY, »Pg as the Absolute Beginning«, in: Thomas RÖMER / Konrad SCHMID (Hg.), Les dernières rédactions du Pentateuque, de l'Hexateuque et de l'Ennéateuque (BEThL 203), Leuven 2007, 99–128, bes. 125–128.

Vielmehr wird die Lebensordnung der »alten« Schöpfung »erneuert« – man könnte entsprechend auch von einer »erneuerten« Schöpfung reden.[31]

Die in der Rezeption von Gen 1–3 maßgeblichen sachlichen Leitlinien sind deutlich zu erkennen: Anders als die »erste« Schöpfung wird die »neue« Schöpfung durch die Dauerhaftigkeit ihrer guten Ordnung gekennzeichnet (sie wird nicht der Depravierung anheimfallen, vgl. Gen 6,11 f.) und vollkommen durch Segen bestimmt sein (die erste Schöpfung beschränkte den Segen auf die Wassertiere [mit Einschränkungen auch auf die Vögel] und die Menschen, vgl. Gen 1,22.28) und auch an ihren Rändern keine Negativbestimmungen enthalten: Selbst die Schlange wird nicht mehr vom Fluch getroffen sein.

Die Aussagen in Jes 65,21 f. (»Und sie werden Häuser bauen und darin wohnen und Weinberge pflanzen und deren Früchte essen. Sie werden nicht bauen, damit ein anderer wohnt, sie werden nicht pflanzen, damit ein anderer isst«) spielen deutlich auf Aussagen im Deuteronomium an und sind ohne diese nicht zu verstehen. Besonders die sogenannten Nichtigkeitsflüche (*futility curses*) aus Dtn 28 (s. im Blick auf Jes 65 f. besonders V. 30.39–41, vgl. auch Dtn 6,10–12) sind hier zu nennen, die – wie überhaupt die Aussagen in Dtn 28 – auch altorientalische Vorbilder kennen.[32] Jes 65,21 f. spielt mit

---

30 Vgl. dazu ausführlich SCHMID, »Zerstörung«.

31 Vgl. dazu die analoge Diskussion zum Thema »Bund« bei Walter GROSS, »Erneuerter oder Neuer Bund? Wortlaut und Aussageintention in Jer 31, 31–34«, in: Friedrich AVEMARIE / Hermann LICHTENBERGER (Hg.), *Bund und Tora. Zur theologischen Begriffsgeschichte in alttestamentlicher, frühjüdischer und urchristlicher Tradition* (WUNT 92), Tübingen 1996, 41–66.

32 Vgl. Moshe WEINFELD, *Deuteronomy and the Deuteronomic School*, Ox-

Dtn 28 offenbar auf eines der Schlusskapitel der Tora insgesamt an: Jes 65,17–25 möchte mit seiner Verheißung betonen, dass – anders als in der »alten« Schöpfung – in keiner Weise mehr die Möglichkeit bestehen wird, dass deren gute Ordnung pervertiert werden wird. Jes 65,17–25 scheint gewissermaßen »kanonsbewusst« Anfangs- und Schlussaussagen der Tora aufzugreifen und so eine neue, toraäquivalente Perspektive formulieren zu wollen: Die neue Schöpfung wird nicht mehr unter den Bedingungen der bisherigen Tora stehen. Dies ist auch nicht nötig, denn die neue Schöpfung von Jes 65 f. ist nur für die Gerechten vorgesehen (Jes 65,9 f.11 f.).[33]

4. QOHELET: ES GIBT NICHTS NEUES UNTER DER SONNE

Für unsere Fragestellung nach dem »Neuen« ist nun besonders bemerkenswert, dass Jes 65,17–25 kein Endpunkt innerhalb der innerbiblischen Auslegungsgeschichte geblieben, sondern seinerseits in dem noch späteren Text Qoh 1,9–11 rezipiert worden ist, allerdings in sehr kritischer Weise.[34] Das Qoheletbuch ist kein prophetisches Buch, sondern zählt zur Weisheitsliteratur. Anders als die Jesajaüberlieferung entwickelt das Qoheletbuch keine eschatologischen Perspektiven, im Gegenteil: Es fokussiert seinen Blick ganz entschieden auf die irdischen Verhältnisse, die als konstant und unüberholbar angesehen werden:

---

ford 1972, 122; Hans Ulrich STEYMANS, *Deuteronomium 28 und die adê zur Thronfolgeregelung Asarhaddons. Segen und Fluch im Alten Orient und in Israel* (OBO 145), Fribourg/Göttingen 1995, 183 f.

33 Vgl. o. S. 63.

QOH 1,9–11

מַה־שֶּׁהָיָה הוּא שֶׁיִּהְיֶה
וּמַה־שֶּׁנַּעֲשָׂה הוּא שֶׁיֵּעָשֶׂה
וְאֵין כָּל־חָדָשׁ תַּחַת הַשָּׁמֶשׁ׃
יֵשׁ דָּבָר שֶׁיֹּאמַר
רְאֵה־זֶה חָדָשׁ הוּא
כְּבָר הָיָה לְעֹלָמִים
אֲשֶׁר הָיָה מִלְּפָנֵנוּ׃
אֵין זִכְרוֹן לָרִאשֹׁנִים
וְגַם לָאַחֲרֹנִים שֶׁיִּהְיוּ
לֹא־יִהְיֶה לָהֶם זִכָּרוֹן
עִם שֶׁיִּהְיוּ לָאַחֲרֹנָה׃

9 Was gewesen ist, wird wieder sein,
und was geschehen ist, wieder geschehen:
es gibt nichts Neues unter der Sonne.[35]
10 Oder ist etwas, von dem man sagen
möchte: Siehe, dies hier ist ein Neues –?
Längst schon ist es dagewesen, in den
Zeiten, die vor uns gewesen sind.
11 Der Frühern gedenkt man nicht mehr
und auch der Spätern, die kommen werden,
auch ihrer wird nicht mehr gedacht werden
bei denen, die nach ihnen kommen.

Es kann kaum ein Zweifel daran bestehen, dass Qoh 1,9–11 sich auf die entsprechenden Texte innerhalb der Jesajaüberlieferung bezieht.[36] Das Thema des »Neuen« wird in einer Weise eingeführt, die einen Referenzpunkt voraussetzt, und die Polemik gegen das »Gedenken« des »Früheren« wie auch des »Späteren« verdichtet die Gewissheit, dass Qoh 1,9–11 sich kritisch, ja beinahe mokierend auf Jes 43,16–21 und 65,17–25 bezieht. Aus historischer Sicht ist das deshalb auch nur wahrscheinlich, da Qoh 1,9–11 wie Jes 65 am Ende des 3. Jh.s v. Chr. entstanden sein dürfte. Die beiden Texte dürften also etwa zeitgleich sein. Aufgrund der Überschaubarkeit der literaturproduzierenden Milieus ist durchaus anzunehmen, dass die Autoren des Qohelet-Buches mit den Jesaja-Tradenten im Gespräch standen und über ihre jeweiligen theologischen Posi-

---

34 Vgl. SCHMID, Literaturgeschichte, 183–185.

35 Vgl. zur Übersetzung Thomas KRÜGER, Kohelet (Prediger) (BK XX Sonderband), Neukirchen-Vluyn 2000, 110: Die Aussage ist doppeldeutig, entweder bedeutet sie »es gibt gar nichts Neues« oder »es gibt nichts völlig Neues«. Der Kontext deutet eher auf das zweite Verständnis hin.

tionen informiert waren. Diese Standpunkte waren durchaus unterschiedlich, wie aus Qoh 1,9–11 unschwer ersichtlich ist: Qoh 1,9–11 vertritt – unter sachlichem Rekurs auf Positionen der Urgeschichte in Gen 1–11[37] – gewissermaßen die Gegenposition zu Jes 65,17–25 (in seinem Kontext Jes 65): Gottes Ordnung der Welt bleibt konstant. Das »Spätere« erleidet dasselbe Schicksal wie das »Frühere«: Beide entschwinden dem Gedenken. Ja, die eschatologischen Heilsgüter, die Jes 65,13 den »Frommen« in Aussicht stellt, werden von Qoh 3,13 (vgl. 3,22; 5,17–19; 8,15; 9,7–10; 11,7–10) nachgerade als die Essenzen des vorfindlichen diesseitigen Lebens gekennzeichnet:

JES 65,13

לָכֵן כֹּה־אָמַר אֲדֹנָי יְהוִה	Darum, so spricht der Herr Jhwh:
הִנֵּה עֲבָדַי יֹאכֵלוּ	Seht, meine Diener werden essen,
וְאַתֶּם תִּרְעָבוּ	ihr aber werdet hungern!
הִנֵּה עֲבָדַי יִשְׁתּוּ	Seht, meine Diener werden trinken,
וְאַתֶּם תִּצְמָאוּ	ihr aber werdet dürsten!
הִנֵּה עֲבָדַי יִשְׂמָחוּ	Seht, meine Diener werden fröhlich sein,
וְאַתֶּם תֵּבֹשׁוּ׃	ihr aber werdet zuschanden werden!

QOH 3,13

וְגַם כָּל־הָאָדָם שֶׁיֹּאכַל	Und wenn irgendein Mensch isst
וְשָׁתָה	und trinkt
וְרָאָה טוֹב	und Gutes genießt,
בְּכָל־עֲמָלוֹ	bei all seiner Mühe
מַתַּת אֱלֹהִים הִיא׃	ist auch dies ein Geschenk Gottes.

---

36 KRÜGER, »Dekonstruktion«, 155; DERS., Kohelet, 120 f. mit Anm. 35.

37 Vgl. Thomas KRÜGER, »Die Rezeption der Tora im Buch Kohelet«, in: Ludger SCHWIENHORST-SCHÖNBERGER (Hg.), Das Buch Kohelet. Studien zur Struktur, Geschichte, Rezeption und Theologie (BZAW 254), Berlin/New York 1997, 173–193 = Thomas KRÜGER, Kritische Weisheit. Studien zur

Eine kleine Konzession an eschatologische Positionen lässt möglicherweise die Formulierung »nichts Neues *unter der Sonne*« in Qoh erkennen: Strenggenommen ist damit nur der subsolare Bereich angesprochen. Doch Jes 65,17–25 nimmt nur »Neuerungen« im subsolaren Bereich der Welt in den Blick: Wie ohne Weiteres erkennbar ist, bleiben die kosmologischen Rahmenbedingungen der Welt konstant. Insofern ist »unter der Sonne« jedenfalls gegenüber Jes 65,17–25 nicht als *reservatio mentalis* seitens Qoh 1,9–11 anzusehen.

5. Zusammenfassende Überlegungen

Das Alte Testament hat nicht abstrakt über die Frage des »Neuen« nachgedacht. Die Frage des »Neuen« stellte sich ihm dann, als das Alte von selbst zerbrochen war. Das »Alte« war für Jes 43 die alte Exodusüberlieferung, die bis anhin stiftende Ursprungsüberlieferung, die das königszeitliche Israel und Juda als Gottesvolk begründete. Im Lichte des Verlusts von Land, Königtum und Tempel, aber dann auch der Rückkehr eines Teils der exilierten Bevölkerung, der Restauration des Tempels und der Erlangung kultureller und kultischer Eigenständigkeit brach sich die Erkenntnis ihren Weg, dass Gott »Neues« schaffe, das die bisherigen Stützen des Verhältnisses zu seinem Volk in grundlegender Weise ersetzen wird: Der »neue« Exodus aus dem babylonischen Exil wird das Gottesvolk neu begründen. Deshalb heißt es bei Deuterojesaja »Denkt nicht mehr an das, was früher war!« – es hat seine heilsstiftende Qualität verloren.

Konnte in der frühpersischen Zeit (Ende 6. Jh. v. Chr.) die Ersetzung des alten durch den neuen Exodus noch in plausibler Weise das »neue« Handeln Gottes begründen, so scheint im Bereich der hellenistischen Zeit (3. Jh. v. Chr.) dieser Horizont nicht mehr als ausreichend empfunden worden zu sein. In Jes 65 wird kein neuer Exodus, wohl aber eine neue Schöpfung erwartet. Deren »Neuheit« wird als so einschneidend dargestellt, dass nicht einmal mehr aufgerufen wird, an die alte Schöpfung zu denken, sondern es heißt in Jes 65,17 lapidar: »und der früheren Dinge wird nicht mehr gedacht werden und sie kommen nicht mehr in den Sinn (in das Herz).« Es ergeht keine Aufforderung mehr des Vergessens, sondern der Prozess des Vergessens stellt sich von selber ein. Verständlich wird die Vision einer neuen Schöpfung, die allerdings nur einem Teil Israels vorbehalten sein wird, den Gerechten, aus den Erfahrungen einerseits der langzeitigen Verzögerung des seit Deuterojesaja angesagten Heils und andererseits auch des Zusammenbruchs der persischen Weltordnung, die für über 200 Jahre (539–333 v. Chr.) in der Welt des Alten Orients einen stabilen Lebenskontext gewährleistet hatte. Die Wirren der Diadochenzeit, namentlich die sogenannten »Syrischen Kriege«,[38] ließen das Vertrauen darauf sinken, dass von und in dieser Welt noch eine grundsätzliche Wende zum Heil zu erwarten sei. Nur über eine Neuschaffung von Himmel und Erde kann Gottes Heilswille Realität werden.

In derselben historischen Situation hält das Qoheletbuch dagegen an der Beständigkeit der erfahrbaren, aber bezüglich ihres Sinns grundsätzlich unintelligiblen Weltordnung fest. Die Welt lässt keine Perspektiven einer umfassenden Heilsordnung erkennen, wohl aber lassen sich die grundsätzlichen Gewährungen von Nahrung und Lebensfreude als Zeichen der Zuwendung Gottes interpretieren. »Neues« gibt es nicht

---

weisheitlichen Traditionskritik im Alten Testament, Zürich 1997, 173–193.

38 Vgl. Ernst HAAG, Das hellenistische Zeitalter. Israel und die Bibel im 4. bis

und wird es nicht geben. Ja, die Erwartung von »Neuem« lenkt vom Gegebensein der guten Schöpfung ab und lässt die Menschen deren Lebensgewinne verpassen.

Das Alte Testament dokumentiert so in der Deuterojesaja- und Tritojesajaüberlieferung die Entdeckung des »Neuen« als einer zentralen theologischen Kategorie. Es hängt aber mit seiner Eigenart als dialogischer Literatursammlung zusammen, dass diese Entdeckungen nicht zugleich auch ohne deren Bestreitungen im Rahmen des alttestamentlichen Kanons geblieben sind.

Hans Weder

Die Attraktivität des Neuen und die Würde des Alten

Hermeneutische Überlegungen zur Kategorie des Neuen im Neuen Testament

»... und nichts ist wirklich neu unter der Sonne.«[1] Sollte diese lapidare Diagnose des Kohelet je falsifiziert werden können, müsste ein Wunder geschehen.

Der Gleichmut des stets alten Treibens auf der Welt und die vertraute Monotonie der stets alten Lieder in den Ohren der Menschheit könnten nur durch einen göttlichen Eingriff unterbrochen werden. Käme das wirklich Neue, wäre die Geschichte des Alten zu Ende und das Eschaton wäre angebrochen.

Das Neue, das sich das Alte Testament erhofft, geschieht deshalb erst im Allerletzten: Ein neuer Bund wird geschlossen, die Weisung wird in des Menschen Herz geschrieben werden.[2] Und das Ereignis des Neuen, welchem sich das Neue Testament verdankt, ist der καιρός εὐπρόσδεκτος, die end-

---

1 Koh 1,9c. Zum Problem des Neuen im Predigerbuch vgl. Thomas KRÜGER, »Dekonstruktion und Rekonstruktion prophetischer Eschatologie im Qohelet-Buch«, in: DERS., Kritische Weisheit. Studien zur weisheitlichen Traditionskritik im Alten Testament, Zürich 1997, 153-158 (die Vergesslichkeit des Menschen nährt die Illusion, es gebe völlig Neues).

2 Jer 31,31-34; zum Gedanken des neuen Bundes vgl. Reinhard FELDMEIER / Hermann SPIECKERMANN, Der Gott der Lebendigen. Eine biblische Gotteslehre, Tübingen 2011, 455-457.

gültige Zeit, die den Lauf der Zeiten radikal unterbricht.[3] Solange das wirklich Neue nicht kommt, bleibt alles beim Alten, und das Neue, das nach der Subtraktion des Alten neu zu sein scheint, wird im Nu zum Alten gezählt.

Wenn aber das wirklich Neue kommt, was ist dann mit dem Alten? Muss es – wie die Apokalyptik erhoffte – untergehen im Weltenbrand, damit für das Neue Platz ist? Oder muss es – wie die Gnosis zu wissen glaubte – verblassen im gleißenden Licht des Neuen? Denkbar wäre auch, dass das Neue alles Wirkliche allererst alt werden lässt, um ihm dann aber auch den Glanz des Alten zu lassen. Denkbar wäre auch, dass die Attraktivität des Neuen dafür sorgt, dass das Alte eine neue Würde erhält. Eben diese Denkmöglichkeit ist in einigen Texten des Neuen Testaments zu entdecken. Dieser Entdeckung sollen die folgenden Überlegungen gelten.

1. PAULUS

Es ist der erste Theologe des Urchristentums,[4] Paulus, der explizit über den Eintritt des Neuen in sein altes Leben nachdenkt. Während Paulus in spröder Knappheit von seiner Erfahrung des Neuen spricht,[5] erzählt die Apostelgeschichte in großer Anschaulichkeit vom gleißenden Licht, das den forschen Lauf des Pharisäers vor Damaskus abrupt stoppte und

---

3 II Kor 6,2.

4 Zur Bezeichnung des Paulus als »Begründer einer christlichen Theologie« vgl. Rudolf BULTMANN, *Theologie des Neuen Testaments*, hg. von Otto MERK, Tübingen ⁹1984, 188.

5 Gal 1,15: Es gefiel Gott, ihm seinen Sohn zu offenbaren. Zur Bedeutung der Dimensionen des Wahrnehmens vgl. Jürgen BECKER, *Paulus. Der Apostel der Völker*, Tübingen ³1998, 77.

seine Augen für drei volle Tage blendete.[6] Doch auch die kargen Worte des Apostels lassen die Radikalität ahnen, mit der sein Leben eine neue Wende nahm.

Das Neue trat als eine überraschende Erfahrung ins Leben des Paulus.[7] Gemäß seinen eigenen Aussagen ist sie in zweifacher Hinsicht grundlegend. Sie ist einerseits der Grund für die absolut fundamentale Wende im Leben dieses Pharisäers. Sie prägt andererseits den Inhalt der absolut neuen Sicht auf das Gottesverhältnis des Menschen. Paulus beschreibt jene Erfahrung als Unterbrechung seines Lebenslaufs durch einen göttlichen Eingriff. Die Erfahrung stellt weltlich gesehen einen Zufall dar; doch so überraschend dieser Zufall für die Welt des Paulus gewesen sein mag, so wenig hat Gott sich selbst dabei überrascht. Das ist der Sinn der Aussage, dass Paulus kraft der Gnade jenes Gottes berufen wurde, der ihn vom Mutterleib an aussonderte und dem es nun gefallen hat, ihm seinen Sohn zu offenbaren.[8] Paulus führt die Wende in seinem Leben ausschließlich auf Gott zurück, um so deren Neuheit für immer zu bewahren.

Was es mit dieser Lebenswende auf sich hat, spricht Paulus freimütig aus. Vorher war er ein unerbittlicher Verfolger

---

6 Apg 9,1-9; dazu Jürgen ROLOFF, Die Apostelgeschichte (NTD 5), Göttingen 1981, 143-150.

7 Dazu Gerhard EBELING, Die Wahrheit des Evangeliums. Eine Lesehilfe zum Galaterbrief, Tübingen 1981, 106: »Die Gnade kommt dem Menschen in jeder Hinsicht zuvor.« Dies gilt gerade auch in der Hinsicht auf menschliche Erwartungen oder Hoffnungen.

8 Dazu Jürgen BECKER, Der Brief an die Galater (NTD 8/1), Göttingen 1981, 18 f. Allerdings ist fraglich, ob man diese Passage so stark auf die »Legitimation seines Evangeliums« reduzieren darf, wie Becker das tut. Die Offenbarung des Sohnes muss, so sehr sie traditionelle Sprache sein mag, einen Inhalt haben: Erschienen ist Paulus, wie immer man sich dies vorstellen mag, die Wahrheit über den Gekreuzigten.

der religiösen Spinnerei dieser merkwürdigen Sekte, ein vorbildlicher Jude, so eifrig wie erfolgreich im Einsatz für die
Überlieferungen der Väter (Gal 1,13 f.). Nachher war er ein
Verkündiger des Evangeliums von Jesus Christus, der für ein
radikal neues Gottesverhältnis steht: Was hier als Verhältnis
zu Gott erschienen war, steht jenseits des Gesetzes (χωρὶς
νόμου, es hat mit dem Gesetz weder positiv noch negativ etwas zu tun), obwohl es zugleich vom Gesetz und den Propheten bezeugt wird (Röm 3,21).[9] Die Erscheinung des Neuen
jenseits des Gesetzes ließ Gesetz und Propheten prinzipiell alt
werden. Zugleich erhält das Alte im Licht des Neuen den
neuen Glanz der Bezeugung des Neuen. So wenig das Alte als
Schöpfer des Neuen in Frage kommt, so sehr gibt das Neue
dem Alten eine substanzielle Würde.

Vorher war Paulus, was die Gerechtigkeit betrifft, die im
Gesetz des Mose gilt, ohne Fehl und Tadel (ἄμεμπτος, Phil
3,6). Was ihm vorher als großer Gewinn vorgekommen war,
nämlich ein Gottesverhältnis, das der Mensch in seinen eigenen Händen hat, erschien ihm jetzt, da der Christus ein radikal neues Gottesverhältnis geschaffen hatte, als Verlust. So
sehr Paulus überzeugt war von seiner Makellosigkeit, so klar
war ihm nun geworden, dass der Respekt, den er sich durch
sein Wirken in den Augen Gottes erworben hatte, genau das
Verhältnis verflüchtigte, welches das göttliche Gegenüber
von sich aus stiftete. Durch den erworbenen Respekt wurde
genau jener Glaube unterlaufen, mit dem der Mensch Gott
allein gerecht werden kann. So sehr das Neue das Alte als Verlust erscheinen ließ, so wenig brauchte es dem Alten die

---

9 Dazu Ulrich WILCKENS, *Der Brief an die Römer 1 (1–5)* (EKK 6/1), Zürich /
  Neukirchen-Vluyn 1978, I 185 f. (freilich betont Wilckens zu Unrecht, das
  Gesetz sei dadurch nicht außer Kraft gesetzt).

Würde und Qualität zu nehmen. Erhobenen Hauptes stand Paulus zu seiner Makellosigkeit und dazu, dass ihm das als großer Gewinn vorgekommen war, um dann ebenso erhobenen Hauptes zu bekennen, dass jener Gewinn jetzt auf die Verlustseite geraten ist. Das Neue lebt eben nicht von der Entwürdigung des Alten.

Während Paulus alles daran setzt, der Aufhebung dieses Neuen in die Welt des Alten zu widerstehen, hat die Wissenschaft – und darin liegt eine wesentliche Charakteristik ihrer Natur – immer wieder den Versuch gemacht, die grundlegende Bedeutung der zufälligen Erfahrung vor Damaskus herunterzuspielen. Erstaunlich ist das nicht, lebt doch die Wissenschaft von der Stetigkeit und Systematisierbarkeit der Welt. Zufälle kann sie nicht brauchen, schon gar nicht solche, die die Welt alt werden lassen. Bis weit in die neueste Zeit hinein ist dementsprechend immer wieder die Behauptung aufgestellt worden, Paulus habe seine Rechtfertigungslehre und seine Gesetzeskritik aus der Verzweiflung des sich selbst ungenügenden Pharisäers heraus entworfen. Diese Erklärung hat nur einen, jedoch immerhin schwerwiegenden Nachteil: Paulus lässt gar nichts von seiner angeblichen Verzweiflung am Gesetz verlauten, im Gegenteil: In Phil 3 und Gal 1 sagt er deutlich, er sei ohne Tadel geblieben (was die Gerechtigkeit im Geltungsbereich des Gesetzes betrifft). Wer die genannte Erklärung retten und damit die alte Welt der Wissenschaft stabilisieren will, muss bei einem psychologischen Kunstgriff Zuflucht suchen und sagen, die behauptete Makellosigkeit sei bloß die kompensatorische Maske eben jener Verzweiflung.

Was die Erfahrung vor Damaskus anbelangt, wird sie vielleicht nie ganz enträtselt werden können. Dennoch wird man – auch als Historiker – festhalten müssen, dass der Verweis des

Paulus auf diese Erfahrung immer eine natürlichere Erklärung darstellt als alle natürlichen Erklärungen, die sich der Mensch im Bereich der Definitionsmacht der alten Welt so ausdenkt. Was die Tragweite jener Erfahrung angeht, lassen sich die folgenden Momente festhalten:

Erstens: Paulus schildert seine Erfahrung mit Bedacht als ein Geschehen, in welchem er sich rezeptiv verhält.[10] Gemäß dem Galaterbrief ist die Erkenntnis des Sohnes Gottes keine Entdeckung des Paulus, sondern eine Offenbarung Gottes. Dem entspricht die Aussage in I Kor 15,8, wo vom Sich-Sehen-Lassen des Kyrios die Rede ist (das passivische ὤφθη). Noch deutlicher kommt die Rezeptivität in der ebenfalls auf die Damaskuserfahrung Bezug nehmenden Stelle Phil 3 zum Ausdruck: »Doch ich setze alles daran [διώκω], es zu ergreifen, weil ich ja vom Christus Jesus *ergriffen worden bin*« (κατ - ελήμφθην, 3,12b, ein schöner Aorist passiv). Selbst die aktivische Gestalt des Ergreifens wird hier von Paulus durch die passivische Erfahrung des Ergriffenwerdens erläutert. Diese Passivität oder Rezeptivität zeigt einfach an, dass die entscheidende Wende im Leben und Denken des Paulus nicht auf seine subjektive Aktivität zurückzuführen ist,[11] sondern dass sie seine Subjektivität allererst hergestellt hat. Fremdes hat ihn ergriffen und ihn zu sich selbst gebracht.

Schon in dieser Entdeckung tragender Rezeptivität als solcher könnte man die inhaltliche Kritik an der Definitionsmacht des Gesetzes vorgebildet sehen,[12] da das Gesetz den

---

10 Verben der Wahrnehmung stehen hier eindeutig im Vordergrund, vgl. BECKER, *Paulus*, 77.

11 Paulus beschreibt sein Damaskuserlebnis als »visionäres Widerfahrnis« (mit BECKER, *Paulus*, 80).

12 BECKER, *Der Brief an die Galater*, 18, weist darauf hin, dass »die Rechtfer-

Menschen gerade nicht auf seine Rezeptivität, sondern vielmehr auf seine Produktivität anspricht.

Zweitens attestiert Paulus seiner Erfahrung vor Damaskus, sie habe hinsichtlich des Gesetzes einen entscheidenden Wandel gebracht. Im Galaterbrief ist dies beschrieben als die Wende vom Verfolger zum Missionar, von dem, der aufgrund des Gesetzes die Gemeinden verfolgte, zu dem, der für die gesetzesfreie Heidenmission eintrat und deshalb selbst zum Verfolgten wurde. An die Stelle des Gesetzes ist der Christus getreten, und damit hat das Gesetz seine Definitionsmacht verloren.[13]

Viel deutlicher steht das Gesetzesthema in *Phil 3* im Vordergrund. Hier begründet das Gesetz die Tadellosigkeit des früheren Wandels, während der Christus für eine vollkommen neue Sichtweise steht. Aus dem Gewinn wird Verlust, um Christi willen ist das Vergangene abzuschreiben, weil es in prinzipieller Weise alt geworden ist.[14] Paulus legt Wert darauf, dass man ihn nun in Christus findet (3,9a: εὑρεθῶ ἐν αὐτῷ), dass man ihn dort antrifft, wo der Christus maßgebend ist, und also nicht mehr im Definitionsbereich des Gesetzes. Wurde Paulus früher durch das Gesetz bestimmt, lässt er sich jetzt vom Christus neu bestimmen.

Freilich kommt alles darauf an, dass mit dem Wechsel des Definitionsbereichs auch der Modus der Definition von

---

tigungslehre, was ihren Ansatz und ihre Grundposition betrifft, direkte Konsequenz seiner [sc. des Paulus] Berufung [ist] und [...] in diesem Anfang seines Christseins [wurzelt]«.

13 Dazu Gerhard EBELING, *Wahrheit des Evangeliums*, 106: »Was vom Gesetz erwartet wurde, das gilt nun von Jesus Christus.«

14 Dazu Gerhard FRIEDRICH, *Der Brief an die Philipper* (NTD 8/29), Göttingen 1982, 141: »Aus dem Plus von früher ist ein Minus geworden; sein Stolz ist Paulus zur Schande geworden.«

Grund auf verändert wird. In Phil 3,9 hält Paulus fest, er habe nun nicht mehr *seine* Gerechtigkeit aus dem Gesetz. Der Gottheit wird er nicht mehr so gerecht, dass er dem Gesetz gehorcht, das ihn auf die Errichtung seiner Gerechtigkeit anspricht, beziehungsweise das die Gerechtigkeit gleichsam in die Hände des handelnden Subjekts legt. Er hat nicht mehr diese, durch das Possessivpronomen »seine« charakterisierte Gerechtigkeit. Er hat jetzt die aus Gott kommende Gerechtigkeit, τὴν ἐκ θεοῦ δικαιοσύνην ἐπὶ τῇ πίστει, aufgrund des Glaubens. Im Glauben wird der Mensch dem göttlichen Gegenüber gerecht.

Vorher definierte sich der Mensch durch sein Tun selbst, jetzt wird er durch seine Wahrnehmung des Gottes definiert. An die Stelle der Produktivität ist die Rezeptivität getreten. Der Glaube ist kein Werk des Menschen, wiewohl er unbedingt sein Tun ist. Denn der Glaube ist jenes Tun, das dem Menschen durch Gott entlockt wird, so wie der Tanz als Tun des Menschen das Werk der Musik ist. Es wäre verhängnisvoll (und würde dem Alten die Übermacht geben), würde man den Wechsel der Definitions*mächte* nicht zugleich mit einem Wechsel des Definitions*vorgangs* verbinden. Der Definitionsvorgang ändert sich, indem das Wahrnehmen an die Stelle des Wirkens tritt, die Rezeption an die Stelle der Produktion. Das Gottesverhältnis, die Wahrheit des eigenen Lebens, oder eben die Gerechtigkeit liegt nicht in der Reichweite des menschlichen Tuns, sondern ihrer wird man gewahr, wenn man sich selbst mit den Augen des Gottes betrachtet, auf den der Glaube vertraut.

Drittens bedeutete die Damaskuserfahrung für Paulus eine grundlegend neue Sichtweise des Christus. Hatte er bisher Christus den Gekreuzigten mit den Augen des Gesetzes betrachtet als einen, dessen Kreuzestod seine Verfluchtheit durch Gott an den Tag bringt (so Gal 3,13),[15] so betrachtet er ihn nun mit ganz neuen Augen, nämlich den Augen Gottes, als *Gottes Sohn* (das ist der Inhalt der ἀποκάλυψις nach Gal 1,16). Der Wechsel in der Sichtweise Christi wird von Paulus an anderer Stelle mit dem Begriffspaar κατὰ σάρκα – κατὰ πνεῦμα zum Ausdruck gebracht (II Kor 5,16):[16] Auch wenn wir Christus nach dem Fleisch gekannt haben (das heißt: Christus, wie er in den Augen der Welt und ihrer entscheidenden Definitionsmacht, dem Gesetz, erscheint), so kennen wir ihn jetzt nicht mehr so. Die neue Art, ihn zu kennen, ist am besten mit dem paulinischen Ausdruck κατὰ πνεῦμα zu beschreiben.

Der Geist ist die kreative Energie, welche Lebendigkeit schafft. Jemanden gemäß dem Geist kennen bedeutet, ihn im Horizont der kreativen Energie Gottes zu sehen. Jemanden in diesem Horizont sehen bedeutet dann weiter, ihn nicht mehr in den Bann seines eigenen Wirkens zu schlagen, sondern in ihm das zu erkennen, was der kreative Gott aus ihm macht. Dieser fundamentale Wechsel der Perspektive gilt nicht nur für den Christus, sondern für alle Menschen und die Welt: Von jetzt an kennt Paulus niemanden mehr nach dem Fleisch (II Kor 5,16a). Die neue Erkenntnis wirkt sich als neue Perspektive auf alle Menschen aus. Κατὰ πνεῦμα betrachtet sind die alten Menschen neue Geschöpfe. Und damit erfährt ihr altes

---

15 Dazu ausführlich Hans WEDER, *Das Kreuz Jesu bei Paulus*, Göttingen 1981 (FRLANT 125), 186–193.

16 Die neue Erkenntnis des Christus »nach dem Geist« führt zu einer neuen Erkenntnis aller Menschen (mit Friedrich LANG, *Die Briefe an die Korinther* [NTD 7], Göttingen/Zürich 1994, 296 f.). Über die Frage, ob Paulus den irdischen Jesus gekannt habe, sagt dieser Vers nichts. Hier ist freilich explizit nur von der Erkenntnis nach dem Fleisch die Rede; das Nicht-mehr-so-Kennen muss aber die Erkenntnis »nach dem Geist« bedeuten.

Menschsein eine Würdigung, über die hinaus nichts Größeres gedacht werden kann.

2. DAS NEUE GEBOT (JOH 13,34–35)[17]

Einer anderen Dimension des Neuen begegnen wir in der ersten Abschiedsrede des Johannesevangeliums. Zwei wohl in der johanneischen Schule als Relecture der ersten Abschiedsrede gestaltete Verse[18] machen den Versuch, das Bleiben in der Welt im Sinne des johanneischen Christus konkret zu gestalten. Die konkrete Anweisung zur Lebensgestaltung im Horizont des Christus versucht, die Abwesenheit des Christus in der Weise zu verarbeiten, dass die Gemeinde ihre Beziehung zum abwesenden Christus nicht verliert. Es geht darum, dem Bleiben in Christus, dem μένειν ἐν αὐτῷ, von dem die Wein-

---

17 Zum Folgenden vgl. Hans WEDER, »Das neue Gebot. Eine Überlegung zum Liebesgebot in Johannes 13«, in: Andreas DETTWILER / Uta POPLUTZ (Hg.), Studien zu Matthäus und Johannes / Études sur Matthieu et Jean. FS für J. Zumstein (AThANT 97), Zürich 2009, 187–205.

18 Die beiden Verse »interrompent indiscutablement le fil narratif« (so Jean ZUMSTEIN, L'Évangile selon Saint Jean, II [13–21] [CNT 2/4b], Genève 2007, 49, Anm. 16 zu Recht gegen die neuerlichen Versuche, sie dem Evangelisten zuzuschreiben). Das Argument, die Aussage passe gut in den Kontext, verfängt nicht, da dies in gleichem Maße für eine Einfügung im Rahmen einer ›relecture‹ der johanneischen Schule zutrifft (»le concept de relecture postule précisément une réception parfaitement compréhensive du texte« [ebd.]). Die Argumente gegen Udo Schnelles Versuch, den Text dem Evangelisten zuzuschreiben, und für die Zuweisung zur ›Redaktion‹ bzw. eben zur johanneischen Schule stellt Martin WINTER, Das Vermächtnis Jesu und die Abschiedworte der Väter. Gattungsgeschichtliche Unter-suchung der Vermächtnisrede im Blick auf Joh 13–17, Göttingen 1994 (FRLANT 161), 243, zusammen.

stockrede (Joh 15,1–8) metaphorisch spricht, eine konkrete Gestalt zu geben.[19] Die Gemeinde steht unter dem Anspruch, untereinander die Liebe walten zu lassen (ἀγαπάτε ἀλλή-λους). Die Rede ist von dem, was in der deutschen Sprache »Bruderliebe« genannt wird (die heute im Sinne der *political correctness* oft und recht missverständlich als Geschwister-liebe wiedergegeben wird).[20] Die Einfügung des Gebots in den Duktus der Erzählung dient der Reflexion dessen, was das Tun des abwesenden Meisters für ihr Bleiben in der Welt be-deutet.

Mit der Aussage, der Christus gebe ihnen ein neues Gebot, macht der Erzähler klar, dass die Bedeutung des Abwesenden in einer spezifischen Hinsicht reflektiert werden soll. Es geht um die ἐντολή, um den Anspruch also, unter welchem die Gemeinde steht, wenn sie ihre Beziehung zum Christus nicht verlieren will. Das Wirken des Meisters ist es, das diesen An-spruch mit sich bringt. Was der Meister gegeben hatte, wird hier in einer bestimmten Weise wahrgenommen. Während es der Natur des Menschen entspricht, das Gegebene unter dem Aspekt zu betrachten, was er daraus machen könnte,[21] wird

19 Mit Rudolf BULTMANN, *Das Evangelium des Johannes* (KEK 2/20), Göt-tingen 1985, 402 f.: Das Gebot antwortet auf die Frage, wie es möglich sei, trotz der Verlassenheit durch den Christus das Verhältnis mit ihm auf-rechtzuerhalten.

20 So z. B. Esther STRAUB, »Krise der Solidarität mit der Welt? Jesuanische Feindesliebe (Mt 5,44) und johanneische Geschwisterliebe (Joh 13,34 f.) – ein Vergleich«, in: Cédric FISCHER/Pascale RONDEZ/Esther STRAUB (Hg.), *Solidarität in der Krise*, Zürich 2004, 31–44, passim. Dies ist unsachgemäß, da ›Geschwister‹ eindeutig die verwandtschaftliche Beziehung meint, wäh-rend ›Schwestern und Brüder‹ eine symbolische Bedeutung hat. Mit dem Wort ›Geschwisterliebe‹ kommt man in merkwürdige Gefilde, namentlich in der Anwendung auf christliche Gemeinden.

21 Das meint Rudolf BULTMANN, *Das Evangelium des Johannes*, 403, wohl

hier der Blick des Jüngers auf etwas anderes gelenkt: Die Auf-
merksamkeit soll dem Anspruch gelten, den der Meister mit
seinem Tun erhoben hatte. Während der Blick des Menschen
häufig auf das Gegebene fällt in der Absicht, an diesem seine
eigene Meisterschaft zu zeigen, wird der Blick des Jüngers auf
das gelenkt, was ihm vorgegeben ist und wodurch er sich leiten lassen soll. Diese Ablenkung vom besitzergreifenden Blick
muss ihrerseits als eine Gabe des Meisters begriffen werden.
Das Gebot, das der Meister gibt (δίδωμι in V. 34a), hat eben
jene Ablenkung zur Pointe.

In solcher Ablenkung kann eine konkrete Gestalt der Rettung gesehen werden, zu der der Menschensohn in dieser
letzten Stunde gekommen ist. Es ist die Rettung des Menschen vor sich selbst, vor seinem eigenen, besitzergreifenden
Blick, durch welchen er sich alle Dinge und Menschen unter-
wirft, um zuletzt alleiniger Meister zu sein, ein selbstherr-
licher Besitzer, der sich durch sein Herrschen freilich die Einsamkeit des Todes eingehandelt hat.

Der hier zur Sprache gebrachte Anspruch wird durch das
Adjektiv καινή als *neu* charakterisiert. Was ein neues Gebot
ist, versteht man gewöhnlich im Sinne der inhaltlichen Neuheit. Man geht davon aus, dass ein Gebot neu zu heißen verdient, das einen bestimmten Anspruch zum ersten Mal aus-
spricht. Wollte man den Satz in Joh 13,34 so verstehen, käme
man in große Schwierigkeiten. Denn das Gebot der gegen-
seitigen Liebe ist ganz offensichtlich weder im Alten noch
im Neuen Testament neu. Was man verhaltensbiologisch als
Altruismus im Sinne des Verzichts auf Nutzen oder des Ein-

---

mit dem »Wahn, dass das Haben ein verfügendes Besitzen sei«, demgegenüber die Jünger in ein Sein verwiesen werden, das nicht zu haben ist, sondern das ein Sollen darstellt.

satzes von kostspieligen Leistungen zugunsten der Gruppe bezeichnet, ist im 1. Jh. nach Christus weder originell noch neu. Das Gebot gibt es schon seit Jahrhunderten (Lev 19,18 z. B.).[22] Hätte der johanneische Theologe das unter Neuheit verstanden, müsste man annehmen, er habe sich entweder getäuscht oder eine Behauptung aufgestellt, die sich nicht halten lässt. Eine solche Annahme kann selbstverständlich nicht ausgeschlossen werden. Dennoch sollte sie erst dann gemacht werden, wenn der Text keine andere Erklärung mehr zulässt oder sogar nahelegt. Methodisch sinnvoller scheint es, den Verfasser dieses Satzes zunächst beim Wort zu nehmen.

Daraus ergibt sich die Frage, inwiefern ein Gebot neu geheißen werden kann, wenn es doch schon Jahrhunderte in der Welt ist. Wenn ein Gebot in inhaltlicher Hinsicht nicht neu ist und dennoch als neues charakterisiert wird, dann muss das Adjektiv neu auf eine andere als die inhaltliche Dimension bezogen werden. Eine solche Dimension könnte die Art und Weise des Gegeben-Seins darstellen. Neu kann das Gebot insofern sein, als es auf eine neue Weise gegeben wurde.[23] Einem Hinweis Jean Zumsteins folgend kann man zunächst sagen, das Gebot sei neu, weil es in Christus begründet ist.[24] Allerdings stellen sich hier erst recht erhebliche

---

22 Mit Bultmann, ebd., 404. Es ist nicht neu wegen seiner »relativen Neuheit in der Geistesgeschichte«.

23 Ganz anders argumentiert Bultmann, ebd., 404 f., der meint, die Neuheit sei darin begründet, dass es »das Gesetz der eschatologischen Gemeinde ist, für die ›neu‹ nicht eine historische Eigentümlichkeit, sondern ein Wesensprädikat ist«. Für diese Deutung gibt es meines Erachtens keine Signale im Text. Festzuhalten ist aber immerhin, dass es sich nicht um eine relative, sondern um eine qualitative Neuheit handelt, die nicht als das bestimmt werden kann, das übrig bleibt, wenn alles Bisherige subtrahiert wird.

24 »Le commandement est nouveau parce qu'il est fondé en Christ et qu'il

Verständnisfragen. Inwiefern ist das Gebot neu, weil es in
Christus begründet ist?[25] Hat es seine Neuheit durch das Ein-
geschrieben-Sein in die neue Realität, eingerichtet, geschaffen durch den Offenbarer? Was bedeutet es konkret, dass
die Neuheit kraft der »christologische(n) Qualifizierung« entsteht?[26] Wie ist es zu verstehen, dass »the ›new‹ turn in the
commandment of 13:34 is that Jesus' ›own‹ are asked to enter
in the love that marks the relationship of God and Jesus«[27]?
Hier gilt es, weitere Überlegungen zur Präzisierung der Neuheit anzustellen.

Auszugehen ist von der folgenden Einsicht: *Neu ist offenbar das Gebieten, nicht das Gebot.* Im Gesetz wird das Gebot
auf eine bestimmte Weise gegeben: Namentlich an der ursprünglich apodiktischen Gestalt der Gebote lässt sich able-
sen, dass es sich hier um Anweisungen zum sinnvollen Leben
handelt, um Anweisungen genauerhin, welche im Leben zu
verwirklichen waren und von welchen man sich den Gewinn

s'inscrit dans la réalité nouvelle instaurée par le Révélateur.« Jean ZUM-
STEIN, *L'Évangile selon Saint Jean*, II, 53.

25 Mit dem Hinweis auf die christologische Begründung kommt man noch
nicht an die Sachfrage der Neuheit dieses Gebots heran, obwohl Andreas
DETTWILER, *Die Gegenwart des Erhöhten: Eine exegetische Studie zu
den johanneischen Abschiedsreden (Joh 13,31–16,33) unter besonderer
Berücksichtigung ihres Relecture-Charakters* (FRLANT 169), Göttingen
1995 76 f., das anzunehmen scheint, wenn er (mit Verweis auf viele Autoren) konstatiert: »Nicht die materiale Bestimmung des Liebesgebots ist
demnach neu, sondern seine christologische Begründung.« Damit ist erst
ein formales Argument vorgebracht, das im Blick auf seine inhaltlichen
Konsequenzen zu bedenken ist.

26 So Jürgen BECKER, *Das Evangelium nach Johannes II* (11–21) (ÖTK 4/2),
Gütersloh 1984, 536.

27 So O'Day zitiert bei Jean ZUMSTEIN, *L'Évangile selon Saint Jean*, II, 53
Anm. 36.

des Lebens versprach. Solche Gebote sind eine Art Information darüber, wie das Leben wahr gemacht werden könnte. Diesen Anweisungscharakter hat auch das in vielen religiösen Traditionen vorkommende Liebesgebot.

Vom johanneischen Christus dagegen wird das Gebot nicht in der Gestalt der Anweisung zum Leben gegeben, sondern in der Gestalt der *Erschaffung einer neuen Realität*. Die Liebe ist nur dadurch geboten, dass er seinen Jüngern Liebe erweist (ἠγάπησα ὑμάς).[28] Im näheren Kontext des Johannesevangeliums (Joh 13,1–13) wird dieser Liebeserweis konkretisiert: Der Meister wusch ihnen die Füße und erwies den Seinen die Liebe bis zur Vollendung (13,2: εἰς τέλος ἠγάπησεν αὐτούς). Die Waschung ihrer Füße ist ein Vorschein jenes anderen Liebesdienstes: Der Meister erwies ihnen die Liebe dadurch, dass er das Größte tat, was in der Liebe getan werden kann; er gab sein Leben für sie hin (15,13). Das Gebot wird also in der Weise gegeben, dass ihnen *erwiesen* wird, was ihnen *geboten* ist.

Dieses Gebot ist darin neu, dass sie nicht als die Geforderten thematisch sind. Dieses Gebot haben sie, weil sie Empfänger der Liebe sind, Empfänger des göttlichen Dienstes an ihnen. Das Gebot ist ihnen in der Gestalt einer elementaren Erfahrung gegeben. Diese Liebe haben sie erfahren, und dieses Haben verpflichtet. Die Liebe empfangen zu haben verpflichtet zur Liebe. Aber es verpflichtet zur Liebe nicht so, das durch ihr Lieben diese Liebe allererst erschaffen wird. Der Raum der Liebe, *in* welchem und *von* welchem sie leben, ist schon geschaffen. In diesem Raum ist die Liebe geboten, in beiden Sinnen des Wortes. Deshalb ist das Tun der Liebe im

---

28 Die aoristische Form bringt den Ereignischarakter zum Ausdruck; es geht um das Ereignis des Liebeserweises.

wahrsten Sinne des Wortes selbstverständlich, weil es zu ihrer Beförderung keine neuen Argumente und keine neuen Kraftakte mehr braucht. Das Tun der Jünger ist ganz und gar ihr eigenes Tun, und dennoch ist es ganz und gar nicht ihr eigenes Werk.

Wir stoßen hier zu einem Handeln vor, das nicht mehr als Produkt des Menschen verstanden werden kann. Der Mensch erscheint dementsprechend nicht mehr als *auctor operum suorum*. Hier erscheint ein Handeln, das insofern nicht Produkt ist, als es das Werk einer fremden Wirklichkeit ist. Es ist von einer externen Wirklichkeit erwirkt – und also für die Jünger ein ihnen gleichsam zugespieltes Handeln. Dieses Handeln beruht auf Rezeptivität.

Das ist die Neuheit des Gebotenseins. Dieser Neuheit des Gebots entspricht es, dass es niemals in der Gestalt der Forderung *an den Menschen herangetragen*, sondern immer nur in der Gestalt der Liebe ihm *entgegengebracht wird*. Das kann vielerlei Gestalt annehmen. Johanneisch geschah das einerseits den Jüngern, als ihnen die Füße gewaschen wurden, und es geschieht andererseits den Hörern, denen jene Geschichte von der Fußwaschung erzählt und denen es möglich gemacht wird, in diesem Geschehen Gott selbst am Werk zu sehen. Es kann auch geschehen in dem Erweis von Liebe, in welchem des Meisters Liebeserweis fortwirkt. Es kann schließlich geschehen in der Gestalt der Erinnerung daran, dass der Mensch umgeben ist von Lebensmitteln, die ihm zum Leben gegeben sind und die ihn deshalb zur Verteilung, zum großzügigen Weitergeben verpflichten.[29]

Neu ist das Liebesgebot also, weil es in Gestalt einer elementaren Erfahrung gegeben ist, als Wirklichkeit in der Le-

---

29 Wichtig ist meines Erachtens, dass die Vielgestaltigkeit dieser Erfahrung

benswelt der Jünger, statt als ein Projekt, das sie allererst zu verwirklichen haben. Dies wird in 13,34b noch einmal sichergestellt: Die Liebe, die sie einander entgegenbringen, soll der Liebe entsprechen, die ihnen erwiesen worden ist. Und die Liebe ist ihnen erwiesen worden, damit sie dieser Wirklichkeit auch untereinander entsprechen.[30] Während Gebote an das Tun des Menschen appellieren, ist dieses Gebot im qualitativen Sinne neu und macht alle auf alte Weise gebotenen Gebote zu alten. Zwar würdigt das neue Gebot die alten insofern, als es seinem Inhalt nach durchaus einen Anspruch formuliert, unter dem das Leben steht.

Zugleich spielt es den alten Geboten insofern eine neue Würde zu, als es ihre Lebensgrundlage entdeckt: Die Lebensgrundlage allen Gebietens sind nicht die guten Ziele, die mit dem Gebieten erreicht werden sollen, sondern die Lebensgrundlage ist das Gegebensein aller Lebensmittel, die als Gegebene einen Anspruch in sich tragen, den Anspruch nämlich, großzügig weitergegeben zu werden. Gebote sind weder Imperative lebensfeindlicher Priester noch Zielformulierungen lebensferner Utopisten, sondern ganz einfach Formulierungen des Anspruchs, unter dem das Leben steht: Zuwendung ohne Vorbehalte.[31] Neu ist das Gegebensein des Anspruchs, nicht sein Inhalt. Dabei wird die Lebensgrundlage

---

nicht ablenkt von der prinzipiellen Einheit dessen, was hier zur Erfahrung kommt: Im johanneischen Christus, im Werk des Parakleten, in der Sonne und dem Regen der Bergpredigt kommt die eine Kreativität zur Erfahrung, welche die Lebensgrundlage des Liebeserweises ist. BECKER, Das Evangelium nach Johannes II, 543, schätzt die Distanz zwischen der Begründung des Liebesgebots in der Bergpredigt und derjenigen im Johannesevangelium und in der johanneischen Schule zu groß ein.

30 Nach Jean ZUMSTEIN, L'Évangile selon Saint Jean, II, 53, besteht der Wert der Liebe Jesu darin, dass sie zugleich *exemple* und *fondement* ist.

des alten Gebots neu entdeckt. Das ist der qualitative Sprung, der auch mit dem Begriff des eschatologisch Neuen beschrieben werden kann.

3. NACHFOLGE

In diesem dritten und letzten Teil wenden wir uns einem Phänomen zu, das in der Jesusbewegung eine eigentümliche Rolle spielte und eine ebenso eigentümliche Ausprägung gewann.[32] Der Ruf in die Nachfolge ist charakteristisch für Jesus. Die Nachfolgegeschichten des Markusevangeliums sind allesamt sehr ähnlich aufgebaut; ihre Merkmale lassen auf die Konstruktion der Nachfolge als Wirklichkeit schließen:

1) Es fällt zunächst auf, dass die ersten drei Erzählungen (Mk 1,16–18.19 f.; 2,14) gegenüber der vierten (Mk 10,17–27) außerordentlich kongruent sind.

2) Die vierte Erzählung hingegen weist (Mk 10) einen ganz anderen Bau auf: a) Einer kommt herzu (V. 17; während sonst Jesus zu den Menschen hingeht). b) Es gibt ein Gespräch über das ewige Leben (V. 17b–21; während sonst solche Zielge-

---

31 In dieser Hinsicht ist es kein Zufall, dass an mehreren Stellen die Liebe als Quintessenz oder Erfüllung des Gesetzes identifiziert wird, vgl. in großer Klarheit Röm 13,8: »Ihr seid niemandem nichts schuldig außer das einander Lieben. Der Liebende nämlich bringt das andere Gesetz zur Erfüllung.« (πεπλήρωκεν).

32 Zum Folgenden vgl. Hans WEDER, »Die Externität der Mitte. Überlegungen zum hermeneutischen Problem des Kriteriums der Sachkritik am Neuen Testament«, in: Christof LANDMESSER / Hans-Joachim ECKSTEIN / Hermann LICHTENBERGER (Hg.), *Jesus Christus als die Mitte der Schrift. Studien zur Hermeneutik des Evangeliums*, Berlin / New York 1997, 296–299.

spräche fehlen). c) Es wird die Forderung erhoben, auf alles zu verzichten (V. 21b; während sonst der einfache Nachfolgeruf steht). d) Die Geschichte nimmt einen negativen Ausgang (V. 22a [»er ging traurig weg«]; nicht wie die andern Erzählungen). e) Obwohl die Person des Herzugelaufenen eine viel größere Rolle spielt als in den andern Geschichten, ist kein Name genannt (V. 17a [»einer«]; der Name steht sonst überall). f) Es wird keine Berufstätigkeit erwähnt (die sonst integrierender Bestandteil der sehr knapp erzählten Begebenheiten ist).

3) Die Reaktionen im positiven Sinne, von denen die drei ersten Geschichten erzählen, werden nirgends begründet, wohl aber wird die negative Reaktion in der vierten Geschichte umso intensiver begründet (Mk 10,22).

Die auffälligen Übereinstimmungen der ersten drei Erzählungen lassen auf eine bestimmte *Konstruktion der Wirklichkeit* schließen. Dabei sind die folgenden Momente bedeutungsvoll:

1) Das *Moment der Bewegung* ist mehrfach relevant: Jesus ist in Bewegung; er bewegt sich auf die Menschen zu und setzt diese ihrerseits in Bewegung. Nachfolge ist als solche Existenz in Bewegung, in ständiger Offenheit für das Kommende. Der Ruf ist ein bewegendes Wort.

2) Wichtig ist das *Moment des gezielten Sehens*, welches das Gegenüber ins Auge fasst und damit die Personalien wichtig nimmt (dies wird unterstrichen durch die Namen, die in allen drei Erzählungen genannt sind). Der Blick trifft die Leute überraschend; dass er auf sie fällt, hat mit ihnen und ihren Qualitäten nichts zu tun. Unter diesem Blick spielen die alltäglichen Lebensumstände keine entscheidende Rolle. Sie werden auch nicht geschildert, um die Entscheidung der Gerufenen zu motivieren.

3) Es fällt auf, dass der Ruf – und das ist erstaunlich in so knappen Erzählungen – mitten in den Alltag ergeht. Jesus ruft nicht zur Umkehr in die Wüste, er sucht die Leute in ihrer Alltäglichkeit auf.[33]

4) Auffallend ist schließlich, mit welcher Selbstverständlichkeit hier davon erzählt wird, dass der Ruf auch selbst schafft, was er fordert. Erzählt wird der Ruf »Folge mir!« und unmittelbar darauf die Reaktion »und er verließ das und das und folgte ihm nach«. Die Erzählungen haben keinerlei Interesse daran zu beschreiben, was die Angerufenen alles erwogen und hin und her überlegt haben könnten. Sie haben auch kein Interesse an dem, was die Angerufenen von sich aus zur Befolgung des Rufs bewogen haben mag. Der Ruf wird offensichtlich als alleinwirksam und kreativ verstanden.

5) Mit dieser seltsamen Kreativität des Rufs hängt meines Erachtens ein anderes auffälliges Merkmal dieser Erzählungen zusammen. Der Ruf ergeht ohne jede Bedingung; was für Menschen dies gewesen sein könnten, ob sie religiös akzeptabel oder unakzeptabel, ob sie moralisch suffizient oder defizitär, ob sie auf männliche oder weibliche Spiritualität ansprechbar waren – all dies ist uninteressant im Zusammenhang dieses Rufs. Es ist ein bedingungsloser, oder besser: ein bedingungsfreier Ruf. Im Moment des Neuen spielt das Alte keine Rolle mehr. Die Bedingungsfreiheit ist hier eine substanzielle Eigenschaft des Neuen, welche genau dafür sorgt, dass das Neue weder positiv noch negativ auf das Alte bezogen ist.

---

33 Dies ist ein signifikanter Unterschied zum Täufer: Während dieser in der Wüste zur Umkehr ruft, geht Jesus in die Städte und Dörfer Galiläas, um dem Leben der Menschen eine Wende zum Guten zu geben (vgl. den Übergang in Mk 1,1–13.14 f.).

Soweit die Konstruktion der Wirklichkeit, welche die markinische Gemeinde vorgenommen hatte. In diesem Zusammenhang stoßen wir auf ein erkenntnistheoretisches Problem, das mit der wissenschaftlichen Bearbeitung solcher Konstruktionen zusammenhängt. Im Zuge der Bearbeitung kann es leicht dazu kommen, dass moderne Konstruktionen der Wirklichkeit unbemerkt und unversehens die Oberhand gewinnen. Zwar kann es nicht darum gehen, jene religiöse Konstruktion der Wirklichkeit zu privilegieren, zum Beispiel gegenüber der säkularen Wirklichkeitskonstruktion der modernen Soziologie. Aber andererseits geht es ebenfalls nicht an, dass eine Wirklichkeitskonstruktion allein aus dem Grund sachkritisch reduziert wird, weil sie religiös ist. Wissenschaftliche Erkenntnis muss in diesem Zusammenhang vielmehr heißen, dass beide Konstruktionen von Wirklichkeit nach allen Regeln der Kunst daraufhin geprüft werden, wie sie sich der (für alle unverfügbaren) Wirklichkeit selbst gegenüber verhalten.

Am Beispiel der soziologischen Betrachtung der Nachfolgegeschichten wird diese Problematik deutlich. Zur Soziologie gehört es, nach der sozialen Bedingtheit eines Phänomens zu fragen.[34] Im Rahmen der Frage nach sozialer Bedingtheit erhält die soziale Situation, aus welcher der Nachfolger aussteigt, eine ganz andere Bedeutung, als dies in den Nachfolgegeschichten der Fall ist. Das Alte, die soziale Situation des

---

34 Dazu Gerd Theissen, »›Wir haben alles verlassen‹ (Mc. X. 28). Nachfolge und soziale Entwurzelung in der jüdisch-palästinischen Gesellschaft des 1. Jahrhunderts n. Chr.«, in: ders., *Studien zur Soziologie des Urchristentums* (WUNT 19), Tübingen 1983, 106–141. Der Frage nach der Bedingtheit der Phänomene liegt »die theoretische Prämisse zugrunde, dass es keine nachweisbare soziale prima causa gibt, die alles andere erklärt; vielmehr lassen sich verschiedene untereinander in Wechselwirkung stehende Fak-

Gerufenen, wird unversehens zum Grund für den Eintritt in die Nachfolge Jesu. Dass diese Sichtweise kein Zufall ist, kann auch in anderen soziologischen Beschreibungen von Lebenswenden gut beobachtet werden. So wird in einem soziologischen Konversionsmodell[35] festgestellt, dass einer Konversion notwendig die Erfahrung von akuten Spannungen vorangehen muss, welche die Person zu einem *religious seeker* macht. Andere Modelle setzen fundamentale Lebenskrisen und Orientierungsprobleme als Voraussetzung für Lebenswenden an.

Zwar ist nicht zu bezweifeln, dass solche Krisen zu Konversionen führen können, doch fällt demgegenüber auf, dass die synoptischen Nachfolgegeschichten in keinem Fall mit der Negativität des Alten argumentieren, um die Zuwendung zum Neuen zu begründen. Mehr noch, es ist sogar das Gegenteil der Fall: Das Alte kommt nur dort begründend ins Spiel, wo es um eine Erklärung *misslungener* Nachfolge geht (wie beim Reichen Jüngling in Mk 10,17–22). In den Nachfolgegeschichten des Markusevangeliums wird ausschließlich der Ruf Jesu für die Lebenswende der Nachfolgenden verantwortlich gemacht. Die Wende ergibt sich aus der Attraktivität des Neuen, nicht aus der Brüchigkeit des Alten.

Nun könnte man selbstverständlich und in sachkritischer Absicht sagen, diese Geschichten seien naiv. Dies ist nicht grundsätzlich auszuschließen. Dennoch ist es gefährlich, wenn das moderne soziologische Modell den alten Ge-

---

toren ökonomischer, ökologischer, politischer und kultureller Art erkennen« (ebd., 107).

35 Zum Konversionsmodell von Lofland und Stark vgl. Franz WIESBERGER, *Bausteine zu einer soziologischen Theorie der Konversion. Soziokulturelle, interaktive und biographische Determinanten religiöser Konversionsprozesse*, Berlin 1990, 63.

schichten unterstellt wird und wenn sie dann so umgeformt werden, dass ebenfalls die Negativität des Alten (also die Frustration im Beruf wie bei Petrus, oder die Verachtung, unter der ein Zolleinnehmer zu leiden hatte, wie bei Levi)[36] zum entscheidenden Faktor für die Zuwendung zum Neuen wird. In solcher Rekonstruktion wird die Kreativität des Neuen zum Verschwinden gebracht, und das hermeneutische Potential der alten Geschichten wird verspielt. Beides, die soziologischen Analysen und die alten Erzählungen, sind Konstruktionen der Wirklichkeit. Statt dass nun eine Konstruktion, nämlich die moderne, über alle vergangenen Konstruktionen zu herrschen beginnt, indem sie sich durch die »Aufklärung« vergangener Naivität den alten Geschichten aufdrängt, verlangt es eine wahrhaft kritische Wissenschaft, dass die fremden Sichtweisen zunächst ihr Recht behalten. Denn nur so kann es zur Frage kommen, ob die moderne Konstruktion tatsächlich der Wirklichkeit angemessen sei oder nicht.

Konkret gefragt: Ist es dem Phänomen Nachfolge Jesu, beziehungsweise dem Phänomen fundamentaler Lebenswenden, angemessen, dass man sie aus der Brüchigkeit des Alten erklärt? Könnte es nicht sein, dass das Neue eine Attraktivität hat, die das Alte allererst brüchig werden lässt? Die Brüchigkeit entsteht nicht durch ein Defizit des Alten, sondern durch die Erscheinung des Neuen. Könnte es nicht sein, dass eine

---

36 Rudolf PESCH, Das Markusevangelium I (1,1–8,26) (HThK II/1), Freiburg/Basel/Wien ⁴1984, 169: »Die Berufung [...] in die Nachfolge [...] ist nach der Auslegung des Evangelisten Berufung aus einer sündigen Vergangenheit heraus.« (177): »Markus hat in seinem Evangelienbericht das Thema vom Neuen, das Jesus in seiner Vollmacht bringt, schon in 1,22.27 exponiert. In seinem Komposition [...] ist 2,18–22 in den Mittelpunkt gerückt, von hierher werden alle Konflikte beleuchtet. Sie spiegeln die Unvereinbarkeit des christlich Neuen, das Jesus in seiner Vollmacht gebracht hat, mit dem Alten.«

Wende im Leben erst dann fundamental ist, wenn das Neue den Menschen bewegt, und nicht schon dann, wenn ihn das Alte bedrängt? Die alten Defizite verursachen Fluchtbewegungen. Und in solchen Fluchtbewegungen haben die alten Defizite eine große Chance, sich in das vermeintlich gewendete Leben hinüber zu retten. Wie immer man auf diese Fragen antworten wird, wichtig ist eben, dass sie gestellt werden können. Und dazu braucht es Wahrnehmungsmethoden, welche fremde Konstruktionen von Wirklichkeit nicht voreilig aufklären und sie so in moderne Selbstverständlichkeiten verwandeln.

ZUM SCHLUSS

Wenn das Neue von sich aus gedacht wird, führt es dazu, dass das Alte alt wird und dennoch seine eigene Würde behält. In den Nachfolgeerzählungen muss das Leben der Fischer oder Zolleinnehmer nicht als frustrierend entwertet werden. Das Alte wird durch die Attraktivität des Neuen überholt. Durch das neue Gebot wird die alte Forderung des Gesetzes neu entdeckt als Explikation des Anspruchs, der von dem gnädig Gegebenen, dem kreativ Gegebenen, also eben von der erwiesenen Liebe ausgeht. Nach Paulus ist das Leben nach dem Gesetz – im Horizont des Gesetzes gesehen – ein Gewinn, eine respektable Art, sich Respekt zu verschaffen, sogar bei der höchsten Adresse. Es muss nicht disqualifiziert werden im Sinne der starren Gesetzlichkeit oder der Unmöglichkeit der Erfüllung. Als ein Verlust erscheint es erst, wenn jenes göttliche Licht auf den Menschen fällt, das ihn dem Bann auch seiner gelungenen Taten entzieht und ihm statt des Respekts mehr Würde gibt, als seine Schulweisheit sich erträumt.

Andrea Anker

»Der wirklich neue Mensch«
Karl Barth im Gespräch mit Paulus, Hegel und Charlotte von Kirschbaum

1. EINLEITUNG

»Wahrhaft neu« ist für den Theologen Karl Barth nur eines, genauer nur *einer*: der »neue Mensch«. Und der Mensch, den Barth dabei vor Augen hat, ist nicht irgendein neuer Typus von Mensch, sondern ein ganz bestimmter Mensch: Jesus Christus. Deshalb und insofern ist der »neue Mensch« auch nichts Geringeres als »*das ganze Evangelium*«[1]. Denn in ihm offenbart Gott sich selbst als der den Menschen »in Freiheit Liebende«[2], als der »sich selbst erniedrigende und [...] versöhnende Gott«[3]. Und in ihm wird andererseits auch der Mensch offenbar als das zum »Bundesgenossen«[4] Gottes bestimmte Geschöpf, als »von Gott erhöhte[r] und so versöhnte[r] Mensch«[5].

Als neuer Mensch steht Jesus Christus jedoch nicht isoliert da. In und mit ihm sind *alle* Menschen neu geworden

---

1 Karl BARTH, »Die Wirklichkeit des neuen Menschen«, in: DERS. (Hg.), *Theologische Studien*, Heft 27, Zürich 1950, 9; das kursiv Gedruckte ist im Original gesperrt gedruckt.

2 KD II/2, 1.

3 KD IV/1, 83.

4 KD II/2, 7 ff.

5 KD IV/1, 83.

und haben Anteil bekommen am neuen mit Gott versöhnten Leben. Wie Barth dieses gleichsam »abgeleitete« Neusein, das stets ein Prädikat des göttlichen Wirkens bleibt und – jedenfalls in der Zeit – nie zu einer menschlichen Qualität wird, näher bestimmt, ist eine der zentralen Fragen, die ich im Folgenden klären möchte. Neben der *Kirchlichen Dogmatik* dient mir dabei der 1948 gehaltene und 1950 publizierte Vortrag Die *Wirklichkeit des neuen Menschen*[6] als Textgrundlage.

2. Neuheit als Ursprünglichkeit im Horizont der Erwählungslehre

Im Zug seiner Reflexion über die »Erschaffung« des neuen Menschen durch Gott (Eph 4,24) stellt Barth im Vortrag Die *Wirklichkeit des neuen Menschen* die Frage: »Was ist die Neuheit dieses neuen Menschen?«[7] Erstens ist sie, meint Barth, »die Vollendung der alten Weltzeit« und »der Ursprung und Anfang der neuen Weltzeit«[8]. Seine Neuheit ist aber zweitens keine, die nicht auch schon in der alten Schöpfung da gewesen wäre: »Er ist neu, indem er der Mensch ist, der schon in der ersten Schöpfung – als das verherrlichte Geschöpf, als das Ziel des göttlichen Bundes mit dem Menschen – gemeint und visiert ist. Er ist neu, indem er auch in der alten Weltzeit den Sinn der göttlichen Weltregierung und des göttlichen Gnadenreiches darstellt. Er ist neu als der ›innere Mensch‹ (Eph. 3,16 im Gegensatz zum äußeren Menschen auch des Christen im Anbruch der neuen Weltzeit), der sich nach 2. Kor. 4,16,

---

6 Barth, »Wirklichkeit«.

7 Ebd., 7.

8 Ebd., 7 f.

während der äußere zugrunde geht, von Tag zu Tag erneuert.«[9] Hier wird Neuheit – kontraintuitiv – verstanden als *Ursprünglichkeit*: Der neue Mensch, der *zweite* Adam (Röm 5,
12–21; I Kor 15,45–49), ist der *ursprünglich gewollte, der im Anfang erwählte* Mensch.[10] Auf den ersten Blick scheint sich eine
Spannung aufzutun zwischen der Vorstellung, dass die »Erschaffung des neuen Menschen« verbunden ist mit dem Anfang einer neuen Weltzeit, nämlich der endgültigen Befreiung des Geschöpfs aus der Macht der Sünde und seiner
Verherrlichung, und der Vorstellung, dass die Neuheit gerade
nichts neu Dazugekommenes, sondern Ausdruck der ewigen
und bleibenden Erwählung Jesu Christi ist. Wo gehört das
Prädikat »neu« hin? Schafft Gott den neuen Menschen erst in
und mit der Inkarnation oder aber am Anfang all seiner
Werke? Und ist, wenn Letzteres der Fall ist, die Erschaffung
des neuen Menschen überhaupt ein klar von der Erwählung
des Menschen zu unterscheidender Akt Gottes?

Barth operiert sowohl in *Die Wirklichkeit des neuen Menschen* als auch in der KD mit einem ersten und einem zweiten
Ja Gottes zum Menschen[11]: Das erste Ja ist Gottes allem Weiteren zugrunde liegende Entscheidung für ein Sein in Beziehung zu einem Anderen, ist Gottes Ja zu seinem Sohn.[12] Dieses Ja ist der Anfang der Bundesgeschichte Gottes[13], der
Grund der Schöpfung[14] und das Vor- und Urbild aller ge-

---

9   Ebd., 8.

10 Vgl. KD IV/1, 53: »Er ist der erste und eben darum in seiner geschichtlichen
    Existenz inmitten aller anderen der neue Mensch.«

11 BARTH, »Wirklichkeit«, 7.

12 KD II/2, § 32, 4.6.

13 KD II/2, § 32, 8.

14 Vgl. KD II/2, 96 f.; KD III/1, 261 f.: »War die Schöpfung der äußere Grund des
    Bundes, so war er ihr innerer Grund. War sie seine formale, so war er ihre

schöpflichen Beziehungen.[15] Die Erwählungslehre ist bei
Barth ein Teil der Gotteslehre, weil dieses erste Ja Gottes als
*Selbst*bestimmung Gottes zu verstehen ist. Denn dass Gott
»in seiner Liebe« ein Anderes zur Gemeinschaft mit sich selbst
bestimmt, »[d]as bedeutet zuerst und vor allem: Gott wählt
sich selbst zugunsten dieses Anderen. Gott gibt sich selbst die
Bestimmung, sich nicht genügen zu lassen an sich selbst, obwohl er sich selbst genügen könnte. Er gibt sich selbst die Bestimmung jenes Überströmens, jener Zuwendung und Her-
ablassung. Er macht sich selbst zur Wohltat.«[16] Mit der These,
dass die Erwählung des Menschen zu Gottes Bundespartner
in einer Selbstwahl Gottes gründet, ist mitgesagt, dass nicht
eine vorgefundene Qualität des Geschöpfs Gott zur Wahl bewogen hat, sondern allein seine Liebe, die frei ist zu lieben,
wen und was sie will.

Das zweite Ja ist die »Bestätigung« und »Wiederholung«
des ersten, aber eben eine »Wiederholung in Majestät, in
Fülle, in Endgültigkeit, in Herrlichkeit«[17]. Das zweite Ja ist
die Vollstreckung von Gottes ewigem Erwählungswillen, die
aber, weil der Mensch ein Sünder geworden und unter die
Macht des Nichtigen geraten ist, zugleich auch seine Erret-
tung einschließt. Das zweite Ja ist Gegenstand der Versöh-
nungslehre und bedeutet, wie noch zu zeigen sein wird, sowohl das Gericht über den alten als auch die Erschaffung des
neuen Menschen. Der neue Mensch ist der von der Sünde be-
freite und verherrlichte Mensch, der allerdings genau als sol-

---

materiale Voraussetzung. Hatte sie den geschichtlichen, so hatte er den
sachlichen Vorrang«.

15 KD III/1, 239.

16 KD II/2, 9.

17 Ebd., 7.

cher schon in der »alten« Schöpfung anvisiert, intendiert oder eben erwählt war. Mit der Erschaffung des neuen Menschen macht Gott die »*ursprüngliche* und *natürliche* Güte des Menschen und des Kosmos« sichtbar, befreit sie von ihrer Verkehrung und Verfinsterung – und zwar endgültig, d. h. es handelt sich dabei nicht nur um eine *restitutio ad integrum*, sondern um eine *perfectio*.[18]

Die Erschaffung des neuen Menschen ist also nach Barth von seiner Erwählung klar zu unterscheiden, aber nicht zu trennen. Denn kein anderer als der *erwählte* Mensch wird in Jesus Christus, in der Einheit des Sohnes Gottes mit dem Menschen Jesus von Nazareth zum neuen Menschen erschaffen. Doch die *Erschaffung* selbst ereignet sich nicht nur in Gott selbst, sondern in Raum und Zeit, in Fleisch und Blut. Der neue Mensch ist kein Mythos, keine übergeschichtliche und also geschichtslose Wahrheit, denn Jesus Christus wurde »geboren von der Jungfrau Maria« und hat »gelitten unter Pontius Pilatus«[19]. Die Geschichte des Gnadenbundes bedarf eines Raumes, in dem sie sich ereignen kann, und die Schöpfung bietet diesen Raum.[20] Und insofern die Geschichte des Gnadenbundes in der Geschichte Jesu Christi kumuliert, kann Barth sogar sagen: »[U]m Jesu Christi willen geschieht die Schöpfung«[21].

---

18 BARTH, »Wirklichkeit«, 6.

19 KD III/2, 529. Vgl. KD IV/1, 171.

20 KD III/1, 46.

21 KD IV/1, 53. Diese Priorität der Erwählung wird auch in der bekannten Formel vom Bund als dem »inneren Grund« (KD III/1, 258 ff.) bzw. der »materialen Voraussetzung« (ebd., 262) der Schöpfung und der Schöpfung als dem »äußeren Grund« (ebd., 103 ff.), der »formalen Voraussetzung« (ebd., 262) bzw. der »technischen Ermöglichung« (ebd., 107) des Bundes auf den Punkt gebracht.

Sätze wie diese lassen den Verdacht aufkommen, Barth sehe in der Schöpfung bloß eine Bühne für das Drama von Leben, Tod und Auferweckung Jesu Christi. Seine Schöpfungstheologie ist diesbezüglich verschiedentlich kritisiert worden. Barth neige zu einem »gewissen Schöpfungsdoketismus«, die Schöpfung komme nicht zu ihrem »eigenständigen Recht«, weil bei ihm die Schöpfung nur »signifikative« Bedeutung habe, meinte etwa Regin Prenter und ähnlich urteilten Gustaf Wingren, Hans Georg Pöhlmann und Wilfried Härle.[22] Tatsächlich betont Barth immer wieder, dass die Schöpfung kein »eigenständiges« Werk Gottes sei und nur in Jesus Christus ihren Sinn habe.[23] Wie die Kritik an Friedrich Schleiermachers Vorstellung von der Erlösung als »Vollendung« der Schöpfung zeigt,[24] geht es Barth vor allem darum, die Versöhnung in Jesus Christus als absolut freien, unbedingten und voraussetzungslosen und in dem Sinne »neuen« Akt Gottes herauszustreichen. Die Autonomie Gottes und die Tragweite seiner gnädigen Zuwendung sieht Barth überall dort in Gefahr, wo man wie Schleiermacher im Zusammenhang der Versöhnung »über ein angeblich erreichbares und erreichtes Telos der immanenten Entwicklung des geschöpflichen Seins« nachdenkt.[25] Jesus Christus ist aber eben nicht das »letzte

---

22 Regin PRENTER, »Die Einheit von Schöpfung und Erlösung. Zur Schöpfungslehre Karl Barths«, in: Theologische Zeitschrift (1946), 161–182, 175 f.; Gustaf WINGREN, Gott und Mensch bei Karl Barth (Luthertum Heft 2) Berlin 1951, 20 f.; Hans Georg PÖHLMANN, Analogia entis oder Analogia fidei? Die Frage der Analogie bei Karl Barth, Göttingen 1965, 46; Wilfried HÄRLE, Sein und Gnade. Die Ontologie in Karl Barths Kirchlicher Dogmatik, Berlin/New York 1975, 168.

23 KD IV/1, 53.

24 KD IV/1, 51 f.

25 KD IV/1, 52.

Wort über den Werdeprozess des endlichen Seins und Bewusstseins«, sondern das erste Wort. »Er ist der erste und eben darum in seiner geschichtlichen Existenz inmitten aller anderen der *neue* Mensch. Er ist also nicht eine Konsequenz aus dem, was sonst ist, was vor ihm war, nicht eine Hervorbringung – und wäre es die vollkommenste – der geschaffenen Welt als solcher. Er ist wohl in ihr. [...] Er ist aber nicht aus ihr, sondern sie ist von ihm her.«[26]

Gerade weil die Schöpfung kein eigenständiges, sondern ein abhängiges Werk ist, weil sie Gottes Heilswillen entspringt und seiner Vollstreckung dient, bedeutet die Vollstreckung des Heilswillens, die Erfüllung des Bundes auch die Erfüllung der Schöpfung.[27] Schöpfung und Versöhnung sind also viel enger verknüpft als in den meisten anderen theologischen Entwürfen, was der Schöpfungslehre mehr, nicht weniger Gewicht gibt.

3. DIE WIRKLICHKEIT DES NEUEN MENSCHEN

Alle Menschen, der Mensch als solcher, ist zum Bundesgenossen Gottes erschaffen,[28] aber erst mit der Erschaffung des neuen Menschen, d. h. nur in Jesus Christus *erfüllt* sich und wird *offenbar*, wozu der Mensch erschaffen bzw. bestimmt ist.[29] Wenn Barth von Jesus Christus zuweilen emphatisch als vom »wirklichen Menschen«[30] spricht, will er daran erinnern,

---

26 KD IV/1, 53. Kursivsetzung im Orig. gesperrt gedruckt.

27 KD IV/1, 8.37.

28 KD III/2, 385.

29 KD III/2, 243; vgl. HÄRLE, *Sein und Gnade*, 99–129, bes. 127 f.

30 KD III/1, 213; III/2, 51; BARTH, »Wirklichkeit«, 8.13.17.

ANDREA ANKER

dass dieser als Einziger dem vom Schöpfer intendierten Wesen des Menschen entspricht und sein Mensch-Sein nicht durch die Sünde verfehlt (weswegen die theologische Anthropologie ein Teilgebiet der Christologie sein muss)[31]. Im Unterschied zum gängigen – oder besser zu *einem* gängigen – Verständnis von »Wirklichkeit«, wonach »wirklich« dasjenige ist, was faktisch vorliegt,[32] ist für Barth nur das Wahre das Wirkliche oder präziser: Nur der wahre Mensch ist wirklich *wirklich*. Präziser deshalb, weil Barths Ineinssetzung von Wirklichkeit und Wahrheit einhergeht mit einer christologischen »Kon-

---

31 KD III/2, 50.

32 Wobei theologisch von diesem faktisch Vorliegenden nur angemessen im Horizont des ihm von Gott gesetzten Möglichkeitsspielraums und angesichts dessen, was sich im Glauben als seine wesentliche Wahrheit zeigt, gesprochen werden kann. Eberhard Jüngel und Ingolf U. Dalferth haben in ihrer theologischen Anthropologie von 1981 präzise die Differenz von Möglichkeit, Wirklichkeit und Wahrheit des Menschen herausgearbeitet: Dem Menschen sei mit seinem »Sein als Person« ein bestimmtes Ziel – nämlich das Ziel des »vollkommenen Menschseins in der Gemeinschaft mit Gott« – gesetzt, und dieses Ziel gelte es zu »verwirklichen«. »Die Wirklichkeit seines bestimmten Menschseins kann Entsprechung oder Widerspruch zu Gottes Anspruch an ihn sein und damit die Wahrheit seines Seins als Person erfüllen oder verfehlen. In jedem Fall aber zehrt sie von den Möglichkeiten, die ihm zugesprochen sind und die ihn immer mehr sein lassen, als er je aus sich selbst zu machen vermag. [...] Christliche Anthropologie beharrt um des Menschen willen nicht nur entscheidend auf der ontologischen Priorität seiner Möglichkeit vor seiner Wirklichkeit, sondern zugleich auch auf der Nichtidentität seiner Wirklichkeit und seiner Wahrheit« (Ingolf U. DALFERTH/Eberhard JÜNGEL, »Person und Gottebenbildlichkeit«, in: Franz BÖCKLE u. a. [Hg.], *Christlicher Glaube in moderner Gesellschaft*, Bd. 24 [Enzyklopädische Bibliothek in 30 Teilbänden], Freiburg im Br. 1981, 57–99, 87 f.). Diese Differenzierung hat Dalferth in seiner *Hermeneutischen Religionsphilosophie* weiter ausgearbeitet und begrifflich präzisiert: Ingolf U. DALFERTH, *Die Wirklichkeit des Möglichen. Hermeneutische Religionsphilosophie*, Tübingen 2003, 119–121.

zentration« von Wirklichkeit.[33] Härle notiert zu Recht: »Wirklichkeit ist für Barth nur die ewige Erwählung Jesu Christi
und das, was sich aus ihr ableiten läßt.«[34] Denn vom neuen
Menschen Jesus Christus behauptet Barth: »Er ist in unend-
lich viel klarerem und konkreterem Sinn da als irgend etwas,
was sonst da ist. Er ist ein für allemal gekommen und real geworden. Denn er ist *von Gott* geschaffen: durch den souveränen Akt seiner Wahrheit. Er ist Tatsache: nicht eine unter anderen, sondern die zentrale und endgültige Tatsache. [...] Wir
haben also allen Grund, von seiner *Wirklichkeit* zu reden. Sie
verdient es, ganz anders ernst genommen zu werden; sie ist
vertrauenswürdiger als jede andere Wirklichkeit.«[35] Die ewige
Erwählung Jesu Christi ist also nicht exklusiv das einzig
Wirkliche, aber sie ist doch in einem ganz anderen (gar »un-
endlich« anderen) Sinne wirklich als alles andere; insofern sie
nämlich die »zentrale Tatsache«, der Scheidepunkt und das
Kriterium der Barthschen »Ontologie der Gnade« darstellt. In
Jesus Christus verwirklicht Gott (das *ens realissimum*) sich
selbst, und indem er das tut, entscheidet er, was wirklich und
was nicht-wirklich, was also nichtig ist.[36] In KD II,1 heißt es
sehr pointiert: »Alles das – und nur alles das – ist wirklich,
worin Gott sich selbst wiederholt und bestätigt.«[37]

---

33 In den neutestamentlichen Schriften findet sich die expliziteste Parallele
   dazu in Kol 2,16 f.: »Darum soll niemand über euch zu Gericht sitzen in
   Sachen Speise und Trank, Fest, Neumond oder Sabbat; das alles ist ja nur
   ein Schatten des Künftigen, das Wirkliche ist Christus.«

34 HÄRLE, *Sein und Gnade*, 168.

35 BARTH, »Wirklichkeit«, 8 (Herv. im Orig. gesperrt).

36 Vgl. ebd., 10.

37 KD II/1, 598.

4. BARTH: EIN HEGELIANER?

Es ist angesichts solcher Aussagen nicht verwunderlich, dass in der Barth-Forschung immer wieder diskutiert wird, ob Barth ein Krypto-Hegelianer gewesen sei, zumal er auch, wie Eberhard Jüngel mit Freuden festgestellt hat, in seiner *Theologiegeschichte des 19. Jahrhunderts* »Hegel mit besonderer Liebe gewürdigt hat«[38]. Ich möchte deshalb an dieser Stelle ganz kurz ein paar Überlegungen zum Verhältnis von Barth zu Hegel anstellen, und hoffe, dass so noch deutlicher wird, was unter einer »Ontologie der Gnade« zu verstehen ist.

Auf den ersten Blick finden sich in der Barthschen Theologie mehrfach Anklänge an Hegel: Angefangen vom Verständnis der Offenbarung als Selbstoffenbarung Gottes, die zugleich Selbstbestimmung Gottes ist, über das Verständnis von Wirklichkeit, wonach wirklich nur ist, was wahr (Barth) bzw. vernünftig (Hegel) ist,[39] bis hin zur Christologie, in der bei Barth wie bei Hegel der Gang Gottes in die Fremde im Zentrum steht, also die Vorstellung, dass Gott gerade darin Gott ist, dass er das Andere, ihm Entgegengesetzte, in sich aufnehmen kann und Versöhnung möglich wird.[40]

---

38 Eberhard JÜNGEL, *Barth-Studien*, Gütersloh 1982, 246.

39 Für Hegel ist das Wirkliche im Tiefsten durch Gottes versöhnende Macht der Liebe bestimmt; eine unversöhnte, eine entfremdete Wirklichkeit gibt es nicht. Denkbar ist nur, dass wir die versöhnende Macht der Liebe in der Geschichte nicht (genügend) wahrnehmen und unser Leben und Handeln nicht ausreichend darauf gründen; vgl. Jürgen WERBICK, »System und Subjekt«, in: BÖCKLE, *Christlicher Glaube*, 101–139.

40 Vgl. Martin HAILER, *Glauben und Wissen, Arbeitsbuch Theologie und Philosophie*, Göttingen 2006. Dort wird der Einfluss Hegels auf die Theologie verständlich zusammengefasst.

Nun treten aber gerade dort, wo zwischen Hegel und Barth offensichtlich Berührungspunkte bestehen, die Differenzen am deutlichsten zu Tage.[41] So ist erstens zwar für beide Gottes Sein ein Sein im Werden, Gottes Selbstoffenbarung Geschichte – aber während sie für Hegel nicht weniger als die alles umfassende Geschichte des Absoluten ist, ist sie für Barth die eine Geschichte Jesu Christi, die zur Weltgeschichte in einem spannungsvoll-kritischen Verhältnis steht.

Zweitens geschieht nach Barth die Geschichte Jesu Christi, die Inkarnation, der Weg ans Kreuz, seine Auferweckung aufgrund der ewigen *freien* Selbstbestimmung des dreieinen Gottes. Er hätte auch anders Gott sein können. In seiner *Theologiegeschichte des 19. Jahrhunderts* kritisiert Barth an Hegel allem voran, dass er keine Idee von Gottes Freiheit habe, dass Gott »sein eigener Gefangener« sei.[42] »Alles begreifend, begreift er zuletzt und zuhöchst auch sich selbst, und indem er das im Bewusstsein des Menschen tut, wird und ist vom Menschen aus Alles, was Gott ist und tut, als dessen eigene Notwendigkeit eingesehen. Es kann nun in der Offenbarung nicht mehr um eine freie Tat Gottes gehen, sondern Gott muss so funktionieren, wie wir ihn in der Offenbarung funktionieren sehen. [...] Das endliche Bewusstsein, das der Offenbarung teilhaftig ist, erweist sich damit als Moment in dem Begriff, in dem Prozess Gottes selber. Notwendig ist die Schöpfung, notwendig auch die Versöhnung. [Ja], ich bin notwendig für Gott.«[43] »Hegel hat«, so bringt Barth seine Kritik dann auf den

---

41 Vgl. für wertvolle Hinweise Bruce McCORMACK, »Grace and being«, in: John WEBSTER (ed.), *Cambridge Companion to Karl Barth*, Cambridge 2000, 99–101.

42 Karl BARTH, *Die protestantische Theologie im 19. Jahrhundert. Ihre Vorgeschichte und ihre Geschichte*, Zürich 1946, 377.

43 Ebd.

Punkt, »indem er die dialektische Methode der Logik zum Wesen Gottes machte, die Erkenntnis der realen Dialektik der Gnade, die in der Freiheit Gottes begründet ist, unmöglich gemacht.«[44] In der realen Dialektik der Gnade, so muss man ergänzen, ist der Mensch bzw. das menschliche Bewusstsein nicht Teil der Selbstwerdung Gottes, sondern von der Sünde so okkupiert, dass damit gar nichts mehr anzufangen ist. Durch Gottes Gnade allein wird der Mensch zu einem neuen Leben erweckt, wobei der Mensch und die ihn umgebende Welt immer nur unter einem bestimmten Aspekt neu sind. Die Geschichte entwickelt sich nicht fort und fort bis zu ihrer Vollendung und zur Versöhnung ihrer Gegensätze, sondern Geschichte bleibt Krisengeschichte, in der fortwährend zwischen Alt und Neu unterschieden wird und unterschieden werden muss. Und auch Vollendung ist nur als Gottes Gericht und Neuschöpfung zu denken. Gott ist dem Prozess der Geschichte gegenüber frei – und nur deshalb besteht Hoffnung für die verspielte Freiheit des Menschen.

Und drittens schließlich hat Barth im Unterschied zu Hegel – und später zu Eberhard Jüngel und in anderer Weise zu Dorothee Sölle – es vermieden, den Gang Gottes in die Fremde als »Tod Gottes« auszulegen. In der von seinem letzten Assistenten Eberhard Busch dieses Jahr herausgegebenen Rückschau auf die gemeinsamen Jahre mit Karl Barth findet sich eine aufschlussreiche, durchaus amüsante Passage, in der von einem Besuch Eberhard Jüngels bei Karl Barth im Dezember 1966 erzählt wird. Als Jüngel berichtete, er versuche, den Tod Gottes in den zweiten Aspekt der Trinität, also in Gott selbst zurück- und hineinzuverlegen, habe Barth sich heftig dage-

---

44 Ebd.

gen gewehrt und gesagt, es sei nicht Sache des Theologen, etwas in Gott hineinzuverlegen.[45] »Nach seiner Lehre gehöre gemäß Apg 2,22ff das Leiden zum Gehorsam des *Sohnes*.« Und wenn man vom Leiden des Vaters reden wolle, »dann auf der Linie von Joh 3,16, wo zugleich von der Hingabe des Sohnes ans Kreuz und von der gerade dabei souveränen Absicht des Vaters die Rede ist. [...] Gott gibt sich in seinem Sohn wohl ›dahin‹, aber er gibt sich nicht weg. Er gibt sich zur Versöhnung wohl her, aber er gibt sich dabei nicht auf. [...]«. Und zum Schluss zitiert Busch Barth mit dem Satz: »Es ist nicht genug, dass Gott tot ist. Interessant ist, dass er lebt!«[46]

Damit möchte ich meinen Exkurs zum Verhältnis von Barth zu Hegel abschließen und zurückkehren zum Zusammenhang zwischen Wirklichkeit, Verwirklichung und Wirken. Wir haben gesehen, dass für Barth die Wirklichkeit des neuen Menschen Jesus Christus sich dem Wirken Gottes, ja der Selbstverwirklichung Gottes verdankt. Aber damit ist noch nicht alles gesagt, denn wie der wirkliche Gott ist auch der *wirkliche Mensch* dadurch wirklich, dass er *wirkt*.[47]

Jesus Christus ist nicht nur der für alle Menschen wirksame Gott, sondern auch der für alle anderen Menschen wirksame Mensch. Während ihr Menschsein vom Nichtigen (jene Größe, die bei Barth die Kehrseite der Wirklichkeit ist) beherrscht wird,[48] hat er – stellvertretend für sie – das Nichtige

---

45 Eberhard BUSCH, *Meine Zeit mit Karl Barth. Tagebuch 1965–1968*, Göttingen 2011, 158 f.

46 Ebd., 159.

47 Vgl. ebd. den engen Zusammenhang von »wirken« und »Wirklichkeit«: »Als [zentrale und endgültige Tatsache] existiert [der neue Mensch], offenbart er sich, wirkt er und ist er in Rechnung zu stellen. Wir haben also allen Grund, von seiner *Wirklichkeit* zu reden« (Herv. im Orig. gesperrt).

48 Vgl. BARTH, »Wirklichkeit«, 6 f.

überwunden, das Nichtige un-wirksam gemacht. Wenn Barth also seinen Text über den neuen Menschen überschreibt mit »Die Wirklichkeit des neuen Menschen«, ist damit auf dessen Für-uns-wirksames-Menschsein angespielt. Das Grundproblem dieses Konzepts ist m. E. der Stellvertretungsgedanke, der bei Barth eng verwoben ist mit der These von der ganz besonderen Wirklichkeit des neuen Menschen.

5. Der »wirkliche Mensch« bei Charlotte von Kirschbaum

Um zu verdeutlichen, was genau ich an Barths Ansatz als allzu eigenwillig und problematisch erachte, möchte ich hier Charlotte von Kirschbaum ins Gespräch bringen. Und zwar einmal nicht als Kooperateurin im Hintergrund, sondern als Autorin eigener Texte. Da findet sich nämlich ein auf der Barthschen Linie liegendes, aber gleichwohl anders akzentuiertes Verständnis von Wirklichkeit. Von Kirschbaum hat ihre 1949 erschienene Aufsatzsammlung zur »Frauenfrage«, deren exegetische Fundierung sich weitgehend deckt mit derjenigen von Barths Überlegungen zur Anthropologie in der KD[49], überschrieben mit Die wirkliche Frau.[50] »Wirklichkeit« steht hier im Gegensatz zu Fiktion, Ideal, Mythus, zu allen vom Menschen selbst geschaffenen Wunschbildern und Konstrukten.[51] Die »wirkliche Frau« ist die reale und die wahre Frau. Es geht dabei nicht um eine bestimmte Frau oder um einen Typus von Frau, sondern darum, was Frau-Sein wirklich

---

49 Vgl. u. a. KD III/1, 204–214; III/2, 385; IV/1, 98 ff.385.391.
50 Charlotte VON KIRSCHBAUM, Die wirkliche Frau, Zollikon/Zürich 1949.
51 Ebd., 84 f.87.

heißt, was jede Frau als Frau *eigentlich* ist, und d. h. was sie *coram deo*, was sie als Geschöpf Gottes ist.

Wer und was die wirkliche Frau ist bzw. die Frau wirklich ist (wie dieses Konzept also inhaltlich zu füllen ist), wird nur in Jesus Christus offenbar. Seine Wirklichkeit »erschließt uns unsere eigene menschliche Wirklichkeit und läßt uns das Angebot erkennen, das uns in dieser gemacht ist, und das wir dankbar annehmen dürfen: in der Bereitschaft, die nun auch wirklich zu sein, die wir sind.«[52] Wie Barth betont von Kirschbaum die Wirklichkeit des Menschen Jesus *für* uns, aber in auffallendem Unterschied zu Barth wird dieses »Für-uns« nicht verbunden mit einem »An-unserer-Stelle«.[53] Der wirkliche Mensch, im Vollsinn des Wortes, ist vielmehr derjenige, »für den Jesus Christus existiert«[54]. Von ihm gilt: Er »ist nicht einsam, er ist mitmenschlich [...]. Nur miteinander sind der Mann und die Frau der Mensch, für den Jesus lebt, und also *der wirkliche Mensch*. Menschlichkeit ist kein Ideal und keine Tugend, Menschlichkeit ist die Tatsache, daß der Mensch schon in diesem Gegenüber, in dieser Zweisamkeit erschaffen ist.«[55] Die wirkliche Frau ist also, so das Fazit, die in Gemeinschaft (mit dem Mann!) existierende Frau.[56]

---

52 Ebd., 85 f.

53 Vgl. z. B. KD III/1, 213: »Es wird offenbar werden, daß der Mensch Grund hat, nach dem Menschen auszublicken, der anders als er selbst, aber gerade darum als der wirkliche Mensch für ihn, an seiner Stelle und ihm zugut im Urbild und nach dem Vorbild Gottes Man und Frau sein wird: *Jesus Christus und seine Gemeinde*« (Hervorhebungen im Original gesperrt gedruckt).

54 VON KIRSCHBAUM, *Die wirkliche Frau*, 85.

55 Ebd.

56 Von Kirschbaum meint, dass auch für die zölibatär lebenden Schwestern in den Klöstern die Bezogenheit auf den Mann konstitutiv bleibt.

ANDREA ANKER

Von Kirschbaums Überlegungen sind in unserem Zusammenhang deshalb interessant, weil sie einerseits die Barthsche Ontologie voraussetzen, als deren Kerngedanke gelten kann, dass Gott in Jesus Christus die Wirklichkeit setzt bzw. über die Wirklichkeit entscheidet, aber andererseits ohne Barths merkwürdige Idee einer vorrangigen Wirklichkeit und einer davon abgeleiteten Wirklichkeit auskommen. Von Kirschbaums Thesen stützen die hier angebrachte kritische Rückfrage, ob eine »Ontologie der Gnade« nicht auch ohne die problematische Vorstellung einer gestuften Wirklichkeit auskommen könnte, was – positiv gewendet – bedeuten würde: *Gottes* Wirksamkeit, die wir *im Blick auf Jesus Christus* stets als ein Für-uns-Sein interpretieren dürfen, *schafft* Wirklichkeit, aber nicht *nur* und ein für alle Mal in Christus, auch nicht *primär* in Jesus Christus, sondern überall und immer wieder so, *wie* in Jesus Christus. Diese Variante der »Ontologie der Gnade« eröffnet auch eine andere Möglichkeit für die Bestimmung und Lozierung der (göttlichen) Neuschöpfung. »Wahrhaft neu« wäre dann nicht mehr nur der neue Mensch Jesus Christus, sondern auch alles, was an ihn erinnert, ihn vergegenwärtigt.

6. DER NEUE MENSCH BEI KARL BARTH: SEINE WIRKSAMKEIT, EXKLUSIVITÄT UND INKLUSIVITÄT

Barth selbst hat zwar nicht in diese Richtung gedacht, doch wenn man sich nochmals mit der Frage auseinandersetzt, wie im Rahmen *seines* Ansatzes, die *Wirksamkeit* als Implikat der Wirklichkeit des neuen Menschen präziser zu fassen ist, dann hätte er sich eigentlich von seinem Modell der Stellvertretung verabschieden müssen. Denn: Die Wirklichkeit des neuen

Menschen ist für Barth identisch mit dem Ereignis der Versöhnung, die dadurch zustande gekommen ist, dass Gott sich in Jesus Christus an die Stelle des Menschen gesetzt und den Menschen an seine Stelle gesetzt hat.[57] Dadurch aber, dass der allmächtige Gott sich unserer Schwachheit annimmt, und sich hineinbegibt in die Verlorenheit und Verdammnis, in der der sündige Mensch existiert, wandelt sich diese sündige Situation, wird von Grund auf neu. In Jesus Christus »erniedrigt sich Gott, um uns zu erhöhen«[58]. Erhöhung aber heißt für Barth: »[i]n dem einen Menschen Jesus bekleidet uns Gott mit der ganzen Herrlichkeit seines eigenen göttlichen Wesens, mit seiner Macht, Ehre, Gerechtigkeit und Heiligkeit, erhebt er uns als seine Kinder in die Umgebung und Nähe seines Thrones.«[59]

Wohlgemerkt: Zwar ist mit dem neuen Menschen Jesus Christus die Erneuerung aller anderen, im Sinne ihrer Erhöhung, ja im Sinne einer *theopoiesis*, mitgesetzt. Aber für sich betrachtet sind diese Erhöhten gerade keine neuen Menschen – auch und gerade dann nicht, wenn sie zu jenen gehören, deren herrliches Strahlen vor laufender Kamera in der Tat divin anmutet, oder zu jenen, die ihre beeindruckende, manchmal auch beängstigende Macht Gottes Fügung und Segen zu verdanken pflegen. Die Erneuerung als Erhöhung, um die es Barth geht, wird nicht als eine (unter vielen) menschlichen »Epiphanien« sichtbar, denn neu sind die dank Jesus Christus Erhöhten und so Erneuerten immer nur *in* ihm. Er aber ist der »neue Mensch«, weil er dem Alten nicht zu entfliehen versucht, sondern es (er)trägt und auf sich nimmt. Das heißt: Der wirk-

---

57 BARTH, »Wirklichkeit«, 16.
58 Ebd.
59 Ebd., 17.

lich und wahrhaft neue Mensch, Jesus Christus, bedeutet für
alle anderen deshalb deren Erhöhung, weil er die Erniedrigung
nicht gescheut hat – und so dem erhöhenden Gott die Ehre und
den im zustehenden Raum gibt. Oder um es nochmals anders
zu formulieren: Der neue Mensch ist Jesus Christus, weil er
nicht *selbst* neu sein wollte, sondern sich voll und ganz auf
Gottes erneuernde Kraft verlassen hat. Und hier, denke ich, ist
nun die Frage angebracht, ob man dann wirklich noch von
einem stellvertretenden Neusein Christi für alle anderen sprechen kann, wenn sein Neusein, um es mit Ingolf Dalferth zu
sagen, quasi ein »passives« Neusein ist. Oder anders gefragt: Ist
Stellvertretung denn noch sinnvoll und nötig, wenn das Neue
doch Gottes schöpferischer Kraft allein zu verdanken ist, einer
Kraft die *nota bene* omnipräsent ist oder sein kann?

Doch bevor man diese Frage vorschnell mit Nein beantwortet, lohnt es sich, nochmals genau hinzuschauen. Denn in
der Auslegung des Satzes »Jesus Christus ist der neue Mensch«
bedient sich Barth nicht nur einer Denkfigur. Nach Barth ist
dieser Satz sowohl »exklusiv« als auch »inklusiv« zu verstehen:[60] exklusiv insofern, als dass »[d]urch die Gegenwart des
neuen Menschen in Jesus Christus [...] alle anderweitigen Vorstellungen vom Menschen teils relativiert, teils geradezu widerlegt [sind]«[61]. »Exklusiv« neuer Mensch ist Jesus Christus
also vor allem in einem epistemisch-kritischen Sinne: Nur er
repräsentiert und offenbart – ein für alle Mal und für alle – den
neuen Menschen. Anderswo ist er immer nur verzerrt zu erkennen: auch im Leben der Christen. Man denke an die Stelle
I Kor 13,12: »Denn jetzt sehen wir alles in einem Spiegel, in rät-
selhafter Gestalt, dann aber von Angesicht zu Angesicht.«

---

60 Ebd., 13.
61 Ebd.

Schwieriger zu verstehen ist die Inklusivität des neuen Menschen: »[I]ndem der neue Mensch in Jesus Christus gegenwärtig ist, ist er es – kraft der Bedeutung, Macht und Aktion dieser Person als des ›Hauptes‹ und ›Herrn‹ – auch für seinen ›Leib‹, die Kirche, und durch den Dienst seiner Kirche für die ganze Welt. Seine Wirklichkeit in ihrer Identität mit der Existenz dieser einen Person ist nicht nur Tatsache, sondern Gewalt, Verheißung, Befehl. Einmalig vollendete Tatsache in diesem Einen, ist die Wirklichkeit des neuen Menschen immer neu wirklich. [...] Wir blicken nicht auf einen einzigen Punkt, sondern wir folgen einer von diesem Punkt ausgehenden umfassenden Bewegung, wenn wir sagen, daß der neue Mensch mit dem einen Jesus Christus identisch ist.«[62] Diese Passage macht deutlich – was auch in KD IV/1 durchgehend zu beobachten ist –, dass die Rede von der »Inklusivität« bei Barth kein ausgefeiltes Stellvertretungskonzept impliziert, sondern dass es ihm vor allem um den Pro-nobis-Gedanken bzw. die Pro-nobis-Dynamik zu tun ist, die mit den klassisch für den Fall einer Stellvertretung zur Verfügung stehenden Begriffen nicht hinreichend erfasst werden kann: Jesus Christus ist *für uns* der neue Mensch – aber nicht, indem er uns »ersetzt«, sodass wir gewissermaßen ganz wegfallen (*substitutio*), und auch nicht, indem er in unserem Auftrag und Sinne (in unserer Abwesenheit, aber uns untergeordnet) handelt (*vicariatio*), um nur einmal die zwei naheliegendsten Missverständnisse zu nennen.

Jesus Christus tritt nicht an unsere Stelle, weder um sie stellvertretend auszufüllen noch im Zuge eines Tausches. Vielmehr schafft er uns eine Stelle (Neuschöpfung), verheißt uns eine Stelle, verweist uns auf eine Stelle oder noch präziser

---

62 Ebd., 13 f.

formuliert: Er nimmt uns in eine Bewegung hinein, in Gottes Sein im Kommen.

Die noch offene Frage nach dem Ort der Erniedrigung jener, die in Christus sind, lässt sich von daher wie folgt beantworten: Während das neue Leben Jesu ein durch den realen Tod hindurchgegangenes Leben ist, ist für alle anderen ebenfalls sein Tod ihr Ort der Erniedrigung, sein Kreuz ihr Kreuz, ihr Kreuz ist sein Kreuz. Und die Taufe ist der »Ort«, an dem dies vergegenwärtigt wird, an dem gerade auch bewusst wird, dass alle anderen eben nicht wie dieser als Sünder sterben, nicht wie Jesus leiden mussten. Die Erniedrigung ist stellvertretend für alle geschehen, aber die Neuheit des Lebens (wie Paulus in Röm 6 formuliert) gilt allen.

Wie aber zeigt sich diese Neuheit denn? Inwiefern ist sie nicht nur in Jesu Leben, sondern auch im Leben anderer Wirklichkeit? Barth macht einem die Beantwortung dieser Frage nicht leicht. An einer Stelle in *Die Wirklichkeit des neuen Lebens* heißt es: Das »Leben« (im emphatischen, johanneischen Sinn) bestehe darin, dass wir uns *freuen* über die Erschaffung des neuen Menschen.[63] Sich daran zu erinnern und aus dieser Gewissheit zu leben, sei die große Aufgabe der Kirche, der Pfarrhäuser und überhaupt der »christlichen Kreise«.[64]

Und ähnlich zurückhaltend heißt es in § 58 von KD IV/1: »Wer an Jesus Christus glaubt, wird keinen Augenblick übersehen, dass er des wahren und wirklichen Seins des versöhnten Menschen gerade damit, dass es seinen Ort in jenem Anderen, Fremden, von ihm Verschiedenen hat, in einer Fülle und Klarheit teilhaftig ist, deren Erkenntnis er mit allem Schielen nach anderen Orten nur Abbruch tun könnte. Er

---

63 Ebd., 12.
64 Ebd.

wird wissen, dass vom Sein des neuen Menschen überhaupt nur im Blick auf diesen geredet werden, eben im Blick auf diesen aber auch gar nicht bestimmt genug geredet werden kann: als von dem ihm und allen Menschen wahr und wirklich von Gott zugeeigneten Sein des neuen, des mit Gott versöhnten Menschen.«[65]

Aufschlussreich für das Verständnis der Art dieser Zueignung ist, wie Barth die Christen und die Nicht-Christen einander zuordnet: »In der christlichen Existenz spiegelt sich das Sein des in Jesus Christus mit Gott versöhnten Menschen. Das ist es, was man so von den anderen nicht sagen kann. Jesus Christus und in ihm das Sein des mit Gott versöhnten Menschen fehlt auch ihnen nicht. Aber das Leben im Gehorsam gegen seinen Heiligen Geist fehlt ihnen: die offenen Augen, Ohren und Herzen für ihn, die Erkenntnis und Anerkennung der in ihm geschehenen Umkehrung des Menschen zu Gott hin, die neue Orientierung, die dem in ihm auch ihnen geschenkten neuen Sein entsprechen müsste, die Dankbarkeit, das Leben in und mit seiner Gemeinde, die Teilnahme an ihrem Dienst, das Bekenntnis zu ihm und das Zeugnis von ihm, als ihrem Herrn und als Haupt aller Menschen.«[66]

Die Wirklichkeit des neuen Lebens zeigt sich im Leben der Christen darin, dass sie sich dieser neuen Wirklichkeit bewusst sind und dass sie folglich dankbar versuchen, ihr Leben neu zu orientieren. Wahrhaft neu ist dabei aber stets nur das, woran sie sich orientieren, woraus sie leben. Das wahrhaft Neue zeigt sich, um mit dem Isenheimer Altar zu sprechen, immer nur an ihrem Zeigefinger.

---

65 KD IV/1, § 58, 98.
66 Ebd., 98 f.

7. BARTH ALS EXEGET: EIN KRITISCHER BLICK
AUF SEINE AUSLEGUNG VON EPH 4,24

Zum Schluss seien noch einige Beobachtungen zur exegetischen Fundierung der Barthschen Argumentation angebracht. En passant wurde bereits eine Reihe von Bibelstellen
genannt, aber der für Barths Überlegungen zur Wirklichkeit
des neuen Menschen wichtigste biblische Bezug Eph 4,24 ist
bisher kaum zur Sprache gekommen: »Ziehet den neuen
Menschen an, der nach Gott geschaffen ist in der Gerechtigkeit und Heiligkeit, die aus der Wahrheit stammt.«

Für Barth ist klar, dass dieser neue Mensch Jesus Christus
ist.[67] Er steht mit dieser Gleichsetzung aber ziemlich allein. In
den Kommentaren, jedenfalls den neueren, wird fast unisono
die Meinung vertreten, dass der neue Mensch von Eph 4,24
zwar eine durch Jesus Christus bestimmte, aber keineswegs
mit ihm identische Größe sei.[68] Er sei »eine Metapher für eine
neue Lebensweise nach theologisch-ethischen Kriterien«, erklärt etwa Gerhard Sellin.[69] Auch für Ulrich Luz ist der neue
Mensch des Epheserbriefs eine anthropologische Größe: der

---

67 BARTH, *Wirklichkeit*, 13 ff.

68 Eine Ausnahme ist Frederick F. BRUCE, *The Epistles to the Colossians, to
    Philemon, and to the Ephesians* (NICNT), Grand Rapids, MI 1984, 359, der
    die Aufforderung, den neuen Menschen anzuziehen von Röm 13,14 her
    interpretiert (»Put on the Lord Jesus Christ«); wobei die Einschränkung
    deutlich macht, dass er mit einer ganz anderen Christologie als Barth an
    die Auslegung herangeht: »For the ›new man‹ is essentially the Lord Jesus
    Christ – or at least the Lord Jesus Christ as his life is lived out in his people,
    who by the new creation have been incorporated into that new humanity
    of which he is the head. It is this new creation that is referred to when the
    ›new man‹ is said to have been created according to God in righteousness
    and true holiness.«

69 Gerhard SELLIN, *Der Brief an die Epheser*, Göttingen 2008, 364.

durch die Taufe neu geschaffene Mensch, wobei die Taufe für den Briefverfasser »eine wirkliche Veränderung des Menschen« bedeute, sodass er – nur und gerade *deshalb* – die Gemeinden auf die ethischen Konsequenzen hin ansprechen könne.[70]

Nichtsdestotrotz ist Barths Exegese zugutezuhalten, dass es keineswegs zwingend ist, den Indikativ, d. h. das Schon-Geschaffen-Sein des neuen Menschen, im Epheserbrief auf das Taufgeschehen zurückzubeziehen. Denn von der Taufe ist im Kontext nirgendwo explizit die Rede, und dasselbe gilt auch für Kol 3, woher das Motiv vom alten und neuen Menschen stammt.[71] Überdies ist die gängige These, der neue Mensch, den es anzuziehen gelte, sei der getaufte – **d. h. aber der schon neu gewordene Mensch**, um es mit Hans Hübner zu sagen –, »fast widersprüchlich«[72]: »Denn wer bereits neu ist, braucht

---

70 Ulrich Luz, »Der Brief an die Epheser«, in: Jürgen Becker/Ulrich Luz, *Die Briefe an die Galater, Epheser und Kolosser* (NTD 8,1), Göttingen [18]1998, 105–180, 161; Rudolf Schnackenburg, *Der Brief an die Epheser* (EKK NT 10), Düsseldorf [2]2003, 204–206; Petr Pokorný, *Der Brief des Paulus an die Epheser* (ThHKNT 10,2), Leipzig 1992, argumentieren ebenfalls auf derselben Linie, wobei Pokorný darüber hinaus versucht zu bestimmen, inwiefern denn die Taufe wirklich etwas verändert: »Die Taufe vergegenwärtig[e] die neue Perspektive des Mensch-Seins und ermöglich[e] dadurch, daß sich der Habitus des Täuflings änder[e].« (ebd., 188). Die neue Perspektive wiederum, so ist der Fortsetzung des Kommentars zu entnehmen, verdanke sich dem Wirken des Heiligen Geistes, der den »inneren Menschen« erneuere, und zwar so, dass dabei die Folgen der Ursünde überwunden und das verlorene Ebenbild wieder rehabilitiert werde (ebd., 189).

71 Auch Schnackenburg, *Der Brief an die Epheser*, 199, sieht, dass die Sache mit der Taufparaklese keineswegs so eindeutig ist, wie gerne behauptet wird, wenn er etwas vage formuliert: »Das leitende Motiv vom alten und neuen Menschen hat der Autor aus Kol 3,9 f. übernommen, das dort deutlicher in eine Taufparaklese eingefügt ist.«

72 Hans Hübner, *An Philemon. An die Kolosser. An die Epheser*, Tübingen 1997, 103.

doch nicht mehr erneuert zu werden! Wie also ist das Verhältnis von Bereits-Geschehen-*Sein* und *Werden* zu verstehen? Als Lösung bietet sich die Auffassung an, daß das Ereignis, in dem der Täufling im Vollzug seiner Taufe seines alten Mensch-Seins entkleidet und mit seinem neuen Mensch-Sein bekleidet wird, als *Gottes* rettendes Handeln zu verstehen ist. Das Erneuert-Werden hingegen ist ein Prozeß, in den der neugewordene *Mensch* involviert ist.«[73]

Diese »Lösung« wird mit einer etwas anderen Akzentuierung auch bei Schnackenburg favorisiert, der glaubt, dass in der »dichten Formulierung« von Eph 4,24 die »unlösliche Verbindung von gnadenhaftem Geschehen (Indikativ) und sittlicher Aufgabe (Imperativ) [zum Ausdruck kommt]«[74]. Barth hingegen ordnet Indikativ und Imperativ verschiedenen Subjekten zu: Der neue Mensch, der im Epheserbrief als eine schon vorhandene und präzisierbare Größe bzw. eine »vollendete und offenbare Tatsache«[75] vorgestellt wird (vgl. das Part. aor. pass. *ktisthenta*), könne nicht der einzelne Getaufte, sondern müsse Jesus Christus sein. Dafür spreche auch, meint Barth, dass dieser neue Mensch Gott vollkommen entspreche.[76]

Im zweiten Teil seines Textes verweist Barth darauf, dass Paulus die Metapher vom »Anziehen« in Gal 3,27 sowie in Röm 13,14 dann verwendet, wenn er vom Anziehen *Christi*

---

73 Ebd.; Herv. im Orig.

74 SCHNACKENBURG, *Epheser*, 204 f.; vgl. auch Franz MUSSNER, *Der Brief an die Epheser* (ÖTK NT 10), Gütersloh 1982, 137.

75 BARTH, »Wirklichkeit«, 8.

76 Ebd., 4. Die Bestimmung »nach Gott erschaffen« heißt im Griechischen »kata theon ktisthenta«, sodass man statt »nach Gott« auch mit »Gott gemäß« oder »Gott entsprechend« übersetzen könnte.

spricht.[77] Aus der – an sich zutreffenden – Beobachtung: »Nicht Gerechtigkeit, Heiligkeit, Erbarmen usf. sind nach diesen Stellen das Kleid oder die Waffenrüstung, mit der der Mensch sich versehen soll, sondern eben – offenbar als Inbegriff von dem allem – Jesus Christus«, zu schließen, dass im Epheserbrief der neue Mensch mit Christus identisch sei, missachtet allerdings die Akzentverschiebungen (und die historische Reihenfolge) zwischen Paulus und den Deuteropaulinen, und insbesondere die Tatsache, dass das Anziehen Jesu Christi und das Sein in ihm für Paulus ein von den anderen Akten unterschiedenes Ereignis ist – nämlich deren Basis und Voraussetzung (und daher genau genommen auch nicht deren »Inbegriff«), wie es exemplarisch das Verhältnis von Gal 3,23–29 zu Gal 5,13 ff. verdeutlicht.

Für Barth ist ferner die Reihe der Prädikate, die dem neuen Menschen zugeschrieben werden (»Gerechtigkeit, Heiligkeit, Erbarmen, Sieg über Sünde und Tod, Immunität gegenüber dem Teufel«), ein klarer Hinweis dafür, dass das damit bezeichnete Subjekt nicht der »Mensch«, sondern nur Gott (in Jesus Christus) sein könne. Nun ist das Neue Testament in der Verwendung dieser Prädikate aber weit weniger restriktiv als Barth. Die von Paulus adressierten Christen zum Beispiel sind »heilig« und »gerecht« – allein durch Gottes Gnade, gewiss, aber gleichwohl im Vollsinn des Wortes. Es ist schlicht nicht biblisch, auf die rhetorisch gestellte Frage, wie diese Prädikate dem Subjekt »Mensch« zugeschrieben werden können, zu antworten: »Das ist verständlich, wenn dieses Subjekt Jesus Christus heißt«. Biblisch wäre, überall einen Genitivus oder Dativus instrumentalis oder auctoritatis mitzusagen, nicht aber überall Christus als Subjekt einzusetzen.

---

77 Ebd., 14.

Offensichtlich ist Barths Exegese – und ich habe jetzt nur einen Teil seiner Argumente referiert – geleitet von der Überzeugung, dass nur Jesus Christus es verdient, neuer Mensch genannt zu werden, und deshalb durchaus voreingenommen, in gewissem Sinne sogar unwissenschaftlich. Aber ist sie deshalb falsch? Barths Befürchtung, dass eine Auslegung, die darauf hinausläuft, dass die Christen sich selbst als neue Menschen verstehen, allerlei gottvergessenen Ideologien in die Hände spielen könnte, ist auch heute noch, und im damaligen Kontext erst recht, verständlich.[78] Wenn auch nicht der Epheserbrief, so lehrt uns doch die Geschichte, dass es berechtigt und angemessen ist, Jesus Christus als einzig wahrhaft neuen Mensch zu bezeichnen – und insofern bleibt für mich auch Barths Exegese lesens- und bedenkenswert, selbst dort, wo sie auf wackeligen Beinen steht.

Insofern jedoch bei der strikt auf Christus allein bezogenen Auslegung von Eph 4,24 die Bedeutung des Geistes als erneuernde Kraft auf der Strecke bleibt und Barth kaum auf den offensichtlich engen Zusammenhang zwischen der Erneuerung des Denkens durch einen neuen Geist und dem Anziehen des neuen Menschen eingeht, und also davon abstrahiert, dass Eph 4,24 auf Eph 4,23 folgt (»Lasst einen neuen Geist euer Denken bestimmen!«), ist die Exklusivität der Barthschen Christologie vehement zu kritisieren.

---

78 Eine viel beachtete Ausstellung im Dresdner Hygiene-Museum zum Thema *Der neue Mensch* (1999) trug nicht umsonst den Untertitel (im Ausstellungskatalog) *Obsessionen des 20. Jahrhunderts*. Vgl. zur Problematik auch Andreas SCHLIEPER, *Der Traum vom besseren Menschen. Ein Streifzug durch die Geschichte unserer Hoffnungen*, Berlin 2007, bes. 253–269; Alexandra GERSTNER, *Der neue Mensch. Utopien, Leitbilder und Reformkonzepte zwischen den Weltkriegen*, Frankfurt a. M. 2006; Karl Otto HONDRICH, *Der Neue Mensch*, Frankfurt a. M. 2001.

Christian Danz

»Es wäre dem Geist des Protestantistismus angemessen, wenn er eine Philosophie des *Neuen* schaffen würde.«

Überlegungen zum Verständnis des Neuen bei Paul Tillich

In seinem 1930 publizierten Aufsatz *Christologie und Geschichtsdeutung* resümiert Paul Tillich:

> »Der Begriff des *Neuen* ist philosophisch noch wenig geklärt. Das ist in der Orientierung fast der gesamten abendländischen Philosophie am Kreissymbol und damit an der immer irgendwie fertigen Wirklichkeit begründet. Es wäre dem Geist des Protestantismus angemessen, wenn er eine Philosophie des *Neuen* schaffen würde.«[1]

Der Begriff des Neuen gehört in der Tat zu denjenigen Begriffen, die in ihrem gedanklichen Gehalt nur äußerst schwer aufzuhellen sind.[2] Woran erkennt man eigentlich Neues, und in welchem Verhältnis steht es zur Geschichte, in

---

1 Paul TILLICH, »Christologie und Geschichtsdeutung«, in: DERS., *Ausgewählte Texte*, hg. von Christian DANZ/Werner SCHÜSSLER/Erdmann STURM, Berlin/New York 2008, 237–260, hier 239, Anm. 2.

2 Vgl. nur die Bestimmung des Neuen bei Ernst TROELTSCH, *Der Historismus und seine Probleme* (1922) (= KGA, Bd. 16.1), hg. von Friedrich W. GRAF, Berlin/New York 2008, 222 f.: »Es ist also ein Durchgang durch die Möglichkeiten der Abirrung, eine im Moment aus sich selbst geschöpfte Anschwellung des Zielwillens, eine Entscheidung für Sinn und Wert, die gleichfalls nicht mehr rationalisiert werden können, sondern zu jener

der alles Neue unvermeidlich zum Alten wird und in seinem Entstehen schon den Stempel des Alterns an sich trägt? Deutlich ist, dass der Begriff des Neuen auf einer inhaltlich-gegenständlichen Ebene kaum angemessen erfasst werden kann. Eine solche Fassung des Neuen bleibt nicht nur an dem orientiert, was Tillich mit den Stichworten Kreissymbol und räumliches Denken als ungenügend für die Erfassung des Neuen zurückweist, sondern es lässt auch das Verhältnis von Zeit, Geschichte und dem Neuen ungeklärt. Doch was versteht Tillich unter dem Neuen? Und worin liegt sein Beitrag zur – wie es in der eingangs zitierten Passage hieß – Klärung des Begriffs des Neuen?

Überblickt man das Werk Paul Tillichs, dann lässt sich nicht übersehen, dass der Begriff des Neuen zu den Schlüsselbegriffen seiner Theologie und Religionsphilosophie gehört, die er seit den 1920er Jahren bis hin zu seinem Spätwerk ausgearbeitet hat. Dies wird nicht nur an dem Leitbegriff von Tillichs später Christologie, dem ›Neuen Sein‹, ersichtlich, sondern ebenso an der im dritten Band der *Systematischen Theologie* konzipierten Deutung der Geschichte. Es verwundert daher, dass der Begriff des Neuen bei Tillich in der Forschung kaum Beachtung fand und hinter andere grundlegende Begriffe wie ›Kairos‹ und ›Theonomie‹ zurücktrat.

Um die Klärung von Tillichs Verständnis des Neuen, seinen Voraussetzungen und Implikationen soll es im Folgenden gehen. Der Begriff des Neuen wird von Tillich in seinen Schriften seit der Mitte der 20er Jahre als ein grundlegender Begriff zur Neubestimmung seiner Christologie und Escha-

---

momentanen schöpferischen Setzung selbst gehören, die den Begriff des Neuen ausmacht.« Zur Begriffsgeschichte vgl. Jürgen MOLTMANN/Norbert RATH, »Art. Neu, das Neue«, in: HWPh, Bd. 6, Basel 1984, 725-731.

tologie herangezogen.[3] Die methodische Basis von Tillichs Verständnis des Neuen bildet seine Sinntheorie, die er nach dem Ersten Weltkrieg konzipiert und mit der bereits vor dem Krieg ausgearbeiteten Geistphilosophie verbunden hatte. Zu einer inneren Verzahnung von Sinntheorie und Geistphilosophie ist Tillich freilich erst 1923 in seinem *System der Wissenschaften nach Gegenständen und Methoden* in der Lage.[4] Dadurch erfährt auch das Geschichtsverständnis Tillichs eine neue Bestimmung, sodass das Neue in Tillichs Texten seit der Mitte der 20er Jahre zum grundlegenden Bestimmungsmoment der Geschichte wird. Geschichte wird nun geradezu als Eintritt des Neuen verstanden. Allein dadurch unterscheidet sie sich von einem empirischen Vorgang bzw. der Entfaltung oder Entwicklung.[5]

Die Pointe von Tillichs sinntheoretisch und geistphilosophisch fundierter Theologie liegt jedoch nicht nur in der Bestimmung des Geschichtsbegriffs durch das Neue, sondern in der Beschreibung, wie in dem individuellen und immer

---

3 Eine der ersten Verwendungen des Begriffs des Neuen im Kontext der Geschichtsphilosophie findet sich in dem Kairos-Aufsatz von 1922. Hier heißt es: »Die Weltgeschichte ist der Austrag dieses Widerstreites; in ihr geschieht schlechthin Neues, Einmaliges, unbedingt Entscheidendes: Niederlagen und letzter Sieg des Lichtes.« Paul TILLICH, »Kairos«, in: DERS., *Ausgewählte Texte*, hg. von Christian DANZ/Werner SCHÜSSLER/Erdmann STURM, Berlin/New York 2008, 43–62, hier 45.

4 Vgl. Paul TILLICH, *Das System der Wissenschaften nach Gegenständen und Methoden*, Göttingen 1923 = DERS., *Frühe Hauptwerke*, Stuttgart ²1959, 109–293.

5 Ähnlich formuliert Bultmann das Neue bei Paulus gegenüber dem geschichtlichen Jesus am Ende der 1920er Jahre. Vgl. nur Rudolf BULTMANN, »Die Bedeutung des geschichtlichen Jesus für die Theologie des Paulus« [1929], in: DERS., *Glauben und Verstehen. Gesammelte Aufsätze*, Bd. 1, Tübingen ⁶1966, 188–213, bes. 202.

schon konkret bestimmten Vollzug menschlichen Lebens das Neue evident wird, nämlich als Einbruch von Reflexivität im Selbstverhältnis des menschlichen Geistes. Dogmatik und Geschichtsphilosophie sind Beschreibungen dieses Geschehens von Reflexivität.[6] In dieser vollzugsgebundenen Fassung der Dogmatik darf, so die im Folgenden zu erläuternde These, der Beitrag Tillichs zu dem Verständnis und der philosophischen Klärung des Neuen gesehen werden, von dem eingangs bereits die Rede war.

Damit ist der Gang meiner Überlegungen bereits angedeutet. Zunächst sind die sinntheoretischen und geistphilosophischen Grundlagen von Tillichs Theologie zu skizzieren, also die Voraussetzungen seines Verständnisses des Neuen. Ich beschränke mich hierbei auf die ausgearbeitete sinntheoretische Geistphilosophie, wie sie im *System der Wissenschaften* und der *Religionsphilosophie* von 1925 vorliegt und im dritten Band der *Systematischen Theologie* wieder aufgenommen wird. Die Genese von Tillichs Sinntheorie und ihr problemgeschichtlicher Hintergrund müssen im Folgenden auf sich beruhen.[7] Der systematische Kontext, in dem Tillich das Neue in seiner Theologie thematisiert, sind die Christologie und die Eschatologie. Deren geschichtsphilosophische Voraussetzungen sind im zweiten Abschnitt anhand von Texten aus der zweiten Hälfte der 20er Jahre zu erörtern. Ich beziehe mich hier im Wesentlichen auf Tillichs 1927 publizierten Aufsatz *Eschatologie und Geschichte* und den Aufsatz

---

6   Vgl. nur Paul TILLICH, »Eschatologie und Geschichte«, in: DERS., *Der Widerstreit von Raum und Zeit. Schriften zur Geschichtsphilosophie*, hg. von Renate ALBRECHT, Stuttgart ²1963, 72–82, bes. 72–74.

7   Vgl. Ulrich BARTH, »Die sinntheoretischen Grundlagen des Religionsbegriffs. Problemgeschichtliche Hintergründe zum frühen Tillich«, in: DERS., *Religion in der Moderne*, Tübingen 2003, 89–123.

Christologie und Geschichtsdeutung von 1930. Den Hintergrund beider Texte bildet Tillichs Frankfurter Vorlesung über Geschichtsphilosophie vom Wintersemester 1929/30, die für die Rekonstruktion ebenfalls heranzuziehen ist. Auf dieser methodischen Grundlage können wir dann im dritten und letzten Abschnitt Tillichs Verständnis des Neuen als Reflexivität im Selbstverhältnis darstellen.

1. TILLICHS SINNTHEORETISCHE GEISTPHILOSOPHIE

Tillichs in den 1920er Jahren entstandene sinntheoretische Geistphilosophie ist das Resultat der Umformung der prinzipientheoretischen Grundlegung seiner Theologie während und nach dem Ersten Weltkrieg. Diese in Auseinandersetzung mit dem Neukantianismus und der Phänomenologie ausgearbeitete Geistphilosophie zielt auf die methodische Grundlegung einer modernegemäßen Theologie. Die Eigenart von Tillichs methodischer Grundlegung der Theologie ergibt sich aus der von ihm vorgenommenen Verknüpfung von Sinntheorie und Geistphilosophie. Tillich zufolge ist jeder »geistige Akt« ein »Akt der Sinnerfüllung, d. h. ein Akt, in dem das nicht sinnlose, aber sinnunbestimmte und nach Sinnbestimmung drängende Wirkliche einen Sinn erhält«[8]. Geistiges Leben ist Leben im Sinn. Im Folgenden kann es nicht darum gehen, die Genese von Tillichs sinntheoretischer Geistphilosophie im Einzelnen zu rekonstruieren. Dies ist von der Forschung der letzten Jahre minutiös in zahlreichen Spezial-

---

8   Paul TILLICH, »Das Unbedingte und die Geschichte«, in: DERS., *Religion, Kultur, Gesellschaft. Unveröffentlichte Texte aus der deutschen Zeit (1908–1933)*, hg. von Erdmann STURM, Berlin/New York 1999, 335–359, hier 335.

untersuchungen geleistet worden.[9] Ich beschränke mich
auf drei grundlegende Aufbauelemente von Tillichs Geistphilosophie, wie sie dieser in seinen Texten seit 1923 entfaltet
hat. – Zunächst versteht Tillich den Geist als Selbstbestimmung.

> »Voraussetzung der Geistverwirklichung ist [...] die vollkommene Los-
> lösung eines Seienden von der unmittelbaren Gebundenheit an seine
> endliche Form. Voraussetzung des Geistes ist die Freiheit.«[10]

Der Geist ist als Geist nur in seinem Selbstvollzug des Sich-Bestimmens und Sich-Setzens, und zwar so, dass er aufgrund
seiner Selbstbezüglichkeit ein Wissen um sich selbst und
seine Akte hat.[11] Mit der Bestimmung der Selbstbestimmung
ist freilich Tillichs Geistbegriff noch nicht vollständig beschrieben. Die Selbstbestimmung des Geistes, wiewohl sie
nur im Akt der Selbstbestimmung wirklich ist, hat sich nämlich nicht selbst als Selbstbestimmung gesetzt. Sie ist für sich
selbst ein Faktum.[12] In der Selbstbestimmung liegt ein in-
neres Moment von Notwendigkeit, demzufolge die Selbstbe-

---

9   Zur Genese von Tillichs sinntheoretischer Geistphilosophie vgl. Stefan
    DIENSTBECK, *Transzendentale Strukturtheorie. Stadien der Systembil-
    dung Paul Tillichs*, Göttingen 2011, 235–338; Christian DANZ/Werner
    SCHÜSSLER (Hg.), *Religion – Kultur – Gesellschaft. Der frühe Tillich im
    Spiegel neuer Texte (1919–1920)*, Wien 2008; Christian DANZ (Hg.), *Theolo-
    gie als Religionsphilosophie: Studien zu den problemgeschichtlichen und
    systematischen Voraussetzungen der Theologie Paul Tillichs*, Wien 2004.
10 Paul TILLICH, *Das System der Wissenschaften nach Gegenständen und
    Methoden*, 210.
11 Vgl. ebd., 219: »Dieses Bewußtsein, dieses Sich-selbst-Zuschauen und Sich-
    selbst-Bestimmen des Denkens im schöpferischen Akt, ist das fundamen-
    tale Merkmal des Geistigen.«
12 Vgl. Paul TILLICH, *Vorlesung über Geschichtsphilosophie und Sozialpä-
    dagogik (Frankfurt 1929/30)*, hg. von Erdmann STURM, Berlin/New York
    2007, 62.

stimmung eine zur Selbstbestimmung bestimmte Freiheit ist. Tillich nennt dieses innere Moment des Bestimmtseins der Freiheit Schicksal und bestimmt es als »die transzendente Notwenigkeit, in die die Freiheit verflochten ist«.[13] Die Selbstbestimmung kann sich somit in ihren Akten des Sich-Bestimmens nicht selbst begründen, sondern setzt sich in diesen bereits als bestimmte Selbstbestimmung voraus. Es gibt also »keinen *Anfang des Geistes*; denn jede geistige Setzung setzt Geist voraus«[14].

Auf dieses Bestimmtsein und Eingebundensein des Geistes in eine inhaltlich bestimmte Geschichte bauen, wie später zu zeigen sein wird, Tillichs Geschichtsphilosophie und sein Begriff des Neuen auf. Bestimmtheit und Selbstbestimmung des Geistes, Schicksal und Freiheit bilden die grundlegenden Bestimmungsmomente des Geistes.[15]

Sodann deutet Tillich das Selbstverhältnis des Geistes als einen inneren Widerspruch. Der Geist ist nur in seinen Akten des Sich-Setzens und Sich-Bestimmens wirklich, aber der Bezug des Geistes auf sich selbst ist antinomisch verfasst. In seinem Briefwechsel mit Emanuel Hirsch in den Jahren 1917/18 hatte Tillich diesen im Selbstverhältnis des Geistes liegenden Widerspruch als die »Urparadoxie der Existenz des Geistes«[16]

---

13 Paul Tillich, »Philosophie und Schicksal«, in: ders., *Ausgewählte Texte*, hg. von Christian Danz/Werner Schüssler/Erdmann Sturm, Berlin/New York 2008, 223–235, hier 226.

14 Paul Tillich, *Das System der Wissenschaften nach Gegenständen und Methoden*, 217. Vgl. auch ders., *Vorlesungen über Geschichtsphilosophie*, 62: »Sondern ich begegne mir in dem Charakter, mich vorzufinden, nicht aber einen Anfang zu haben.«

15 Vgl. Paul Tillich, »Philosophie und Schicksal«, 226–228.

16 Paul Tillich, »Brief an Emanuel Hirsch vom 20. Februar 1918«, in: ders., *Briefwechsel und Streitschriften. Theologische, philosophische und poli-*

gefasst und im *System der Wissenschaften* von 1923 als Wider-
einander von Allgemeinem und Individuellem. Die Synthesis
des Selbstverhältnisses, also das Unbedingte als vorgängige
Einheit des Bewusstseins, tritt in den Akten des Geistes in
zwei widersprüchliche Seiten auseinander. Der Geist kann
sich in seinem Sich-Bestimmen nur auf eine konkrete Weise
bestimmen und setzen, sodass das konkrete Moment mit
dem Universalen des Selbstverhältnisses in einen Widerspruch tritt.

> »Dem Widerstreit zwischen sittlichen und unsittlichen Antrieben
> entspricht der Widerstreit zwischen Identität und Differenz, zwi-
> schen Subjekt und Objekt. Der Widerstreit ist auf beiden Gebieten
> unaufhebbar, denn er ist gegeben mit der ›Selbstheit‹ im Doppelsinn
> der ethischen Selbstbejahung und logischen Selbsterfassung.«[17]

Freiheitstheoretisch besagt dies, dass Tillich die Selbstbestimmung des Geistes nicht nur als Freiheit im Sinne von Autonomie begreift, also als Unterstellung unter das Sittengesetz,
sondern als die Möglichkeit, sich selbst, und d. h. sich selbst
als Freiheit, zu widersprechen. Diese Vertiefung des Freiheits-
begriffs, welche Tillich sich bereits vor dem Ersten Weltkrieg angeeignet hatte,[18] nimmt er so in seine ausgearbei-

---

tische Stellungnahmen und Gespräche, hg. von Renate ALBRECHT/René
TAUTMANN, Frankfurt a. M. 1983, 122.

17 Paul TILLICH, »Rechtfertigung und Zweifel« (Erste Version), in: DERS.,
*Religion, Kultur, Gesellschaft. Unveröffentlichte Texte aus der deutschen
Zeit (1908–1933)*, hg. von Erdmann STURM, Berlin/New York 1999, 173.

18 Vgl. nur Paul TILLICH, »Die Freiheit als philosophisches Problem bei Fich-
te«, in: DERS., *Religion, Kultur, Gesellschaft. Unveröffentlichte Texte aus
der deutschen Zeit (1908–1933)*, hg. von Erdmann STURM, Berlin/New
York 1999, 55-62; DERS., »Die religionsgeschichtliche Konstruktion in
Schellings positiver Philosophie, ihre Voraussetzungen und Prinzipien«,
in: DERS., *Frühe Werke*, hg. von Gert HUMMEL/Doris LAX, Berlin/New

tete Geistphilosophie auf, dass sich die Selbstbestimmung nur so als Selbstbestimmung erfassen kann, »daß sie sich dem Sinn entgegen stellt«[19]. Das meint nicht nur, dass sich der Geist allein in seinen konkreten Setzungen erfassen kann, sondern vielmehr, dass das vom Geist Gesetzte und Bestimmte von diesem als Begründung seiner selbst gesetzt wird.

Diese vollzugsgebundene Theorie des Geistes verbindet Tillich mit der von ihm ausgearbeiteten Sinntheorie. Dies ist der dritte hier zu nennende Aspekt. Geistige Akte sind für Tillich nicht nur Akte der Sinnsetzung, sondern der Sinnerfüllung.[20]

> »Die Akte der geisttragenden Gestalt sind sinngebende Akte. Das ist nicht so zu verstehen, als ob eine an sich sinnlose Wirklichkeit durch die Akte der geisttragenden Gestalt sinnvoll würde. [...] Vielmehr sind die sinngebenden Akte sinnerfüllende Akte. Der dem Seienden in all seinen Formen innewohnende Sinn kommt in den geistigen Akten zu sich selbst, der Sinn der Wirklichkeit verwirklicht sich im Geistigen.«[21]

Der Geist ist in seinen Akten des Sich-Setzens, wie Tillich im Anschluss an die Phänomenologie Edmund Husserls formu-

---

York 1997, 156–272; DERS., »Mystik und Schuldbewußtsein in Schellings philosophischer Entwicklung«, in: DERS., Frühe Hauptwerke, Stuttgart ²1959, 13–108; DERS., »Gott und das Absolute bei Schelling«, in: DERS., Religion, Kultur, Gesellschaft. Unveröffentlichte Texte aus der deutschen Zeit (1908–1933), hg. von Erdmann STURM, Berlin/New York 1999, 9–54.

19 Paul TILLICH, »Christologie und Geschichtsdeutung«, 246.

20 Vgl. Ulrich BARTH, »Religion und Sinn«, in: Christian DANZ/Werner SCHÜSSLER (Hg.), Religion – Kultur – Gesellschaft. Der frühe Tillich im Spiegel neuer Texte (1919–1920), Wien 2008, 197–213, bes. 201.

21 Paul TILLICH, Das System der Wissenschaften nach Gegenständen und Methoden, 222.

22 Über seine eigene Husserllektüre berichtet Tillich in seinen Briefen an Emanuel Hirsch vom Dezember 1917 und an Richard Wegener vom 26.

liert, auf Sinn gerichtet.[22] Konstitutiv für das Selbstverhältnis des Geistes ist eine intentionale Struktur, die sich im Sinn erfüllt. Sinn liegt nicht vor, sondern er ist an die sinngebenden Akte des Geistes zurückgebunden. Die sinngebenden Akte des Geistes erfüllen sich jedoch allein darin, dass sich der Geist selbst in seinem Setzen und Bestimmen von Konkretem als Geist erfasst.

> »Die Freiheit des Seienden von seiner Notwendigkeit ist die Erhebung des Seienden zum Sinn. Im Sinn seiner selbst ist das Seiende zugleich bei sich selbst und über sich hinaus.«[23]

Tillichs Begriff der Sinnerfüllung zielt damit auf das Reflexiv-Werden des Geistes in seinem immer schon konkret bestimmten und inhaltlich eingebundenen Selbstvollzug, also darauf, dass er in seinen Akten zugleich über sich hinaus und bei sich selbst ist.[24] Diese reflexive Struktur nimmt Tillich in sein Verständnis des Neuen auf, indem er das wahrhaft Neue mit der geschichtlichen Sinnerfüllung verbindet.

August 1917; vgl. Paul TILLICH, Briefwechsel und Streitschriften, 98–104, hier 99, u. 89–92, hier 90. Zur Husserlrezeption Tillichs vgl. Georg NEUGE-BAUER, »Die geistphilosophischen Grundlagen der Kulturtheologie Tillichs vor dem Hintergrund seiner Schelling- und Husserlrezeption«, in: Christian DANZ/Werner SCHÜSSLER (Hg.), Paul Tillichs Theologie der Kultur. Aspekte – Probleme – Perspektiven, Berlin/New York 2011, 38–63; Michael MOXTER, »Kritischer Intuitionismus. Tillichs frühe Religionsphilosophie zwischen Neukantianismus und Phänomenologie«, in: Christian DANZ/Werner SCHÜSSLER (Hg.), Religion – Kultur – Gesellschaft. Der frühe Tillich im Spiegel neuer Texte (1919–1920), Wien 2008, 173–195; Ulrich BARTH, »Religion und Sinn«, 207 f.

23 Paul TILLICH, »Christologie und Geschichtsdeutung«, 246.

24 Vgl. Paul TILLICH, »Das Unbedingte und die Geschichte«, 335: »Geist ist Erfüllung des in sich unbestimmten, aber auf Bestimmung gerichteten Wirklichen. Der Geistproceß ist Erfüllung und Bestimmung des Seinsprocesses.«

Die religionsphilosophische Leistungskraft von Tillichs sinntheoretischer Geistphilosophie liegt darin beschlossen, dass sie die Religion so in die Kulturfunktionen des Bewusstseins einzuordnen erlaubt, dass sowohl die Eigenständigkeit der Religion als auch die der Kultur gewahrt wird und zugleich an einem Bezug der Religion auf die Kultur festgehalten werden kann. Die wahre Religion ist nämlich für Tillich keine Kulturfunktion neben anderen, sondern das Geschehen von Reflexivität an den kulturschaffenden Akten des Geistes. Dies ist der Gehalt von Tillichs Formel Religion sei »Richtung auf das Unbedingte«.[25] Tillichs Religionsbegriff zielt auf die freilich aus seinen eigenen Akten unableitbare Selbsterfassung des Geistes als Geist in seinen konkreten Akten des Bestimmens von Konkretem. In diesem Geschehen von Reflexivität an und in den kulturschaffenden Akten im Selbstverhältnis des Geistes erfüllt sich das Sein als Sinn, und zwar allein dadurch, dass sich der Geist in seinem reflexiven Bezug auf sich selbst durchsichtig wird. Das vom Geist gesetzte Sein wird darin zum Medium der Darstellung der Durchsichtigkeit des Geistes in seinem Selbstverhältnis.

Mit der Selbstbestimmung des Geistes, der inneren Widersprüchlichkeit des Selbstverhältnisses des Geistes und der Erfüllung des Seins im Sinn sind nicht nur die wesentlichen Aufbauelemente von Tillichs sinntheoretischer Geistphiloso-

---

25 Vgl. Paul Tillich, *Das System der Wissenschaften nach Gegenständen und Methoden*, 228. In der zweiten Auflage des Vortrags *Über die Idee einer Theologie der Kultur* von 1921 tritt diese *cum grano salis* phänomenologische Formulierung an die Stelle der älteren Wendung »Religion ist Erfahrung des Unbedingten«. Paul Tillich, »Über die Idee einer Theologie der Kultur«, in: Ders., *Ausgewählte Texte*, hg. von Christian Danz/Werner Schüssler/Erdmann Sturm, Berlin/New York 2008, 26–41, hier 30. Vgl. auch Ders., »Das Unbedingte und die Geschichte«, 339.

phie benannt, sondern es wurde zugleich die Brücke zu dessen Geschichtsphilosophie geschlagen.

2. ESCHATOLOGIE UND GESCHICHTE

»Zum Geschehen wird ein Vorgang, sofern in ihm ein Neues gesetzt wird, das den geschlossenen Kreis des Seins durchbricht.«[26] Der Ort des Neuen ist die Geschichte. Die Eigenart von Tillichs Geschichtsverständnis, wie er es sich in der Auseinandersetzung mit der »Krisis des Historismus« (Ernst Troeltsch) seit 1910 erarbeitet hatte, liegt in einer strikt vollzugsgebundenen Fassung des Geschichtsbegriffs. Geschichtsphilosophie ist also keine Reflexion über die Geschichte wie bei Ernst Troeltsch, sondern eine reflexive Selbstbeschreibung des Wissens um die Geschichte und darin, wie es Tillich in seiner Frankfurter Vorlesung über Geschichtsphilosophie vom Wintersemester 1929/30 formuliert hat, Ausdruck des »Selbstverständnis[ses] des geschichtlich handelnden Menschen«.[27] Dem korrespondiert, dass Geschichtsdeutung und Christologie ein Wechselverhältnis bilden, so dass beide »abgesehen von dieser Verbindung nicht vollständig behandelt werden können«[28]. »Denn jeder geschichtliche

---

26 Paul TILLICH, »Eschatologie und Geschichte«, in: DERS., Der Widerstreit von Raum und Zeit. Schriften zur Geschichtsphilosophie, hg. von Renate ALBRECHT, Stuttgart ²1963, 72–82, hier 76.

27 Paul TILLICH, Vorlesung über Geschichtsphilosophie und Sozialpädagogik, 118. So schon der frühe Tillich vor dem Ersten Weltkrieg: »Die Geschichtsphilosophie konstruiert »nichts anderes [...] als sich selbst«. Paul TILLICH, »Das Problem der Geschichte«, in: DERS., Religion, Kultur, Gesellschaft. Unveröffentlichte Texte aus der deutschen Zeit (1908–1933), hg. von Erdmann STURM, Berlin/New York 1999, 98.

Ort, von dem aus Sinn und Rhythmus der Geschichte angeschaut wird, liegt im Blickpunkt der christologischen Frage.
Christologie treiben bedeutet ja, den konkreten Ort beschreiben, an dem ein Unbedingt-Sinngebendes in die Geschichte
eintritt und ihr Sinn und Transzendenz gibt; und eben dies
ist die Tiefe des geschichtsphilosophischen Problems.«[29]

Die methodische Grundlage von Tillichs vollzugsgebun-
dener und reflexionslogischer Geschichtsphilosophie bildet
dessen sinntheoretische Geistphilosophie. Der individuelle
Geist in seinem reflexiven Bezug wird von Tillich, wie wir gesehen haben, nicht nur als ein innerer Widerspruch gefasst,
sondern auch so, dass er eingebunden ist in eine inhaltlich
schon bestimmte Geschichte.[30] Aus dieser sinntheoretischen
Fassung des Geistbegriffs resultieren die Leitbegriffe von
Tillichs Sinndeutung der Geschichte, das Göttliche und das
Dämonische,[31] die Ausrichtung der Geschichte auf das Escha-

---

28 Paul TILLICH, »Christologie und Geschichtsdeutung«, 238.

29 Ebd.

30 Vgl. Paul TILLICH, *Das System der Wissenschaften nach Gegenständen
und Methoden*, 217: »Die individuelle Substanz der geisttragenden Gestalt
ist kein ungeformtes Chaos, denn die geisttragende Gestalt ist immer auch
geistgeformte Gestalt; sie steht in einer historischen Folgereihe. Aus ihrer
historischen Formung heraus schafft die geisttragende Gestalt.«

31 Vgl. Paul TILLICH, »Das Dämonische. Ein Beitrag zur Sinndeutung der
Geschichte«, in: DERS., *Ausgewählte Texte*, hg. von Christian DANZ/Wer-
ner SCHÜSSLER/Erdmann STURM, Berlin/New York 2008, 139–163, bes.
151: »Das Dämonische ist die negative und positive Voraussetzung der Religionsgeschichte.« Vgl. dazu Folkart WITTEKIND, »Sinndeutung der Geschichte«. Zur Entwicklung und Bedeutung von Tillichs Geschichtsphilosophie«, in: Christian DANZ (Hg.), *Theologie als Religionsphilosophie.
Studien zu den problemgeschichtlichen und systematischen Voraussetzungen der Theologie Paul Tillichs*, Wien 2004, 135–172, bes. 163–172.

ton[32] und eben auch sein Verständnis des Neuen. Im Folgenden sind kurz die Aufbauelemente von Tillichs Geschichtsphilosophie zu skizzieren.

Aus der geistphilosophischen Grundlegung des Geschichtsbegriffs folgt zunächst, dass Tillich die Geschichte als eine Geschichte des Geistes versteht, in der sich dieser in seiner reflexiven Struktur erfasst. »Wendung zur Geschichte«, so Tillich im *System der Wissenschaften*, meine gerade nicht »gegenständliche Geschichtsbetrachtung, sondern es heißt Erfülltheit mit dem konkreten Reichtum des Vergangenen«.[33]

Die Vorstellung einer objektiven, im Empirischen ablaufenden Geschichte wird damit von Tillich aufgelöst.[34] Geschichte ist vielmehr »mit der Entscheidung für oder wider sie gesetzt oder aufgehoben, und abgesehen von dieser Setzung hat sie kein objektives Sein«[35]. Die von Tillich hervorgehobene Deutungsabhängigkeit der Geschichte, also der Umstand, dass Geschichte nur durch einen sie setzenden Akt entsteht, markiert jedoch nur die eine Seite seines Geschichtsbegriffs. Denn der Geschichte setzende Akt ist selbst schon eingebunden in eine inhaltlich bestimmte Geschichte. Allein deshalb ist die Setzung der Geschichte »nicht subjektiv«, sondern »selbst etwas Geschichtliches und nur möglich auf dem Boden eines geschichtlichen Ergriffenseins«[36]. Geschichte konstituiert sich in dem Ineinander von Entschei-

---

32 Vgl. Paul TILLICH, »Eschatologie und Geschichte«, 75: »Jedes Seiende, sofern es im Geschehen steht, ist bezogen auf das Eschaton.«

33 Paul TILLICH, *Das System der Wissenschaften nach Gegenständen und Methoden*, 217.

34 Vgl. Paul TILLICH, *Vorlesungen über Geschichtsphilosophie und Sozialpädagogik*, 65–67.

35 Paul TILLICH, »Christologie und Geschichtsdeutung«, 242.

36 Ebd.

dung und Ergriffensein, also in dem Einbruch von Reflexivität im Geist, in dem sich dieser in der inneren Geschichtlichkeit seines reflexiven Selbstbezugs evident wird. Die Entstehung des Wissens um Geschichte identifiziert Tillich mit dem Glaubensakt, so dass der Glaube als ein Geschichtsbewusstsein verstanden wird.[37] Die Selbstbeschreibung des Glaubensaktes als ein reflexives Geschehen in seiner geschichtlichen Einbindung weist Tillich der Christologie zu, die das Ineinander von Entscheidung und Ergriffensein, von Faktum und Deutung zu explizieren hat.

Mit dem Ineinander von Faktum und Deutung ist freilich Tillichs Geschichtsverständnis noch nicht vollständig beschrieben. Nicht erörtert ist bislang die Frage, wie sich die innere Antinomie des Geistes in seinem Selbstbezug auf das Verständnis der Geschichte auswirkt und wie Tillich die Eschatologie in sein Geschichtsverständnis einordnet. Erst durch die Einbeziehung dieser beiden Aspekte seines Geschichtsverständnisses wird verständlich, warum Tillich die Geschichte selbst als Heilsgeschichte verstehen kann und wie in ihr Neues möglich und evident wird.[38] An der antinomischen Fassung des Selbstverhältnisses des Geistes hat zunächst der Widerstreit von Göttlichem und Dämonischem in der Geschichte seine Grundlage im Selbstverhältnis des Geistes. Der Geist ist zwar für Tillich »der Träger der Erfüllung«, aber daraus folgt aufgrund der inneren Widersprüchlichkeit

---

37 Vgl. ebd., 249 f.: »Das Schicksal, in dem dieses Ergriffensein sich vollzieht, ist transzendentes Schicksal oder ›Prädestination‹. Die Entscheidung, in der das Ergreifende ergriffen wird, ist transzendente Entscheidung oder ›Glaube‹.«

38 Vgl. ebd., 247: »*Sofern Geschichte gesetzt ist, ist sie gesetzt als Heilsgeschichte*, d. h. sie ist Überwindung der mit der Willkür als Voraussetzung der Geschichte verbundenen Bedrohung ihres Sinnes.«

seines Bezugs auf sich selbst »seine Doppelstellung dem Unbedingten gegenüber, daß er, d.h. der Geschichtsprozeß, zugleich der Träger der Schuld und der Erlösung ist. Die Unerfülltheit des Seienden wird im Geist zugleich zur Sünde und zur Erfüllung; dieses ist die eigentliche Tiefe der Geschichte.«[39] Das Selbstverhältnis des Geistes ist für Tillich antinomisch verfasst, so dass die Selbstrepräsentation des Geistes in seinem Bezug auf sich selbst widersprüchlich ist. Denn der Geist kann sich nur an dem von ihm gesetzten Konkreten und Bestimmten erfassen. Dieses ist also zugleich das notwendige und widersprüchliche Medium der Darstellung derjenigen Unbedingtheit, die der Geist in seinem Selbstverhältnis ist. Tillichs Begriffe des Dämonischen und des Göttlichen bauen hierauf auf. Das Dämonische ist für Tillich ebenso wie das Göttliche eine Weise von Reflexivität im Selbstverhältnis, nämlich eine solche, in der das von dem Geist in seinem Sich-Bestimmen gesetzte Konkrete zur Begründung der Selbstbestimmung des Geistes wird.[40]

> »Die Persönlichkeit, das seiner selbst mächtige Sein, wird von einer Macht ergriffen, durch die sie in sich selbst zwiespältig wird. Diese Macht ist nicht etwa das Naturgesetz. Dämonie ist nicht Rückfall auf die vorgeistige Seinsstufe. Der Geist bleibt Geist.«[41]

Der Geist ist in der Besessenheit ebenso wie in der Gnade über sich hinausgegangen, nur mit dem Unterschied, »daß die gleichen Kräfte als Gnade mit der höchsten Form geeint sind, als Besessenheit der höchsten Form widersprechen«[42]. Das Unbedingte als vorausliegende Einheit des Selbstverhältnis-

---

39 Paul TILLICH, »Das Unbedingte und die Geschichte«, 340.
40 Vgl. Paul TILLICH, »Das Dämonische«, 144: »Das Dämonische kommt zur Erfüllung im Geist.« Vgl. auch DERS., Religionsphilosophie, 338 f.
41 Paul TILLICH, »Das Dämonische«, 145.
42 Ebd.

ses des Geistes und der reflexive Bestimmungsakt des Geistes als Grund jeglicher Bestimmtheit treten dadurch in einen Widerspruch, dass sich der Reflexionsakt selbst zu erfassen versucht.[43] Die Offenbarung der Gnade hingegen beschreibt diejenige Selbsterfassung des Geistes, in dem sich dieser in seiner eigenen widersprüchlichen Struktur inne wird, nämlich als Selbstbestimmung, die in ihren Akten des Bestimmens von Konkretem bereits bestimmt ist.

Aufgrund der skizzierten antinomischen Struktur des Geistes und der damit verbundenen Doppelheit von Schuld und Begnadung, Nichterfüllung von Sinn und Sinnerfüllung deutet Tillich die Tiefenstruktur der Geschichte als Kampf des Göttlichen und des Dämonischen, und allein deshalb ist Geschichte als Richtung auf die Sinnerfüllung im Geist nur als Heilsgeschichte möglich.[44] In der von ihm in den 1920er Jahren ausgearbeiteten Eschatologie hat Tillich die dargestellten Momente seines Geschichtsbegriffs aufgenommen. Zunächst resultiert Tillichs These, dass jedes Seiende, »sofern es im Geschehen steht, [...] auf das Eschaton« bezogen ist,[45] aus der sinntheoretischen Grundlegung und geschichtsphilosophischen Ausarbeitung seines Geistbegriffs. Indem nämlich der Geist in seinen Akten des Sich-Bestimmens und Sich-Setzens von Konkretem sich in der antinomischen Struktur seines Selbstbezugs und dessen widersprüchlicher Repräsentation erfasst, ist er ausgerichtet auf seine vollständige Selbstdurchsichtigkeit. In diesem Geschehen ist die dämonische Offenbarung überwunden und die Geschichte als Heilsgeschichte gesetzt. Sie allein ist der Ort des Neuen.

---

43 Vgl. Folkart WITTEKIND, »Sinndeutung der Geschichte«, 164.

44 Vgl. Paul TILLICH, »Christologie und Geschichtsdeutung«, 247; DERS., »Eschatologie und Geschichte«, 81 f.

45 Paul TILLICH, »Eschatologie und Geschichte«, 75.

Sodann bestimmt Tillich diese Ausrichtung des Geistes auf das Eschaton als unbedingte Geschehenstranszendenz bzw. als Geschehenssinn. In der Sinnerfüllung liegt der »Hinweis auf einen im Geschehen nicht verwirklichten und doch das Geschehen tragenden unbedingten Sinn, liegt der Hinweis auf eine unbedingte Geschehenstranszendenz«[46]. Tillich verbindet die konkret bestimmte Selbsterfassung des Geistes in seinen Akten mit dem Eschaton als dem übergeschichtlichen Ort der Sinnerfüllung. Mit dieser Ausrichtung konstituiert sich das, was Tillich am Ende der 20er Jahre historische Zeit nennt, nämlich das »Hinausgehen über sich in einer Spannung, die die vitale Spannung transcendiert, in einer Spannung, die auf die Erfüllung der Sinnforderung zugeht«[47].

Und schließlich erfährt das Eschaton eine Doppelbestimmung. Es ist »Erfüllung und Entscheidung«[48]. Diese Doppelbestimmung des Eschatons bindet Geschichte und eschatologische Reflexion der Geschichte so zusammen, dass die konkreten geschichtlichen Sinnerfüllungen in die Eschatologie aufgenommen werden. Mit seiner kulturtheologischen Rückbindung der Eschatologie möchte Tillich einem Verständnis von Eschatologie als Auflösung von Konkretheit und Bestimmtheit entgegensteuern.[49]

---

46 Ebd., 76.

47 Paul TILLICH, *Vorlesungen über Geschichtsphilosophie und Sozialpädagogik*, 49. Vgl. auch ebd., 55: »Erst die historische Zeit reißt alle Zeit in die Richtung auf das überzeitliche Auf-Zu. Erst hier hat das Sich-Zeit-Schaffen seinen vollen Sinn bekommen. Zeit ist eindeutig gerichtetes, inhaltlich bestimmtes Vorstoßen auf etwas zu, das als erfüllter Sinn über den Tod hinausgeht.«

48 Paul TILLICH, »Eschatologie und Geschichte«, 79.

49 Vgl. ebd.: »Durch diese Betrachtung bekommt das kulturelle Tun unbedingtes Gewicht, die Geschichte unbedingten Sinn.« Vgl. auch DERS., *Vor-*

Die Geschichtsphilosophie Tillichs ist der reflexive Ausdruck des sich in der inneren Geschichtlichkeit seines Selbstbezugs evident gewordenen Geistes in seiner Ausrichtung auf das Eschaton. Die eschatologische Reflexion der Geschichte nimmt die konkrete geschichtliche Sinnerfüllung so in den Geschichtsbegriff auf, dass diese zum Medium der Selbsterfassung des Geistes wird. Mit Tillichs sinntheoretischer Geistphilosophie sowie der darauf aufbauenden eschatologischen Geschichtsphilosophie sind die methodischen Grundlagen von Tillichs Verständnis des Neuen bereits benannt, so dass wir uns jetzt abschließend dessen Verständnis des Neuen zuwenden können.

3. Das wahrhaft Neue als sinntheoretische Erfüllungskategorie

Der Begriff des Neuen, so wurde eingangs bereits gesagt, ist für Tillichs Neubestimmung von Christologie und Eschatologie geradezu konstitutiv. Um Tillichs Begriff des Neuen zu erörtern, brauchen wir nun nur noch diesen Begriff in die von ihm in den 1920er Jahren ausgearbeitete sinntheoretische Geist- und Geschichtsphilosophie einzuordnen – implizit

---

lesungen über Geschichtsphilosophie und Sozialpädagogik, 87–95. Im dritten Band seiner Systematischen Theologie hat Tillich diese Strukturmomente in seinem Begriff der Essentifikation aufgenommen und zusammengefasst. Vgl. Paul Tillich, Systematische Theologie, Bd. 3, Stuttgart 1966, 455; dazu Christian Danz, »Das Reich Gottes als Ziel der Geschichte. Eschatologie als Geschichtsreflexion bei Paul Tillich«, in: Lucie Kaennel / Bernard Reymond (éd.), Le peurs, la mort, l'espérance: autor de Paul Tillich. Actes du XVIIe colloque international Paul Tillich Fribourg (Suisse) 2007, Münster 2009, 195–208.

waren die Aufbauelemente von Tillichs Verständnis des Neuen schon thematisch. Ausgehen können wir hierzu von seiner im Wintersemester 1929/30 in Frankfurt gehaltenen Vorlesung über Geschichtsphilosophie, in der Tillich dem Begriff des Neuen unter der Überschrift *Das Geschehen und das Neue* einen ganzen Abschnitt gewidmet hat.[50]

> »Geschehen«, so heißt es hier, »sind solche Vorgänge, die in der Richtung der historischen Zeit begegnen. Wenn wir sagen: Hier ist etwas geschehen, so schwingt auch ein Element mit, das bisher unerwähnt geblieben ist: Hier ist etwas Neues geworden oder, näher in unserem Sinn: Hier hat sich etwas entschieden, und eben in dieser Entscheidung konstituiert.«[51]

Das Neue ist für Tillichs Verständnis des Geschehens geradezu konstitutiv, so dass Geschehen für Tillich derjenige Vorgang ist, in dem das Neue verwirklicht wird. Vor dem Hintergrund der Ausführungen zu Tillichs sinntheoretischer Geistphilosophie sowie seiner Geschichtsphilosophie sollte deutlich sein, dass Tillichs Begriff des Geschehens auf das Reflexiv-Werden des Geistes in seinen konkreten Bestimmungsakten zielt. Indem der Geist sich selbst in seinen Akten des Sich-Bestimmens und im Setzen des Konkreten als Geist erfasst, also über sich hinaus und darin bei sich selbst ist, kommt es zur Sinnerfüllung und zur Setzung des Neuen. »Echtes Geschehen ist mehr als Entfaltung, ist Durchbrechung der Entfaltungsmöglichkeit, ist Durchbrechung des Seinskreises.«[52] Das Neue wird von Tillich als Einbruch von Reflexivität im konkret bestimmten Selbstverhältnis des Geistes verstanden, in dem sich dieser in der inneren Ge-

---

50 Paul TILLICH, *Vorlesung über Geschichtsphilosophie und Sozialpädagogik*, 71–82.

51 Ebd., 74.

52 Paul TILLICH, »Eschatologie und Geschichte«, 76.

schichtlichkeit seines Selbstbezugs erfasst und darin als Geschichtsbewusstsein konstituiert. Darin liegen drei Aspekte beschlossen.

Zunächst ist das Neue für Tillich keine Gegenstandskategorie, sondern Tillich gebraucht das Neue im strikten Sinne zur Beschreibung des unableitbaren Geschehens von Reflexivität im Selbstverhältnis des Geistes. Es ist also eine Kategorie *intentio obliqua* und nicht *recte*.[53] Das Neue ist für Tillich eine reflexionslogische Bestimmung, die gerade nicht auf eine gegenständliche Ebene zielt, jedoch mit dieser verbunden ist. Ein gegenständlich gefasstes Neues würde auf der Ebene bleiben, welche Tillich das »Entfaltungs-Neue« nennt. Von ihm kann nur gelten, dass es zwar »den Anspruch, neu zu sein« erhebt, aber dieser »Anspruch wird durch das Altern und Sterben widerlegt«[54]. Alles Neue, welches im Leben gesetzt und geschaffen wird, trägt sein Altern bereits in sich, »sein Nicht-Neu-Sein«[55]. Dem ist nur zu entgehen, wenn das Neue als das Geschehen von Reflexivität verstanden wird.

Sodann ist das Neue zwar an die konkreten Bestimmungsakte des Geistes gebunden, aber aus diesen nicht ableitbar. Der Geist erfasst sich allein in und an den von ihm gesetzten konkreten kulturellen Formen als Geist. Mit der Rückbindung des Neuen an die Kultur und die Geschichte möchte Tillich einem Verständnis des Neuen als ein transzendentes und bestimmungsloses Jenseits von Kultur und Geschichte widersprechen. Ein Verständnis des Neuen als

---

53 Vgl. Paul Tillich, *Vorlesung über Geschichtsphilosophie und Sozialpädagogik*, 78: »Die gegenständliche Betrachtung muß mit einem Moment des Ungegenständlichen, mit dem Neuen rechnen.«
54 Ebd., 79.
55 Ebd., 80.

»jenseits von Alt und Neu«, nämlich als »ewig Gleiches« und damit ebenso gut als »ewig Altes«, bleibt an der gegenständlichen bzw. – wie Tillich sagt – räumlichen Ebene orientiert. Der Ort des Neuen sind die sinnsetzenden Akte des Geistes, aber nicht diese als solche, sondern allein im Hinblick auf die Erfüllung ihrer Intention. »Freiheit ist die Möglichkeit des Seienden, Neues zu setzen.«[56] Deshalb sind Neues und Altes gleichursprünglich, und zwar so, dass sie zugleich unterschieden und aufeinander bezogen sind. Denn das Neue kann nie anders erfasst werden denn als Reflexivität an den kulturellen Setzungen des Geistes. Und weil die Akte des Geistes Akte der Selbstbestimmung sind, kann das Reflexiv-Werden des Setzungsaktes nicht als Notwendigkeit begriffen werden.[57]

Und schließlich ist das Neue als das Geschehen von Reflexivität in und an den konkreten kulturschaffenden Akten des Geistes eine Erfüllungskategorie. Der Begriff des Neuen ist Tillichs Kategorie für die Erfüllung der Sinnintention des Geistes in seinen Bestimmungsakten.

> »Das ursprünglich Neue ist das Neue des Sinnes. Man kann geradezu definieren: Sinn ist das Neue des Seins, ist das, worin das Sein zu seinem Neuen durchbricht. [...] Sinn ist der Vorstoß, in dem das Vorstoßende sich selbst durchstößt.«[58]

---

56 Paul TILLICH, »Christologie und Geschichtsdeutung«, 245.

57 Vgl. ebd.: »Im Setzen des Neuen durch das Seiende liegt ein doppeltes: einmal dieses, daß das Neue dadurch, daß es gesetzt ist, mit dem Alten (das eben dadurch Altes wird) verbunden bleibt; dann dieses, daß solche Verbindung nicht die Notwendigkeit ist, unter der das Seiende sich selbst und seinen Kreis bejahen muß.«

58 Paul TILLICH, *Vorlesung über Geschichtsphilosophie und Sozialpädagogik*, 81. Vgl. auch DERS., »Christologie und Geschichtsdeutung«, 246; DERS., »Eschatologie und Geschichte«, 76.

Das Neue ist für Tillich die konkrete Erfüllung der Sinnintention des Geistes in seinen theoretischen und praktischen Akten. In dem Geschehen der Sinnerfüllung erfasst sich der Geist an den von ihm gesetzten kulturellen Formen als Geist.[59] Dies geschieht so, dass die kulturellen Formen zu Medien der Darstellung des Selbstverhältnisses des Geistes und darin als zugleich notwendige und wandelbare Formen der Selbstbeschreibung evident werden.

Tillich versteht das Neue, wie wir gesehen haben, als eine reflexive Erfüllungskategorie. Das Geschehen, in dem sich der geschichtlich eingebundene Geist als Geist erfasst und darin das Neue gesetzt wird, in dem sich die Sinnintension erfüllt, ist der Glaube als Richtung auf das Unbedingte. Tillich deutet in den 20er Jahren den Glaubensakt als dasjenige Geschehen von Reflexivität im Selbstverhältnis des Geistes, in dem sich dieses in der inneren Geschichtlichkeit und Reflexivität seines Bezugs auf sich selbst inne wird und darin zu sich selbst kommt. Die Christologie wird als Selbstbeschreibung des Glaubensaktes in seiner geschichtlichen Einbindung umformuliert. In der Christologie stellt sich der Glaube nicht nur selbst als ein personales und in die Geschichte eingebundenes Geschehen dar, sondern auch als die Weise, wie Neues in der Geschichte allein möglich ist, nämlich als Durchbrechung des Seienden zum Sinn.[60] Tillichs kreuzestheologische Fassung der Christologie ist also als eine Darstellung geschicht-

---

59 Vgl. Paul TILLICH, »Christologie und Geschichtsdeutung«, 246: »Im Sinn seiner selbst ist das Seiende zugleich bei sich und über sich hinaus. Setzung von Sinnhaftem ist Setzung von Neuem.«

60 Vgl. Paul TILLICH, *Vorlesung über Geschichtsphilosophie und Sozialpädagogik*, 81: »Sinn hat den Charakter, nicht altern zu können, über den Tod hinaus sich Zeit zu schaffen.«

licher Sinnerfüllung zu lesen, und allein darin ist Christus das neue Sein in der Geschichte.[61] Tillichs sinntheoretische und geschichtsphilosophische Neuformulierung der Christologie führt zu einer Neubestimmung der Eschatologie. Der sich in der Geschichte in seiner geschichtlichen Einbindung und Wandelbarkeit durchsichtig gewordene Geist ist ausgerichtet auf seine vollständige Durchsichtigkeit.[62]

> »Das Überzeitlich-Neue, die sinnhafte Richtungsangabe dessen, was als Neues sich losreißt und in die historische Zeit eingeht. Also nicht Trennung, sondern das Neue ist immer zugleich da und zugleich zukünftig im Sinne der historischen Zeit. Damit bekommt der Begriff des Neuen einerseits religiöse Ekstatik, andererseits unmittelbare Gegenwärtigkeit.«[63]

Tillich formuliert die Eschatologie zu einer Selbstdarstellung der geschichtlichen Sinnerfüllung und ihrer Ausrichtung auf die überzeitliche Erfüllung um. Die Pointe dieser Neubestimmung der Eschatologie liegt in der geschichtlichen Selbsterfassung der Freiheit in ihrer antinomischen Struktur.

In der eingangs zitierten Bemerkung aus Tillichs 1930 publiziertem Aufsatz *Christologie und Geschichtsdeutung* war nicht nur davon die Rede, dass der Begriff des Neuen philosophisch wenig geklärt sei, sondern auch davon, dass es dem

---

61 Zu Tillichs Christologie vgl. Christian DANZ/Marc DUMAS/Werner SCHÜSSLER/Mary A. STENGER/Erdmann STURM (Hg.), *Jesus of Nazareth and the New Being in History*, Berlin / New York 2011.

62 Es kann also keine Rede davon sein, dass Tillich die Eschatologie nicht einer christologischen Neubestimmung unterzieht, wie Ingolf U. DALFERTH, *Der auferweckte Gekreuzigte. Zur Grammatik der Christologie*, Tübingen 1994, 200, meint; vgl. Folkart WITTEKIND, »Sinndeutung der Geschichte«, 165–172.

63 Paul TILLICH, *Vorlesung über Geschichtsphilosophie und Sozialpädagogik*, 82.

Geist des Protestantismus angemessen wäre, eine Philosophie des Neuen zu schaffen. Tillichs Beitrag zur Klärung des Begriffs des Neuen haben wir erörtert, sodass uns nur noch die Frage bleibt, warum eine solche Aufgabe gerade dem Geist des Protestantismus angemessen sei. Ohne jetzt auf Tillichs Protestantismustheorie im Einzelnen einzugehen, wird man sagen können, dass der Protestantismus für Tillich im Kern ein um sich wissendes Geschichtsbewusstsein darstellt, das sich durch Kritik und Gestaltung realisiert.[64] Das ist jedoch die Weise, wie das Neue in der Geschichte allein wirklich wird.

---

64 Zu Tillichs Protestantismusverständnis vgl. Ulrich BARTH, »Protestantismus und Kultur. Systematische und werkbiographische Erwägungen zum Denken Paul Tillichs«, in: Christian DANZ/Werner SCHÜSSLER (Hg.), *Paul Tillichs Theologie der Kultur. Aspekte – Probleme – Perspektiven*, Berlin/New York 2011, 13–37.

Günter Thomas

Emergenz oder Intervention?

Konstellationen der schöpferischen
Treue Gottes in Auseinandersetzung mit
einem theologischen Naturalismus

1. Einführende Bemerkungen

Die Frage nach dem radikal Neuen bricht in der Systematischen Theologie nicht nur an einer Stelle, sondern in mehreren Themenfeldern auf. Verwendet man die Frage nach
dem Neuen als heuristisches Instrumentarium, so fällt erst
auf, in wie vielen theologischen Loci ein Übergang von Alt
nach Neu gedacht wird und die Frage nach der Kontinuität
oder Diskontinuität dieses Übergangs aufbricht. Ist die Kirche das neue Israel? Markiert die Sünde einen so tiefen Ein-
schnitt, dass ein nicht nur besserer, sondern neuer Mensch
geschaffen werden muss? Ist der Geist Gottes eine Kraft der
Lebensbewahrung oder der Erneuerung? So ließe sich noch
vielfältig weiter fragen.

In den folgenden Erwägungen möchte ich die Problematik des Neuen in einer doppelten Perspektivierung bearbeiten: Ich werde mich a) auf einen zentralen Themenkomplex
konzentrieren, d. h. konkret auf den Zusammenhang zwischen dem schöpferischen und neuschöpferischen Handeln
Gottes. Die Frage nach dem Neuen im schöpferischen Handeln Gottes wird b) im spezifischen Kontext einer Systematischen Theologie gestellt, die in einem hohen Maße eine An-

schlussfähigkeit an Erkenntnisse der Naturwissenschaften und insbesondere der Biologie sucht. Dabei möchte ich in folgenden Teilschritten vorgehen.

Zur Orientierung werde ich die leitenden Thesen meiner Überlegungen kurz an den Anfang stellen (2.). Als zweiten Schritt möchte ich in wenigen Strichen zunächst den kulturellen und dann den theologischen Kontext meiner Überlegungen umreißen (3.). Daran anschließend möchte ich historisch einschlägige Modellkonstellationen der Zuordnung von ›Altem‹ und ›Neuem‹ im Problemfeld von Schöpfung und Erlösung skizzieren (4.). Nach diesem – etwas längerem – Vorlauf werde ich das Gespräch mit dem panentheistischen Naturalismus des britischen Theologen und Biologen Arthur Peacocke suchen (5.). Aus der Auseinandersetzung mit der prägnanten Position Peacockes heraus werde ich weiterführende Überlegungen zur Frage nach dem emergent Neuen und dem eschatologisch radikal Neuen entwickeln (6.).

2. DIE LEITENDEN THESEN DES BEITRAGS

Den folgenden Ausführungen möchte ich zur Orientierung die grundlegenden Thesen voranstellen:

1. Der theologische Topos des qualifiziert Neuen ist darum von zentraler Bedeutung, weil er Schöpfung, gegenwärtigen Glauben und die christliche Hoffnung verklammert.

2. Ein Lackmustest für eine realistische Rede vom Neuen ist die klare theologische Erfassung des eschatologischen Topos der *Neuschöpfung von Himmel und Erde*, da sich hier stets offenbart hat und immer noch theologisch zeigt, wie die Zuordnung zwischen dem Schöpfungs- und dem Erlösungshandeln Gottes begriffen wird.

3. Indem in der Neuschöpfung von Himmel und Erde Gott unüberbietbar Neues schafft, kommt Gottes Erlösungshandeln an sein Ziel – ein Handeln, mit dem er zugleich in einer rettenden, schöpferischen Transformation die göttliche Treue zu seiner Schöpfung bewährt.

4. Diese rettende Transformation impliziert ein responsorisches Handeln gegenüber der Schöpfung und übergreift hierin die Schöpfung.

5. Gegenüber den Entwicklungen in den Natur-, Geistes- und Gesellschaftswissenschaften pflegt die Theologie als konstruktiv-reflektierte Rede von Gott ein Verhältnis der kritischen Resonanz, das den Weg zwischen der Skylla einer vollständigen Abkopplung und der Charybdis einer Auslieferung an die Plausibilitäten und Selektivitäten einer Rahmentheorie zu gehen sucht.

3. KULTURELL-RELIGIÖSE AUSGANGSBEOBACHTUNGEN UND EIN METHODISCHER HINWEIS

Ernst Troeltsch hatte bei seiner vielzitierten Bemerkung aus dem Jahr 1916, »das eschatologische Bureau sei heutzutage zumeist geschlossen«, offensichtlich nicht ahnen können, dass er für das aufkommende 20. Jahrhundert auf den ersten Blick ganz im Unrecht sein sollte und im Rückblick vom 21. auf das 20. Jahrhundert in gewisser Weise doch recht behalten hat.[1] Behielt Ernst Troeltsch Recht? Der Befund ist mehrdeutig. Sicherlich begann das eschatologische Büro nur drei Jahre

---

1 Ernst TROELTSCH, *Glaubenslehre. Nach Heidelberger Vorlesungen aus den Jahren 1911 und 1912*, München 1925, 36. Troeltsch delegiert diese Beobachtung: »Ein moderner Theologe sagt: ...«.

später, mit Karl Barths erstem Römerbrief Überstunden zu machen. Dieses Büro entfaltete in den Folgejahren eine unglaubliche Produktivität, die im Rückblick von der Theologie Bultmanns bis zur Theologie der Hoffnung Jürgen Moltmanns reicht. Eschatologie als Entfaltung der christlichen Hoffnung boomte geradezu bis in die 80er Jahre des 20. Jahrhunderts – zumindest wenn man führende Buchpublikationen als Parameter nimmt. Der Aufbruch zu neuen Ufern und darin die Sehnsucht nach dem wahrhaft Neuen waren ein Grundstrom der Theologie.

Und doch könnte es sein, dass Ernst Troeltsch am Ende doch Recht behält – zumindest was die gegenwärtig greifbaren Mentalitäten und handlungsleitenden Vorstellungen in den Kirchen angeht. Wenn ich es recht sehe, dann können wir in den letzten Jahrzehnten einen zunehmenden Umbau des Christentums in Europa hin zu einer Schöpfungsreligion bzw. Religion der Lebensbegleitung beobachten. Während Max Weber 1913/1914 noch ganz zweifelsfrei das Christentum als Erlösungsreligion einstufte, hätte 100 Jahre später das Urteil wohl deutlich verhaltener ausfallen können:[2] In den Ritualen der Säuglingstaufe feiert die Kirche das neue geschöpfliche Leben und begleitet dieses ganz irdische Leben in den Krisen und Umbrüchen mit Konfirmation, Hochzeit und Beerdigung.[3] Die Spiritualität, die die Evangelischen Kirchen in

---

[2] Zu dem gesamten Komplex der Erlösungsreligion bei Weber wie auch zu Webers Abhängigkeit von Ernst Troeltsch siehe Edith HANKE, »Erlösungsreligion«, in: Hans G. KIPPENBERG/Martin RIESEBRODT (Hg.), *Max Webers »Religionssystematik«*, Tübingen 2001, 209–226.

[3] Für eine kritische Rekonstruktion dieser Tendenz im Fall der Taufe siehe Günter THOMAS, *Was geschieht in der Taufe? Das Taufgeschehen zwischen Schöpfungsdank und Inanspruchnahme für das Reich Gottes*, Neukirchen-Vluyn 2011.

Kursen, Freizeiten und Schriften befördern, ist eine Spiritualität der Lebensbegleitung und des Lebensmanagements. ›Coping‹ ist ein Leitbegriff geworden. Nicht Glückseligkeit ist angesagt, sondern Glück. In vielen Ostergottesdiensten wird mit Blumen als Zeichen des Frühlings der Sieg des Lebens über den Tod gefeiert. Als Schöpfungsreligion steht die Bewahrung der Schöpfung inmitten ökologischer Gefährdungen im Zentrum vieler ethischer Bemühungen. Spiritueller Pragmatismus ist dabei gepaart mit einer verantwortungsbereiten Sorge für die Zukunft des Lebens auf diesem Planeten. Die Hoffnungen auf eine himmlische Stadt, auf ein eschatologisches Gericht und auf ein ewiges Leben erscheinen verblasst, geradezu irreal, fern gelebter Religiosität. Die Straf- und Gerichtseschatologien bieten weder eine existentiell noch eine politisch überzeugende Antwort auf Erfahrungen manifester Ungerechtigkeit und bedrängenden Unheils.

Selbst die starken Temporalisierungen der Transzendenz, die Erlösung in und aus der Zukunft ins Auge fassten, haben mit dem Erkalten der starken politischen Utopien an Überzeugungskraft eingebüßt. Die säkularen Eschatologien des 20. Jahrhunderts wurden mehr oder weniger schnell entmythologisiert und haben sich binnen weniger Jahre vielfach in säkulare Apokalypsen verwandelt.[4] Ganz entsprechend boomt die philosophische wie die theologische Diskussion zum Thema Glück – ›jetzt‹ – und weniger die Beschäftigung mit ›Glückseligkeit‹.[5] Das Christentum wird zur Religion der

---

4   Die Bewegung von einer Theologie der Hoffnung hin zu einer Theologie der Bedrohungsabwendung lässt sich sehr klar an der Textur und Karriere einer ökologischen Theologie nachzeichnen; siehe z. B. Ernst M. CONRADIE, *Christianity and ecological theology. Resources for further research*, Stellenbosch 2006.

5   An dieser Stelle exemplarisch Christiane BINDSEIL, *Ja zum Glück. Ein theo-*

GÜNTER THOMAS

Lebensbegleitung und des Lebensmanagements. Zu hoffen
ist zu riskant, zu stressig, zu komplex. Von was werden Christen erlöst? Die Optionen reichen von Atomstrom, über Ho-
mophobien, Umweltverschmutzung zu Werteverfall oder gar
Ehescheidungen – je nachdem, wie die moralische Orientierung justiert wird.

Nun wäre es ein folgenschwerer Irrtum, wollte man diese
Entwicklung einfach als Verfallsgeschichte qualifizieren, als
Selbstsäkularisierung des Christentums brandmarken oder
schlicht als Traditionsabbruch beklagen. Diese Entwicklung
nimmt nicht nur Friedrich Nietzsches Verdikt der Giftmi-
scher und Verächter des Lebens auf, sondern auch Dietrich
Bonhoeffers Mahnung ernst, dieser Erde treu zu bleiben.
Nietzsche formulierte im Zarathustra.

> »Ich beschwöre euch, meine Brüder, bleibt der Erde treu und glaubt
> denen nicht, welche euch von überirdischen Hoffnungen reden! Gift-
> mischer sind es, ob sie es wissen oder nicht. Verächter des Lebens sind
> es, Absterbende und selber Vergiftete, deren die Erde müde ist: so
> mögen sie dahinfahren!«[6]

In Aufnahme dieses Impulses der Religionskritik des 19. Jahrhunderts setzt sich Bonhoeffer mit dem Plädoyer für eine
›Treue zur Erde‹ von allen jenseitsbezogenen Weltfluchtten-
denzen ab. Mit beißendem Spott und scharfer Polemik wendet er sich gegen ein ›Hinterweltlertum‹, das religiös oder

logischer Entwurf im Gespräch mit Bonhoeffer und Adorno, Neukirchen-
Vluyn 2011. Symptomatisch für die philosophische Literatur Michael
HAMPE, Das vollkommene Leben. Vier Meditationen über das Glück,
München 2009.

6 Friedrich Wilhelm NIETZSCHE, »»Also sprach Zarathustra««, in: Karl
SCHLECHTA (Hg.), Friedrich Nietzsche. Werke in sechs Bänden. Bd. 3, München 1980, 277–561, 280.

christlich sein möchte »auf Kosten der Erde«.[7] Gegenüber aller religiösen Abwertung leiblich-endlicher Existenz hält Dietrich Bonhoeffer in der ersten Hälfte des 20. Jahrhunderts schon fest:

> »Der Mensch, den Gott nach seinem Ebenbilde, d. h. in Freiheit geschaffen hat, ist der Mensch, der aus Erde genommen ist. [...] Seine Verbundenheit mit der Erde gehört zu seinem Wesen. [...] Sein Leib ist nicht sein Kerker, seine Hülle, sein Äußeres, sondern sein Leib ist er selbst. [...] Der Ernst des menschlichen Daseins ist seine Gebundenheit an die mütterliche Erde, sein Sein als Leib.«[8]

Seelsorge ist darum eben nicht nur die Sorge um die Seele. Die skizzierte Situation ist also auch – wenngleich nicht nur – das Ergebnis genuin *theologischer* Impulse und Umbauten, deren Geschichte nicht nur an die Anfänge des 20., sondern weit in das 19. Jahrhundert zurückreicht.[9] Erlösung als das Neue des christlichen Glaubens kann nicht mehr als Erlösung aus und von dieser Welt, als göttlich gewährter Übergang aus dieser Welt in den Himmel verkündet werden. Christinnen und Christen sind – contra Augustin und contra langer und starker Traditionen im Christentum – keine Pilger aus dem irdischen Jammertal in den himmlischen Thronsaal, aus der Zeit in die Ewigkeit. Diese Last des augustinischen Erbes wird – zumindest in weiten Teilen des Protestantismus – glücklicherweise gegenwärtig mehr oder weniger explizit abgeschüttelt.[10] Friedrich Nietzsche und Dietrich Bonhoeffer scheinen ihr Ziel erreicht zu haben – auch wenn viele Lieder

---

7 Dietrich BONHOEFFER, *Berlin 1932–1933*, München 1997, 265.

8 Dietrich BONHOEFFER, *Schöpfung und Fall*, München 1989, 71 f.

9 Die Übergänge, die sich von Martin Luther hin zu Friedrich Schleiermacher vollziehen, rekonstruiert prägnant Claus-Dieter OSTHÖVENER, *Erlösung. Transformationen einer Idee im 19. Jahrhundert*, Tübingen 2004.

10 Dietrich RITSCHL, »Die Last des augustinischen Erbes«, in: Eberhard BUSCH /

unserer Kirchengesangbücher noch eine ganz andere Sprache sprechen und eine ganz andere Theologie offerieren.[11] Wirklich Neues oder gar radikal Neues scheinen die mitteleuropäischen Christen zu Beginn des 21. Jahrhunderts weder zu hoffen noch zu befürchten.

Doch ist damit schon die theologische Aufgabe, ›Altes‹ und ›Neues‹, Schöpfung und Erlösung produktiv zusammen zu denken, erledigt? Bricht die Frage nach dem Zusammenhang zwischen dem ›Alten‹ und dem ›Neuen‹ nicht doch ständig auch in der kirchlichen Praxis an vielen Punkten auf – so z. B. beim Verständnis der Taufe, beim Abendmahl, eben bei allen evangelischen Sakramenten? Nimmt das christliche Leben nicht Schaden, wenn die spannungsreiche und eben doch stets auch das ›Neue‹ einschließende Einheit aus Glaube, Liebe und Hoffnung zerreißt?

Was machen wir, wenn wir auf das 20. Jahrhundert zurückblicken und sehen, dass nicht nur die *Abwendung* von dieser Erde, sondern auch die pointierte *Zuwendung* zu ihr in die Barbarei führen kann – angezettelt von politischen Utopien oder politischem Chauvinismus? Was ist, wenn wir deutlich sehen, dass die Zuwendung zur Erde ganz neue ›Giftmischer und Verächter des Lebens‹ geboren hat und stets neu gebiert? Wie können wir – nicht an der Wende vom 19. zum 20. Jahrhundert, sondern nach der Wende zum 21. Jahrhundert – theologisch verantwortlich, rational durchsichtig und an andere Diskurse anschlussfähig vom wahrhaft Neuen, von Erlösung und Hoffnung sprechen? Kurz: Wie kann von

---

Jürgen FANGMEIER (Hg.), PARRHESIA. *Karl Barth zum achtzigsten Geburtstag am 10. Mai 1966*, Zürich 1966, 470–490.

11 Siehe exemplarisch EG 393 von Gerhard Tersteegen oder EG 477 von Paul Gerhardt.

›Neuem‹ gesprochen und zugleich die Treue zur ›alten‹ Erde ernst genommen werden?

Wie sich nun die Systematische Theologie in diesem Problemfeld positioniert, hängt selbstverständlich auch von dem Selbstverständnis und dem Status der theologischen Reflexion selbst ab. Darum möchte ich den folgenden Überlegungen einen knappen methodischen Hinweis vorausschicken: Systematische Theologie muss sich im Streit der Interpretationen als konstruktiv-reflektierende Rede von Gott begreifen, und d. h., nicht nur als Rede *über* die Rede von Gott und zu Gott in praktischer Frömmigkeit. Selbstverständlich unterscheidet sie sich von der Rede von Gott in Vollzügen der Frömmigkeit darin, dass sie nicht erwartet oder erhofft, dass Gott selbst durch sie spricht. Darum ist das Katheder nicht mit der Kanzel zu verwechseln. Auch an ihrem speziell universitären Ort muss die Theologie in aller Strittigkeit der Interpretationsvorschläge die Dynamik und die Lebendigkeit ihres Gegenstandes reflektiert in Rechnung stellen. Die Theologie kann sich auch in der Rede von dem ›Neuen‹ nicht aus dem Streit und Konflikt der Interpretationen im religiösen Feld auf die Position einer Beobachtung zweiter Ordnung zurückziehen – so sehr sie an den nicht zuletzt auch historischen, philologischen und philosophischen Differenzierungen von Problemen teilhat – ohne den Anspruch zu erheben, dass ein Kontext jemals selbst beobachtet werden kann.

4. MODELLKONSTELLATIONEN DER ZUORDNUNG VON SCHÖPFUNG UND NEUSCHÖPFUNG

Nach der kulturellen Selbstverortung in einer spezifischen Gegenwart möchte ich einen Blick zurück werfen und dogmen- bzw. ideengeschichtliche Modellkonstellationen der Zuordnung des ›Alten‹ und des ›Neuen‹ skizzenhaft vorstellen. Analysiert man in einer sehr formalisierten Analyse die Denk- und Ideengeschichte des Christentums (sei sie theologisch, religionshistorisch oder religionsphilosophisch motiviert), so lassen sich m. E. eine Reihe von idealtypischen Grundmustern der Zuordnung von ›alter Schöpfung‹ und ›neuer Schöpfung‹ voneinander abheben. Wie bei allen idealtypischen Beschreibungen sind Variationen und Mischungen stets möglich. Die im Weberschen Sinne idealtypischen Grundmuster kommen in gänzlicher Reinheit nirgendwo in der empirischen Welt vor und dennoch organisieren sie den Diskurs und in diesem Diskurs ›gibt‹ es sie auch.

Grundsätzlich kann die ›Neue Welt Gottes‹, um ein Motiv des frühen Karl Barth aufzunehmen, dem ›Alten‹ als *Restitution*, als *Substitution* und als *Transformation* gegenübertreten.[12] Was ist damit gemeint? *Restitution, Substitution* und *Transformation* unterscheiden sich dabei in der Gestalt des *Übergangs* zwischen Altem und Neuen, zwischen Schöpfung und Neuschöpfung. Neben dem Modus des Übergangs muss darüber hinaus die *Zielbestimmung* der Übergangsdynamik in *vollendend* oder *rettend* differenziert werden.

---

12 Die Modellkonstellationen sind detaillierter entwickelt und begründet in Günter THOMAS, ›*Neue Schöpfung‹. Theologische Untersuchungen zum ›Leben der kommenden Welt‹*, Neukirchen-Vluyn 2008.

Im Modell der Restitution wird ein veränderter Zustand wiederhergestellt. Dies kann, aber muss nicht eine Rückkehr zum Ursprung sein, da das Dazwischenliegende, das die Restitution nötig machte, ja integriert werden kann. Trotzdem geht es ganz wesentlich um die Heilung eines Bruches, um die Rückkehr zu einem Ursprung, um die Restitution einer gebrochenen Beziehung. Prägnant und knapp formuliert: »Paradise lost – Paradise Regain'd« (John Milton 1670).[13] Es geht stets um eine rettende Restitution, die ein Verlorenes bzw. einen Ursprung zurückzubringen versucht oder ein Beschädigtes wieder heilt – ohne das intrinsische Ziel einer weiterentwickelnden Vollendung. Wie unschwer zu erkennen ist, dachte die abendländische Theologie im Gefolge Augustins im Wesentlichen in diesem Modell.

Der Grundgedanke im Modell der rettenden Substitution ist der einer Ersetzung eines Ersten durch ein Zweites. Dieses Modell impliziert daher eine fundamentale Diskontinuität, die letztlich durch die bleibende Abstoßung des Ersten, durch einen unüberbrückbaren Bruch zustande kommt. Von dem Modell der Restitution unterscheidet sich die Substitution dadurch, dass das Ziel nicht zum Anfang zurückführt, sondern in der Tat, einen vollständigen Abbruch voraussetzend, zu einem anderen, klar unterschiedenen ›Ort‹ führt. Die Absicht kann in einer Rettung liegen, so dass das zu substituierende der Ort, der Zustand oder die Zeit ist, aus denen heraus die Rettung sich vollzieht bzw. aus denen heraus jemand befreit wird. In dem Substitutionsmodell steht der Schöpfergott des ›Alten‹ dem Erlösergott des ›Neuen‹ letztlich unversöhn-

---

13 Da das Modell der Restitution grundsätzlich auf eine Defizienzüberwindung angelegt ist, scheidet hier die Kombination einer vollendenden Restitution aus.

lich gegenüber. Alle alten wie neuen Spielarten der Gnosis und des offenen wie versteckten Schöpfungsnihilismus operieren in den Grenzen dieses Modells. Der Philosoph Micha Brumlik hat die Spur der Gnosis von der Antike über die Kabbala, Carl Gustav Jung, Rudolf Bultmann, Martin Heidegger bis Carl Schmitt nachgezeichnet.[14]

Das Modell der *Transformation* teilt mit dem der *Substitution* den Akzent auf der zweiten Position, die nicht wie bei der Restitution eine Rückkehr ist. Im Gegensatz zur *Substitution* wird aber im Übergang von der ersten zur zweiten Position keine Ablösung gedacht, sondern eine mehr oder weniger bruchlose, mehr oder weniger diskontinuierliche Transformation. Darin, dass nichts als ›erübrigt‹ abgestoßen wird, stimmt dieses dritte Modell mit dem ersten der *Restitution* überein. Diese *Transformation* kann nun als Einheit eines kontinuierlichen, nicht irritierbaren Prozesses gedacht werden. In diesem Fall ist von einer *vollendenden Transformation* zu sprechen. Der Prozess kann aber, indem er auf die Diskontinuitätserfahrung der Rettung eingeht, auch responsorischen Charakter haben. Dann ist von einer *rettenden Transformation* auszugehen.

Die Aspekte des Vollendenden oder des Rettenden unterscheiden sich darin, dass im Modus der *vollendenden Transformation* die ›zweite‹ Position als ›schon immer‹ in sachlicher, zeitlicher oder sozialer Hinsicht geplant ins Auge gefasst, angestrebt oder in der Dynamik einer Entwicklung als immanent, d. h. immer schon präsent gedacht wird. Im Modell der

---

14 Siehe Micha BRUMLIK, *Die Gnostiker. Der Traum von der Selbsterlösung des Menschen*, Frankfurt a. M. 1992. Brumliks mit breiten Pinselstrichen gezeichnete Skizze konzentriert sich weniger auf historische Tiefenschärfe als auf ideengeschichtliche Entwicklungslinien.

rettenden Transformation ist die zweite Position als kontingent zu bestimmen, eben von der Rettungsnotwendigkeit oder der Rettungsfähigkeit abhängig. *Vollendung* oder *Rettung* unterscheiden sich also hinsichtlich der beabsichtigten Kontinuität des Übergangs von der ersten zur zweiten Position. Hinsichtlich des Endpunktes kann die *Rettung* der *Vollendung* gleichen, aber die Bewegung dorthin unterscheidet sich in ihrem Charakter der überwiegenden Kontinuität oder Diskontinuität.[15] Es ist dieses Modell der *rettenden Transformation*, das m. E. am besten die diversen Motive der Christologie, Pneumatologie und Eschatologie in sich aufnehmen kann: Es verbindet die ›Treue zur Erde‹ mit Gottes unbedingtem Willen zur ›Rettung‹.

5. Das ›Alte‹ und das ›Neue‹ im Horizont eines theologischen Naturalismus – Ein Gespräch mit Arthur Peacocke

In den folgenden Überlegungen möchte ich das Gespräch mit dem 2006 verstorbenen Theologen Arthur Peacocke aufnehmen. Für diese Wahl sprechen im Horizont der Frage nach dem ›Neuen‹ mehrere Gründe: Die naturalistische und zugleich panentheistische Konzeption Arthur Peacockes ist in

---

15 Selbstverständlich können die verschiedenen Modelle auch in gewissen Mischungsverhältnissen auftreten. Bedenkt man, dass die Schöpfungsmotive der hebräischen Bibel sich entweder auf den Kosmos, den Menschen oder auf Israel beziehen können, so ist erwartbar, dass hinsichtlich dieser ›Gegenstände‹ der Schöpfung und Neuschöpfung Modellungleichzeitigkeiten auftreten können. Ganz entsprechend können Neuschöpfungsvorstellungen sich eher rechtfertigungs- oder heiligungstheologisch, ekklesiologisch oder stärker kosmologisch artikulieren.

einer äußerst engen Anlehnung an ein evolutionäres Denken in den Naturwissenschaften entwickelt.[16] Sie stellt sich daher als eine starke *gegenwärtige* Alternative zu klassischen Positionen – auch der deutschsprachigen Theologie – dar. Darüber hinaus repräsentiert sie das Modell einer *vollendenden* Transformation, das dem der *rettenden* Transformation sehr nahesteht und doch grundlegend verschieden ist. An ihm lässt sich im Vergleich herausarbeiten, wie sich im Horizont einer *rettenden* Transformation ›Neues‹ erhoffen und denken lässt, wie ›tief‹ die mit dem Neuen verbundene Transformation geht.

Einer der Einsatzpunkte der Theologie Arthur Peacockes ist die im Gespräch mit den Naturwissenschaften und als Naturwissenschaftler gewonnene Überzeugung, dass die christliche Theologie sich im Raum wissenschaftlich – und d. h. letztlich naturwissenschaftlicher – möglicher Aussagen bewegen muss.[17] Peacocke sieht »the need to find ways of inte-

---

16 Grundlegend ist das frühe Werk von Arthur R. PEACOCKE, *Creation and the world of science*, Oxford/New York 1979; DERS., *The sciences and theology in the twentieth century*, Notre Dame 1981; eine stark emphatische Darstellung der Position und Entwicklung Peacockes bietet Gloria L. SCHAAB, *The creative suffering of the Triune God. An evolutionary theology*, New York 2007; eine frühe deutschsprachige Gesamtdarstellung stammt von Gregor PREDEL, *Sakrament der Gegenwart Gottes. Theologie und Natur im Zeitalter der Naturwissenschaften*, Freiburg 1996; knapp, aber präzise einführend ist Nancey C. MURPHY, »Arthur Peacocke's naturalistic Christian faith for the twenty-first century. A brief introduction«, in: Zygon 43:1 (2008), 67–73; für eine kritische Darstellung der Grundzüge s. Ted PETERS/Martin HEWLETT, *Evolution from creation to new creation. Conflict, conversation, and convergence*, Nashville, 2003, 135–139.

17 Diese Prämisse überspannt die gesamte theologische Entwicklung Peacockes. Für die vorstehenden Überlegungen orientierend Arthur R. PEACOCKE, »A naturalistic Christian faith for the twenty-first century: an

grating ›talk about God‹, that is, theology, and those experiences denoted as ›spiritual‹ or ›religious‹ with the worldview engendered and warranted by the natural sciences« (5). Auf der Basis dieser Prämisse argumentiert er für eine »Christian naturalistic theology« bzw. für einen »theistic naturalism«, der von anderen auch als »panentheism« interpretiert wird.[18] Peacocke stimmt an dieser Stelle Charles Hardwick zu und formuliert pointiert, »that if faith can survive in the current times«, »that faith does not continue to be served up as tired eschatological symbols [...] largely unreflectively in mythological forms that scarcely any educated person believes today« (9). An dieser Stelle ist nicht *en détail* auf die konzeptuellen Probleme eines ›emergentist monism‹, eines ›nonreductive physicalism‹ oder die ›whole-part-causation‹ einzugehen. Da es um die Frage nach der theologischen Erfassung des Neuen geht, möchte ich mich vielmehr auf vier dafür einschlägige Themenfelder konzentrieren, die alle das Verhältnis zwischen Schöpfung und Erlösung beleuchten: Schöpfung, Christus, das Leiden der Schöpfung und die christliche Hoffnung.[19]

---

essay in interpretation«, in: Philip CLAYTON (ed.), *All that is. A Naturalistic Faith in the Twenty-First Century*, Minneapolis 2007, 3–56; die folgenden Seitenangaben im Haupttext beziehen sich auf diesen Titel.

18 Siehe Niels Henrik GREGERSEN, »Three Varieties of Panentheism«, in: Philip CLAYTON/Arthur R. PEACOCKE (eds.), *In whom we live and move and have our being. Panentheistic reflections on God's presence in a scientific world*, Grand Rapids, 2004, 19–36.290–293.

19 »Emergentist monism affirms that natural realities although basically physical, evidence various levels of complexity with distinctive internal interrelationships between their components, such that new properties, and also new realities, emerge in those complexes – in biology in an evolutionary sequence.« (14)

GÜNTER THOMAS

5.1 DIE WELT ALS SCHÖPFUNG

Um im Blick auf die Welt von *Schöpfung Gottes* sprechen zu
können, ist es für Peacocke entscheidend, dass eine naturalistische Weltsicht nicht notwendigerweise Gott überhaupt
ausschließt, sondern nur einen der Welt deistisch gegenüber-
stehenden und in sie intervenierenden Gott: »God as external
to nature, dwelling in an entirely different kind of ›space‹ and
being of an entirely different ›substance‹, which by definition
could not overlap or mix with that of the created order« (17).
Dagegen plädiert Peacocke für eine »immanence of God as
Creator ›in, with and under‹ the natural processes of the world
unveiled by the sciences« (19). Es ist diese Zurückweisung
eines ›externen Gottes‹ bei gleichzeitiger Betonung eines »dy-
namic picture of the world of entitities, structures, and processes involved in continuous and incessant change and in
process without ceasing« (19), die ihn als Biologen zu diesem
Schluss kommen lässt. Die eigentlich wissenschaftlich relevante und theologisch interessante Rede von dem Schöpfergott ist – traditionell gesprochen – die Rede von der *creatio
continua*:

> »God is the immanent Creator creating in and through the processes
> of the natural order. The processes are not themselves God but are the
> action of God-as-Creator – rather in the way that the processes and
> actions of our bodies as psychosomatic persons express ourselves. God
> gives existence in divinely-created time to a process that itself brings
> forth the new, and God is thereby creating.«

Blickt man auf die innertheologischen Debatten der letzten
zwei Jahrhunderte um Schöpfung außerhalb eines eher
schlichten Theismus, so liegt die schöpfungstheologische
Pointe in der radikalen Umstellung von Schöpfung auf den
permanenten evolutionären Prozess bei gleichzeitiger Ab-
blendung aller Fragen um eine *creatio originalis*.

Schon Friedrich Schleiermacher hat auf ein Handeln Gottes in und durch den Gesamtzusammenhang der Natur verwiesen – ohne allerdings die der biologischen Evolutionstheorie implizite *Historisierung der Natur* mitzuvollziehen. Die Hervorhebung von »God as creator continuously giving existence with time to processes that have the character the sciences unveil« führt zu einem Gott, »intimately in the created order«. Die schöpferische Tätigkeit Gottes zielt auf ein »bringing into existence the new, in processes whereby novelty and complexity are made to emerge from some prior, earlier, and more basic simpler entities [...].« (20).

Diese Umstellung auf den fortlaufenden Prozess der evolutionären Entwicklung stellt sich auch als deutliche Alternative zu der die lutherische Theologie bis heute prägenden ›Existentiellen Schöpfungstheologie‹ des ›Großen Katechismus‹ Luthers dar. Mehr noch: Mit dieser radikalen Umstellung auf den evolutionären Prozess schließt Peacocke jede Türe, die zu einem Modell der Restitution führen könnte. Der Dreiklang von ›paradise – paradise lost – paradise regained‹, der eineinhalb Jahrtausende die abendländische Christenheit weithin geprägt hat, ist theologisch nicht mehr erschwinglich. Bis tief hinein in die Kirchenlieder und -gebete hat er die Frömmigkeit geprägt – und befindet sich doch zugleich in der eingangs skizzierten Krise. Insofern spiegelt die Theologie Arthur Peacockes in gewisser Weise den Umbau des Christentums von einer Erlösungsreligion in eine Schöpfungsreligion.

Wie manche Interpreten der Theologie Arthur Peacockes kritisch angemerkt haben – und wie er übrigens auch selbst konzediert hat –, ist es eigentümlich und theologisch eher konventionell, dass er dennoch eine »ultimate transcendence of God as Creator over the contingent natural order« (23) festhalten möchte und damit einen reinen Naturalismus doch überschreitet.[20] Ich denke allerdings, dass es eine andere, ebenso die Tradition festhaltende Entscheidung ist, die für das Profil seiner gesamten Theologie viel folgenreicher ist. Und es ist darüber hinaus dieses andere traditionelle Element, das in der Kombination mit einer schöpfungstheologischen Anlehnung an die biologische Evolution fragwürdige, wenn nicht gar unheilvolle theologische Folgen zeitigt. Worin besteht dieses ganz kleine, aber eben wirkmächtige Element? Es ist der »view of God as giving existence to all-that-is: entities, structures, and processes« (23). ›Giving existence to all-that-is‹ – dies ist nicht nur der programmatische Titel des Buches, das als Vermächtnis Arthur Peacockes angesehen werden darf, sondern auch eine das Verhältnis von Schöpfung und Erlösung prägende Weichenstellung.

Ist es nicht dieser All-Quantor ›all that is‹, der schon durch Differenzierungen innerhalb des biblischen Kanons relativiert zu werden verdient? Ist es nicht dieses ›giving existence to all-that-is‹, das nicht nur eine klare theologische Erfassung der Schöpfung verdunkelt, sondern auch radikal Neues noch nicht einmal am Horizont aufscheinen lässt? Ist Gott in der Tat in *gleicher* Weise Schöpfer *jeglichen* Ereignisses – eben von ›all-that-is‹? Entspricht alles und jedes, alles Existierende, in gleicher Weise vollständig den Intentionen Gottes? Anders

---

20 Für einen knappen Überblick die über grundlegenden Unterscheidungen zum Problem des Naturalismus im Kontext von Religion und Naturwissenschaft siehe Willem B. DREES, »Naturalism«, in: Wentzel VAN HUYSSTEEN (ed.), *Encyclopedia of Science and Religion*, New York 2004, 593–597; DERS., *Religion, science, and naturalism*, Cambridge/New York 1996, speziell Kap. 4 und 20; für die aktuelle Diskussion und weitere Literatur siehe Troels ENGBERG-PEDERSEN/Niels Henrik GREGERSEN (eds.), *Essays in naturalism and christian semantics*, Publikationer fra Det Teologiske Fakultet, Copenhagen 2010.

gefragt: Bestimmt nicht im Verhältnis zwischen Schöpfung und Erlösung schon die Erfassung von Gottes schöpferischem Wirken den Möglichkeitsraum, innerhalb dessen das Problem greifbar wird, auf das wiederum ›Erlösung‹ reagiert? Sicherlich darf dieses ›giving existence to all-that-is‹ nicht als Determination im alten Sinne verstanden werden. Es ist ja zugleich ein sich Ausliefern Gottes, da der Prozess der Schöpfung sich dann auch durch ›Zufall und Notwendigkeit‹ vollzieht. Nicht umsonst nimmt Peacocke Überlegungen der Selbstbeschränkung, Verwundbarkeit und Selbstentäußerung Gottes auf.[21] Der Prozess der Schöpfung ist hierin für Gott selbst nicht ohne Risiko – wie zumindest Peacocke in seinen früheren Jahren festhalten konnte.[22] Daher spricht Peacocke pointiert von »God the Creator as *exploring* in creation« (TSA, 307). Mit der Vorstellung eines die eigene Schöpfung erforschenden Gottes kommt Peacocke in überaus spannende Grenzlagen theologischen Denkens, weil Gott der in und mit der Erfahrung der Schöpfung Lernende ist.

---

21 Arthur R. PEACOCKE, *Theology for a scientific age. Being and becoming – natural, divine, and human*, Minneapolis 1993, 123. Alle weiteren Seitenangaben mit dem Kürzel TSA beziehen sich auf diesen Band.

22 »Because of the interplay of chance and law in the processes of creation we also inferred, that God may be regarded, as it were, as ›taking a risk‹ in creating and therein making himself and his purposes vulnerable to the inherent open-endedness of those processes.« (TSA 309) Es bleibt allerdings unklar in Peacockes Denken, warum Gott nicht den Prozess der Schöpfung von Moment zu Moment neu adjustiert. Er betont nur: »God's interaction with the world has been characterized [...] as a holistic, top-down continuing process of input of ›information‹, conceived of broadly, whereby God's intentions and purposes are implemented in the shaping of particular events, or patterns of events, without any abrogation of the regularities discerned by the sciences in the natural order.« (TSA, 295)

An dieser Stelle gilt es eine Entscheidung zu markieren. Ich denke, dass weder das Bekenntnis zu Gott, dem Schöpfer von Himmel und Erde, noch ein Festhalten an einer Freiheit Gottes gegenüber der Welt dazu nötigt, Gottes schöpferische Präsenz in wirklich *allem* und *jedem* zu behaupten. Ist es nicht ein Kern des jüdisch-christlichen Gottes- und Schöpfungsverständnisses, dass Gott die Schöpfung in eine riskante Freiheit entlässt und sich Israel höchst spezifisch und immer wieder sehr punktuell intensiviert zuwendet? Ist es nicht diese riskante Freiheit, die Gott davor bewahrt, zum Fatum, zum alles bestimmenden Dämon zu werden, der in allem wirkt, ohne sich zur Welt selektiv, spezifisch – und darin eben auch in einem qualifizierten Sinne neu verhalten zu können? Dieses Themenfeld soll nun in das Gesichtsfeld rücken.

5.2 DIE LEIDEN DER SCHÖPFUNG UND DAS LEIDEN GOTTES

Die Verbindung eines – eine letzte Transzendenz Gottes nicht ausschließenden – Panentheismus mit dem Gedanken eines ›giving existence to all-that-is‹ führt zu einer sehr spezifischen Bearbeitung des traditionellen Theodizeeproblems bzw. der Thematik des ›natural evil‹. Peacocke wendet sich klar gegen die Vorstellung des »God of classical theism«. Dieser Gott des Theismus »witnesses, but is not involved in, the sufferings of the world – even when closely ›present to‹ and ›alongside‹ them« (25). Es ist speziell der theologische Blick auf die biologische Evolution, dem sich in ungeahnter Weise der Blick auf den Schmerz, das Leiden und die tödlichen Mechanismen der Evolution eröffnet.[23] Ohne die kulturellen und sozialen Übel zu relativieren, rückt das Gespräch mit der Bio-

---

23 Zum Problem vgl. die Beiträge in Willem B. DREES (ed.), *Is nature ever evil? Religion, science, and value*, London/New York 2003 und Cornel W.

logie die sogenannten natürlichen Übel in den Fokus auch der theologischen Wahrnehmung. Jeder traditionelle theologische Entwurf, der die Güte der Schöpfung erst (temporal) und nur (sachlich) durch die Sünde des Menschen beschädigt sieht, muss sich fragen lassen, wie er mit einer »Nature, red in tooth and claw« (Alfred Lord Tennyson) umgeht.[24] Das die europäische Aufklärung von Voltaire über Goethe bis Telemann so beschäftigende Erdbeben von Lissabon (1. November 1755) erscheint im Rückblick angesichts der tödlichen Verschwendung der Evolution geradezu als eine schwache Vorahnung kommender Erkenntnis.

Wie verhält sich Gott zu diesem Leiden? Affiziert es ihn, und wenn ja, wie und mit welcher Konsequenz? Für den panentheistischen Entwurf Peacockes ist es charakteristisch, dass auch in dieser Frage zunächst nicht trinitarisch-christologisch, sondern *schöpfungstheologisch* argumentiert wird. Wohl konzediert Peacocke überraschenderweise, dass die Er-

---

DU TOIT (ed.), *Can nature be evil or evil natural? A science-and-religion view on suffering and evil*, Pretoria 2006. An diesem Punkt sensibel und scharfsinnig hinsichtlich der schöpfungstheologischen Engführung Donald A. CROSBY, *Living with ambiguity. Religious naturalism and the menace of evil*, Albany 2008. Instruktiv ist der Austausch zwischen Celia DEANE-DRUMMOND, »Shadow Sophia in Christological Perspective. The Evolution of Sin and the Redemption of Nature«, in: *Theology & Science* 6:1 (2008), 13–32, und Robert John RUSSELL, »Can We Hope for the Redemption of Nature? A Grateful Response to Celia Deane-Drummond«, in: *Theology & Science* 6:1 (2008), 53–59; siehe auch DERS., »Natural Theodicy in an Evolutionary Context. The Need for an Eschatology of New Creation«, in: Bruce L. BARBER/David NEVILLE (eds.), *Theodicy and eschatology*, Adelaide 2005, 121–152.

24 Zu dieser prägnanten Formel, ihren Hintergründen und der theologischen Diskussion siehe Michael J. MURRAY, *Nature red in tooth and claw. Theism and the problem of animal suffering*, Oxford/New York 2008.

kenntnisbildung an diesem Punkt letztlich von der Eucha-
ristie auszugehen habe. Allerdings sei es grundlegend, dass es
die Immanenz Gottes in der Schöpfung ist, die Gott das Leiden, den Schmerz und den Tod in der Schöpfung erfahren
lässt – weil eben die Welt als in Gott und darum Gott in der
Welt gedacht wird. »God, to be anything like the God who is
Love in Christian belief, must be understood to be suffering
in, with and under the creative processes of the world [...].
Creation is costly to God. [...] God experiences its suffering di-
rectly as God's own and not from the outside« (25). Aus diesem
Grunde kann Peacocke schon mit Blick auf die Schöpfung
festhalten: »God's relation to the world has profound ›cruciform‹ implications« (25).[25]

Wie ist das Christusereignis, d. h. die Einheit von Inkarnation, Leben, Tod, Auferstehung und Verkündigung Jesu
Christi im Horizont des Peacockeschen ›theistic naturalism‹
zu denken? An dieser Stelle ist es die – wenngleich erwart-
bare – hermeneutische Grundentscheidung Peacockes, dass
das Erfassen des Christusereignisses gegründet sein muss in
»insights into what we have been able to discern of divine

---

25 Diese christologisch-kreuzestheologische Deutung des Leidens der Evolu-
tion hebt besonders hervor Gloria L. SCHAAB, The creative suffering of the
Triune God. An evolutionary theology, Kap. 3; DIES., »The creative suf-
fering of the triune God. An evolutionary panentheistic paradigm«, in:
Theology & Science 5 (2007), 289–304; DIES., »A Procreative Paradigm of the
Creative Suffering of the Triune God. Implications of Arthur Peacocke's
Evolutionary Theology«, in: Theological Studies 67 (2006), 542–566; ähnlich
John F. HAUGHT, God after Darwin. A theology of evolution, Boulder,
2000: »The cruciform visage of nature [...] invites us to depart, perhaps more
than ever before, from all notions of a deity untouched by the world's suf-
fering.« (46) Für eine differenzierte, prägnant lutherische Sicht siehe Niels
Henrik GREGERSEN, »The cross of Christ in an evolutionary world«, in:
Dialog 40:3 (2001), 192–207.

Being and Becoming from our more general reflections based on the character of natural being and becoming« (TSA, 300). Das heißt konkret, Jesus ist selbst ein Ereignis der sich in ›being and becoming‹, ›novelty through emergence‹ manifestierenden Evolution – und das heißt eben nicht »a unique invasion«. Jesus ist »exemplifying that emergence-from-continuity which characterizes the whole process whereby God is creating continuously through discontinuity« (TSA, 301).

Wie neu ist in diesem Horizont das Christusereignis? Manifestiert sich in ihm ein radikal Neues von Seiten Gottes? In der Beantwortung der Frage, worin denn nun die Neuheit des Christusereignisses besteht, zeigt sich, dass Peacocke sich – darin überaus konsequent – für eine epistemische, man könnte auch sagen semiotische oder informationstheoretische, Christologie entscheidet. In Christus ist in der Tat etwas neu, denn es erscheint ein »new mode of human existence, which, by virtue of its openness to God, is a new revelation of both God and humanity« (TSA, 301). Im Christusereignis wird etwas bzw. jemand anschaulich, begreifbar und manifest, das oder der »is already in the world but not recognized or known« (TSA, 302). Es ist eine »distinctive mani-festation of a possibility *always* inherently there for human beings in their potential nature, that is, by virtue of what God had created them to be and to become« (TSA, 302, Herv. G. Th.). Indem Jesus allerdings auf zugleich *einmalige* Weise offen ist für Gott, wird er in der Rezeption der Glaubenden »God's very self-expression in a human person« (TSA, 307). Die Neuheit in Christus ist, so könnte man formulieren, in der Prägnanz und Sichtbarkeit einer Möglichkeit gegeben, die allerdings *schon immer* eine Möglichkeit geschöpflichen Lebens ist. In Chris-tus offenbart sich *neu* das *schon immer* Gegenwärtige.

An diesem Punkt bricht selbstverständlich eine Frage auf, die innerhalb dieses Models schwer zu beantworten ist: Was ist das Problem, auf das das Christusereignis reagiert? Bietet das Christusereignis eine Information, die vorher einfach noch nicht verfügbar war? Letztlich kann es für Peacocke – metaphorisch gesprochen – nur um eine *relative* Aufhellung einer *relativen* Dunkelheit, um die Aufklärung einer *relativen* Verworrenheit gehen. Das Christusereignis bestätigt die Geschöpflichkeit der Schöpfung in ihrer – ich denke in Wahrheit prekären – Offenheit.

> »In Jesus the Christ, the open-endedness of what is going on in the world, self-consciously and overtly by the willing act of a created human being united itself with the purposes of God for the still open future [...]. In Jesus' openness with God his Father, we see the open-endedness of the creative process operative in him as a human person becoming united fully and self-consciously with the immanent activity of God – God who is the open future which is the medium of expression of God's intentions for humanity and the world.« (TSA, 307)

An dieser Stelle gilt es nochmals zu fragen: Was ist das Problem? Nur die fehlende Information über die wahren Intentionen Gottes? Provokativ formuliert: Zeigt sich in Jesus Christus, dass Gott im Prozess der Schöpfung scheitert – weil von Christus gilt:

> »[...] his path through life was pre-eminently one of vulnerability to the forces that swirled around him, to which he enventually innocently succumbed in acute suffering and, from his human perception, in a tragic, abandoned death.« (TSA, 309)

Zeigt sich im Leiden Christi (als dem Leiden der Schöpfung im evolutionären Prozess) das Scheitern der schon immer zu riskanten Schöpfung an – oder umgekehrt, Gottes Zuwendung zu dieser leidgesättigten Welt, also ›Lösung‹ bzw. ›Erlösung‹?

Wenn Christus das *deutliche Zeichen* des stets gleich wirken-
den Gottes ist, warum ist er dann nicht ein Zeichen einer lei-
der scheiternden Liebe? Warum ist Christus dann nicht das
Zeichen des ganz und gar Alten und eben nicht des ganz und
gar Neuen?

Anders formuliert: Wenn »sacrifical, self-limiting, self-
giving action on behalf of the good of others is, in human life,
the hallmark of love«, und »those who believe in Jesus as the
Christ as the self-expression of God's own self have come to see
his life as their ultimate warrant for asserting that God is es-
sentially ›Love‹« (TSA, 310), warum ist Jesus dann nicht das ul-
timative Zeichen des *Scheiterns* der Liebe Gottes in einer evolutionären Welt voller Gewalt? Warum *widerlegt* das Kreuz
nicht sein Leben der Liebe? Was auch immer an dieser Stelle
die Antwort ist, sie hat wenig mit theistischem Naturalismus, sondern mit Trinitätstheologie zu tun.[26]

Um das Problem auf den Punkt zu bringen: Wenn das
Christusereignis keine Intervention Gottes darstellt, sondern
das deutliche Zeichen der sich *schon immer realisierenden
göttlichen Intentionen* in der Schöpfung ist, warum ist es
dann nicht einfach ein deutliches Zeichen der göttlichen
Ohnmacht und Ambivalenz, eben der ›Nature, red in tooth
and claw‹? Worüber werden wir in Christus besser aufge-

---

26 Für eine in jeder Hinsicht unbegründete und hierin sich selbst nicht
durchsichtige Option für eine Unsterblichkeit im Medium der Liebe siehe
Mark JOHNSTON, *Saving God. Religion after idolatry*, Princeton, NY
2009: »[...] to the extend that one carries out this commandment [of love],
one becomes present wherever and whenever human beings are present;
one lives on in the onward rush of humankind and acquires a new face
every time a baby is born [...]. Those who live the life of agape might live on
in the onward rush of humanity.« (187) Das mögliche Scheitern dieser Liebe erscheint keine Möglichkeit zu sein.

klärt? Nur über »the deep meaning of what God has been effecting in creation« (TSA, 310)? Im Korsett einer naturalistischen Schöpfungstheologie kann die Christologie nur wiederum die Schöpfungstheologie bestätigen – und darf die Schöpfung in Christus mit nichts wirklich Neuem konfrontiert werden. Wohl ist das Christusereignis Zeichen und Motor der permanenten Transformation der Schöpfung, der Entstehung neuer emergenter Ebenen der Realität und ist Treiber hin zu ihrer evolutionären Vollendung, aber es gibt kein ›reaktives‹ Moment in ihm. Es ist letztlich repräsentativ und darin nicht effektiv. Auch die Auferstehung ist letztlich eine ganz im Kontext des ›emergentist monism‹, interpretierbare Angelegenheit: Sie ist in Kontinuität mit der Welt, *wie sie ist*, zu begreifen, auch wenn in ihr eine relativ neue soziokulturelle Ebene der Realität erreicht wird.

An diesem Punkt setzten meine eigenen Fragen und meine Überlegungen im Modell der *rettenden* Transformation ein: Könnte es nicht sein, dass sich im Christusereignis Gottes eigene *Auswertung* und *Bewertung* der Erfahrung der Schöpfungsgeschichte (und der Geschichte mit Israel) dokumentiert? Zeigt sich hier nicht auch Gottes kritische wie selbstkritische Bilanz der Schöpfung? Wenn das Schicksal der Schöpfung Gott berührt, mobilisiert es ihn dann auch? Ich denke, dass sich im Christusereignis nicht zuletzt auch Gottes eigenes Lernen an und mit der Schöpfung dokumentiert – und eben nicht nur eine gewisse Dunkelheit der Erkenntnis erhellt wird. Insofern ist durchaus zu fragen: Stellt das Christusereignis nicht in der Tat auch eine rettende Intervention dar, eine Unterbrechung, die eine andere, radikal neue Zukunft anzeigt? Dokumentiert sich in der Auferstehung der Toten nicht eine *neue Initiative* Gottes? Dies führt mich zu meinem letzten Themenfeld im Gespräch mit Arthur Peacocke.

5.3 WELCHE HOFFNUNG ERSCHLIESST DAS CHRISTUSEREIGNIS?

Welches ist die Aufgabe der Kirche und der Christen angesichts der »universal operation of divine grace« (53)? Ist Gott »everywhere and at all times in the processes and events of the natural world, which are [...] capable of expressing his intentions and purposes«, müssen wir die Natur nicht nur respektieren, sondern ist »respect [...] transmuted into reverence at the presence of God in and through the whole of the created order«? Menschen werden verwandelt zu »priest of creation, [...] ministers of grace, as a result of whose activity the sacrament of nature is reverenced [...]« (53). In seinen früheren Arbeiten hat Peacocke relativ vage und opak davon gesprochen, dass es die Hoffnung der Christen sei, »to be ›in God‹« (TSA, 344) oder »to participate in the life with God«, ein Prozess der offensichtlich schon hier beginnt (TSA, 345). In seinem letzten Beitrag ›A Naturalistic Christian Faith for the Twenty-First Century. An Essay in Interpretation‹ ist es seine Hoffnung »to redirect the thrust of technology« und die hoffende Aufforderung »that we will have to learn to love ›our neighbor‹ in the form of the natural world, of which we are an inherently part« (53). Kurz und knapp formuliert: Es gibt keine Hoffnung außer der Hoffnung auf das Fortschreiten des evolutionären Prozesses. Es gibt nichts Neues zu erhoffen, außer der Neuheit, die der evolutionäre Prozess in der Gestalt von Emergenz schon immer bietet. Noch präziser formuliert: Wer mehr erhoffen möchte, zweifelt an der in der Natur unüberbietbar manifesten Liebe Gottes.

Die Opfer naturaler Prozesse müssen erkennen – wie Peacocke aufgrund seiner tödlich verlaufenden Krebserkrankung in einer tief beeindruckenden Thematisierung seiner Erfahrungen formuliert –, dass dies die letztlich nicht zu kritisierende, weil nicht zu überbietende Form der Liebe Gottes im naturalen Prozess ist. Es gibt keine Rettung, für nichts und niemanden, außer in der Form, dass Menschen sich für die Liebe in Anspruch nehmen lassen – wobei auffallend offen bleibt, wie weit sich die ›priest of creation‹ in ihrer Liebe durch pharmakologische Forschung und medizinische Maßnahmen gezielt *gegen* naturale Prozesse wenden dürfen. Es dürfte den Intentionen Peacockes entsprechen, wenn die Theologin Ann Peterson in der Auseinandersetzung mit seiner Position formuliert:

> »[...] redemption is not separate from God's intentions established in creation. Creation and redemption are processes of participation of the natural communities we life, move and have our being [...]. When we enter into the joy and sorrow of the natural world and lose ourselves, we find God present in us through the power of transforming grace. We emerge again, divinized, naturally.«[27]

Man fragt sich an dieser Stelle, ob diese Formulierungen nicht einen Grenzwert oder einen Schwellenwert erreichen, an dem – wie Kornelis Miskotte formuliert hätte – die Religion der ›Edda‹ angeboten wird, nicht aber die Religion Jerusalems, der Tora und des Neuen Testaments.[28] Ist dies nicht eine Theologie der Sieger im evolutionären Prozess? Handelt es sich einfach um eine Naturreligion neuen Zuschnitts?[29]

---

27 Ann PEDERSON, »The Juxtaposition of Naturalistic and Christian Faith. Reappraising the Natural from within a Different Theological Lens«, in: Arthur R. PEACOCKE/Philip CLAYTON (eds.), *All that is. A naturalistic faith for the twenty-first century. A theological proposal with responses from leading thinkers in the religion-science dialogue*, Minneapolis 2007, 119–129, hier 123.

28 Kornelis Heiko MISKOTTE, *Edda en Thora. Een vergelijking van germaansche en israëlitische Religie*, Nijkerk 1939.

29 Dass ein religiöser Naturalismus sich letztlich in Richtung eines Vitalismus bewegt, lässt sich vielfach beobachten. Exemplarisch siehe Gordon D.

Oder: Stellt dies einen theistischen Stoizismus mit subtil gnostischen Untertönen dar? Löst sich hier die Unterscheidung von Schöpfung und Erlösung, von Alt und Neu einfach auf? Fällt die Peacockesche Theologie doch wieder in ein Restitutionsmodell zurück, weil eben die Erlösung die individuelle Rückkehr in eine verlorene geschöpfliche Naturunmittelbarkeit darstellt? Die Erlösung ermöglicht so letztlich das naturgemäße Einfügen in den Schöpfungsprozess.

Wie auch immer man sich an diesem Punkt der Deutung entscheidet, eines ist klar: Peacockes Naturalismus scheidet aus der jüdisch-christlichen Tradition zwei Elemente aus, die für eine qualifizierte theologische Rede vom Neuen wesentlich sind und die Kernelemente der Wahrheitserkenntnis Israels darstellen. Diese sind, anders formuliert, Glutnester der religiösen Imagination und spezifizieren zugleich die theologische Rede vom Neuen – denn von ihnen her gewinnt die

---

KAUFMAN, In the beginning – creativity, Minneapolis 2004. Die hier aufbrechenden Theodizeeprobleme diskutiert im Gegenüber von Naturalismus und klassischem Theismus Charles TALIAFERRO/Jil EVANS, The image in mind. Theism, naturalism, and the imagination, London/New York 2011, 149-197. Pointiert formuliert John Hick an die Adresse der naturalistischen Theologen und Philosophen: »They do not seem to be aware that they are announcing the worst possible news to humanity as a whole. They ought frankly to acknowledge that if they are right the human situation is irredeemably bleak and painful for vast numbers of people. For – if they are right – in the case of that innumerable multitude whose quality of life has been rendered predominantly negative by pain, anxiety, extreme deprivation, oppression, or whose lives have been cut off in childhood or youth, there is no chance or their ever participating in an eventual fulfillment of the human potential. There is no possibility of this vast century-upon-century tragedy being part of a much larger process which leads ultimately to limitless good« (John HICK, The fifth dimension. An exploration of the spiritual realm, Oxford 1999, 23 f.).

eschatologische Dimension der Erlösung ihre Kraft und von ihnen her wird Neues imaginiert und erhofft. Was sind diese Glutnester? ›Gott wendet sich dem Gewesenen differenzierend, d. h. aufdeckend und zugleich schöpferisch zu.‹ Und: ›Gott wendet sich speziell den Opfern von Geschichte und Schöpfung schöpferisch, neuschöpferisch zu.‹

Die Theologie riskiert an diesem zentralen Punkt eine m. E. überaus produktive *Spannungslage* mit einem naturalistischen Denken. In dem komplexen Resonanzverhältnis zwischen den Naturwissenschaften und der Theologie muss es auch – um in den Worten des Anthropologen Roy Rappaport zu sprechen – ›creative maladaptation‹ geben. Nur so kann die Theologie Gottes dynamischen, lernbereiten und zukunftseröffnenden Umgang mit seiner Schöpfung zur Sprache bringen. Auch dann, wenn die Theologie die Schöpfungsmittlerschaft Christi sehr ernst nimmt, werden in Christus nicht nur Gottes *schon immer* im Schöpfungsprozess manifesten Intentionen deutlich. Neben seinem Willen wird – z. B. in den Heilungsgeschichten – auch sein Widerwille sichtbar. Ohne eine klare Erfassung dieses Widerwillens droht das theologische Plädoyer für eine kenotische Liebe einer abgründigen ›schlechten Versöhnung mit dem Elend‹ Vorschub zu leisten. Aber: Die *particula veri* des theistischen Naturalismus liegt zweifellos in der Hervorhebung der unbedingten Treue Gottes zu eben dieser ganz und gar naturalen Schöpfung. Allerdings bedarf diese Schöpfung auch in ihrem evolutionsbedingten Schmerz der Hoffnung auf eine transformative Überwindung dieser ›naturalen Übel‹, nicht nur auf eine religiöse Funktionalisierung.[30] Diese letztlich in der

---

30 Für fruchtbare Differenzierungen innerhalb der sogenannten natürlichen Übel und der Leiden in der Schöpfung siehe Wesley J. WILDMAN, »The Use

leiblichen Auferstehung Jesu Christi begründete Hoffnung ist es, die die Theologie dazu zwingt, nicht nur Ludwig Feuerbach und Friedrich Nietzsche, sondern möglicherweise auch Charles Darwin (und manchem anderen) in die Augen zu schauen und zu hoffen: Zu hoffen, dass aus Gottes ›Erforschen der Schöpfung‹, aus seinem Affiziertwerden und aus seiner Treue zu dieser Schöpfung ein neuschöpferisches Handeln erwächst, das die Nachtseiten der Evolution nicht kennt. Dieses neuschöpferische Handeln ist mehr als ein neues Sehen. Das Leben ›nach Noah‹, das als stets bedrohtes und zugleich treu bewahrtes Leben eine Einheit von Leben und Tod zugunsten des Lebens ist, wird so verwandelt, dass das Whiteheadsche ›Life is robery‹ überwunden wird.

6. BILANZ UND RÜCKFRAGEN

6.1 EMERGENT NEUES ODER RADIKAL NEUES?

Für eine an traditionellen Unterscheidungen geschulte Theologie ist offensichtlich, dass die Peacockesche Theologie letztlich die Unterscheidung zwischen einer creatio continua und einer creatio nova einzieht. Allerdings würde Peacocke darauf bestehen, dass seine Sicht auf die Evolution die Entstehung von Neuem geradezu ins Zentrum stellt. Ohne die Annahme von emergent Neuem ist die Evolution des menschlichen Lebens, ja des Kosmos überhaupt nicht zu denken.[31] Auch der

---

and the Meaning of the Word ›Suffering‹ in Relation to Nature«, in: Nancey C. MURPHY/Robert J. RUSSELL (eds.), Physics and cosmology. Scientific perspectives on the problem of natural evil. Vol. 1, Vatican City State/Berkeley 2007, 53–66.

31 Einen Überblick über die Verständnisse von Emergenz bietet Philip CLAYTON, »Emergence«, in: Wentzel VAN HUYSSTEEN (Ed.), Encyclopedia of

Übergang von rein physikalischen zu biologischen Betrachtungsweisen naturaler Prozesse ist für Peacocke ohne Emergenz nicht denkbar. Die Frage nach dem Neuen ist daher theologisch zu präzisieren: Kann die im Phänomen der Emergenz gegenwärtige Neuheit dies ausschöpfen, was die theologische Rede von einer Neuschöpfung von Himmel und Erde zu erfassen beansprucht? Anders formuliert: Ist die in emergenten Prozessen beobachtbare Neuheit in der Tat das radikal Neue, das für den christlichen Glauben in der Auferweckung Jesu Christi von den Toten angezeigt wird? An dieser Stelle ist meines Erachtens die Theologie dazu aufgefordert, sehr selektiv und präzise eine Differenz zu einem wissenschaftlichen Naturalismus zu formulieren. Die in der Auferweckung Jesu Christi angezeigte und von Paulus erhoffte Überwindung des Todes überschreitet den Möglichkeitsraum des emergent Neuen. Es überschreitet die Novität emergenter Prozesse aber auch darin, dass damit eine schöpferische Hinwendung zur Vergangenheit verbunden ist. Nur so kann die Zuwendung Gottes zu den Opfern von Gewalt auch nur annäherungsweise theologisch gedacht werden. In der Symbolik der Neuen Schöpfung denkt die Theologie die Hoffnung auf eine schöpferische Zuwendung Gottes, die auch die Opfer der Zerklüftungen und Verwerfungen seiner Schöpfung einschließt. In der Neuen Schöpfung werden dieser Schöpfung auf kreative Weise rettende Möglichkeiten zugespielt, die den ihr eigenen emergenten Prozessen nicht immanent sind. Ohne

---

Science and Religion, New York 2004, 256–259; zur Rolle der Emergenz im Denken Peacockes siehe Philip CLAYTON, »Hierarchies. The core argument for a naturalistic Christian faith«, in: *Zygon* 43:1 (2008), 27–41. Für eine eher unmittelbare religiöse Deutung der Emergenz als Gottes Kreativität Gordon D. KAUFMAN, »A Religious Interpretation of Emergence. Creativity as God«, in: *Zygon* 42:4 (2007), 915–928.

dieses radikal Neue verschwindet im Christentum der Horizont der Erlösung, und was bleibt, ist ein Coping mit dem evolutionären Prozess, eine Lebensbegleitungsreligion. In Christus, in Kreuz und Auferstehung und in dem als Eschatologie zur Sprache gebrachten Handeln offenbart sich jedoch ein radikal neues Moment der Intervention Gottes – ein radikal Neues zugunsten des Alten. Als radikal Neues überschreitet es die Möglichkeiten dieser Schöpfung und liegt jenseits dessen, was in deren Prozessen als emergent Neues aufbrechen kann. Eschatologisch kann die Treue Gottes zu dieser Erde nur als radikal Neues gedacht werden.[32]

6.2 ANFRAGEN UND EINWÄNDE

Gegenüber der hier skizzierten Position einer theologischen Betonung eines radikal Neuen, das die Möglichkeitshorizonte des naturwissenschaftlich als emergent neu Erfassbaren überschreitet, lassen sich selbstverständlich ponderable Anfragen formulieren.

---

32 Es wäre zu prüfen, ob dieser Übergang noch im Horizont einer Theorie der Emergenz begriffen werden kann. Ted Peters betont m. E. gegenüber Peacocke zu Recht die neuschöpferische Qualität von Gottes eschatologischem Handeln und die Notwendigkeit zu einem Handeln Gottes an dieser Schöpfung. »The new creation will be the result of what God's Spirit does to the present creation [...]. The new creation will consist of refashioning the present creation, a weaving of the divine thread throughout the fabric of physical reality.« Mit Blick auf die Peacockesche Position plädiert er für einen ausschließlich »eschatological panentheism«, denn »God's eschatological act [...] will retroactively consummate all that has gone before. [...] It will involve a new divine act of giving the world a unifying future, an eschatological and redemptive future.« Siehe Ted PETERS/Martin HEW-LETT, Evolution from creation to new creation. Conflict, conversation, and convergence, 162 ff.

a) Wie verhält sich dieses Verständnis der radikalen eschatologischen Neuschöpfung zu Gottes neu schöpferischem
Handeln in der Gegenwart des christlichen Lebens und der
christlichen Gemeinde?

Wirkt nicht der Geist Gottes schon hier und in dieser Zeit
erneuernd und im prägnanten Sinn neuschöpferisch? Mit der
Betonung des radikal Neuen soll das Wirken des Geistes Gottes in der Gegenwart nicht geringgeschätzt werden. Allerdings verweist auch die paulinische Geistauffassung auf die
Möglichkeit einer Steigerung und Intensivierung des Geist-
wirkens, die offen ist für einen qualitativen Umschlag. Die
Vorstellung eines Angelds des Geistes denkt beides: eine graduelle Steigerung, die zugleich eine qualitative Veränderung
enthalten kann. Überall dort, wo der Geist der Liebe, der Hoffnung und des Trostes in den Umgang mit naturalen Prozessen verwoben wird, da ereignet sich schon hier und heute
Neues.[33] Im Ereignis des Glaubens, in der Liebe und der Kommunikation von Hoffnung ereignet sich schon das Neue – das
aber in der unausweichlichen Fragmentarität immer wieder
in individuellen wie sozialen Gestalten reales *Zeichen* des es -
chatologisch radikal Neuen wird.

b) *Öffnet die Theologie, wenn sie sich nicht im Rahmen eines Naturalismus bewegt, nicht allen Formen des Supranatu-*

---

33 Mit dieser Verortung der Liebe im neu schöpferischen Handeln Gottes
wird bestritten, dass in den evolutionären Prozess Gottes Liebe schon
unüberbietbar eingeschrieben ist oder gar der Prozess selbst in Gänze als
durch Liebe gekennzeichnet beschrieben werden kann. Eine durch Charles
Sanders Peirce in der Tiefe geprägte Theologie optiert hier selbst verständlich anders. Dem evolutionären Prozess Liebe zu unterlegen, hieße, Güte
und Liebe zu verwechseln. An dieser Stelle pointiert eindeutig für den evolutionären Prozess optierend Hermann DEUSER, *Kleine Einführung in
die systematische Theologie*, Stuttgart 1999, 52 ff. und 90 ff.

ralismus Tor und Tür? Verabschiedet sich die Theologie mit dieser Art von Eschatologie nicht in ein Reich der religiösen Phantasie?

Natürlich ist sich die skizzierte Position dessen bewusst, dass Eschatologie auch nur religiöse Phantasie sein kann. Schon immer war das Feld der christlichen Hoffnung der Ort ›heißlaufender‹ religiöser Imagination, bei der ›Karte‹ und ›Territorium‹ drohen verwechselt zu werden. Doch dieser Einwand könnte gegen alle Rede von einem radikal Neuen gerichtet werden. Alles radikal Neue muss in irgendeinem Medium artikuliert werden, mit dem der Möglichkeitshorizont des Gegenwärtigen auch überschritten werden kann – und die theologische Eschatologie ist ein solches Medium. Gegenüber der Neubeschreibung der Welt durch die Kunst riskiert jedoch die theologische Eschatologie eine spezifische Blindheit gegenüber den reinen Möglichkeiten der Gegenwart und operiert – im Rahmen der Hoffnung wohlgemerkt – mit der Unterstellung eines theologischen Realismus – wohl wissend, dass eine Beobachtung zweiter Ordnung diesen stets als kontingent und ›konstruiert‹ entlarven kann. Doch umgekehrt betrachtet gerät die Eschatologie ohne diesen operativen und speziell eschatologischen Realismus schnell in die Gefahr, in einen moralischen und wunschorientierten Kommentar der gegenwärtigen Weltsituation abzugleiten und die Möglichkeiten des Neuen im Modus moralischer Zumutungen vorzutragen.[34]

---

34 Die theologisch weit verbreitete Vorstellung, es gäbe – im Gegensatz zur weltfernen Eschatologie – Teile der christlichen Gottes- und Welterkenntnis, die dem gesunden Menschenverstand oder dem wissenschaftlichen *per se* plausibler sein müssten, und die Befürchtung, die Eschatologie sei ganz sicher nicht in dieser Gruppe, halte ich für eine wissenssoziologisch interessante und selbst zu historisierende Illusion. Sie ist Teil des langen

Eine weitergehende Frage ist, ob und wenn ja inwieweit die Theologie und die Glaubenskommunikation sich auf die grundlegenden Wirklichkeitsannahmen gegenwärtiger Wissenschaften einlassen sollen. Die Theologie trifft auf eine Pluralität von Wissenschaften, die sich nicht konfliktfrei auf eine Grundlagenwissenschaft reduzieren lassen und die auch schwerlich konfliktfrei eine gemeinsame Ontologie teilen. Vielmehr stellt sich die viel grundlegendere Frage, ob von der Theologie im vielstimmigen und selten harmonischen Konzert der Wissenschaften nicht gerade umgekehrt eine Irritation ausgehen darf, die die Theologie nur dann leisten kann, wenn sie sich *nicht* fugenlos einfügen lässt und noch in der Lage ist, sehr spezifische Zumutungen zu artikulieren. Eine offene und sehr verschieden beantwortete Frage ist also, wie die Theologie jenseits von Isolation oder Appeasement realistisch vom radikal Neuen sprechen kann.

c) *Wie verhält sich die im Gespräch mit Arthur Peacocke mit breiten Pinselstrichen skizzierte Position zu der im deutschsprachigen Raum so wirkmächtigen hermeneutischen Theologie?*

Schattens der Natürlichen Theologie und eines philosophischen Theismus, die selbst als Gelehrtenreligion kaum mehr empirisch greifbar erscheinen. Auch Peacockes Entwurf lebt von der Voraussetzung, dass der Schritt von einem reinen Naturalismus hin zu einem theistischen Naturalismus irgendwie noch sehr ›vernünftig‹ ist, während weitere andere christlich-religiöse Vorstellungen wie z. B. von einer besonderen Nähe oder Ferne Gottes doch dem Gebot der ›Passung‹ mit naturwissenschaftlich Reformulierbarem weichen müssen. Bemerkenswert konsequent ist an dieser Stelle die Position von Willem B. Drees, der auch noch von dem Theismus Peacockes Abstand nimmt und Religion konsequent im Feld der Moral verortet. Siehe Willem B. DREES, *Religion and science in context. A guide to the debates*, London/New York 2010, Kap. 6 und 7.

Eine sicherlich sehr simplifizierende und der inneren Komplexität der Bewegung schwerlich gerecht werdende Charakterisierung der hermeneutischen Theologie konzentriert sich auf ein markantes Merkmal. Hermeneutische Theologie folgt der Schleiermacherschen Grundentscheidung, die Problematik der Religion im Feld der Wahrnehmung, der Erfahrung und sprach- bzw. zeichengestützten Deutung der Wirklichkeit bzw. der Welt zu verorten. In dieser Linie bewegen sich dann auch die Zuspitzungen im 20. Jahrhundert, die den Glauben im Kontext des menschlichen Selbstverständnisses zu artikulieren suchen. Letztlich bieten die Theologie und der Glaube kein Weltwissen, das sich mit dem empirischen Wissen um die Verfasstheit dieser Welt in irgendeiner Weise überschneidet, es herausfordert oder gar mit ihm konkurriert. Der Ort des Neuen ist dann prinzipiell das Selbstverstehen des Glaubenden sowie die von diesem neuen Selbstverstehen geprägten Interaktionen. Das Neue ist ein existentieller ›Orientierungswechsel‹, dessen Unverfügbarkeit von manchen Theologen als Wortgeschehen und Sprachereignis beschrieben wurde. Das Wahrheitsmoment der hermeneutischen Theologie ist zweifellos, dass der stets unverfügbar kommende Glaube ›alles in ein anderes Licht rückt‹ und so ein in der Tat lebensveränderndes Geschehen ist. Das durch den Geist Gottes gewirkte Neue des Glaubens ist ein radikaler »Lebens- und Orientierungswechsel«.[35] Und gerade deshalb ist der Glaube mehr und anderes als eine alternative Version der Welterklärung in Konkurrenz zum empirischen Wissen. Hierin ist der hermeneutischen Theologie unbedingt zuzustimmen. Und doch bleibt die Frage im Raum stehen, ob sich die Aussagen über die Welt und die Aus-

---

35 Ingolf U. DALFERTH, Radikale Theologie, Leipzig 2010, 281 ff.

sagen über die Selbstdeutung in dieser Welt so konflikt- und überschneidungsfrei trennen lassen, wie sich die hermeneutische Theologie dies vorstellt. Und theologisch ist noch ein Schritt weiterzugehen: Die Rede von der Neuschöpfung von Himmel und Erde beansprucht, eine Verwandlung der Welt ins Auge zu fassen, die in der Tat eine Verwandlung dieser wirklichen Welt darstellt – und eben nicht nur die Verwandlung eines Selbst- und Weltverstehens. Die christliche Hoffnung richtet sich nicht nur auf eine neue und andere ›Karte‹, sondern auf ein neues ›Territorium‹.[36]

Zweifellos kann dieses eschatologisch realistisch gedachte theologisch Neue in einer Beobachtung zweiter Ordnung als ein konstruiertes eingeholt oder gar als Produkt religiöser Phantasie kritisiert werden. Doch die spezifisch theologische Beschreibung hält daran fest, dass hier – theologisch ganz und gar realistisch wohlgemerkt – etwas wirklich Neues geschieht. Allerdings – und hier könnte sich die Differenz zur hermeneutischen Theologie auftun – darf der Ort der Selbsterschließung, d. h. das menschliche Selbstverstehen, nicht mit der *Sache* der Erschließung verwechselt werden, denn diese übergreift das menschliche Selbst. Der Gott, der vom Tod in das Leben ruft, erschließt sich an dem Ort, an dem der kommende Glaube ankommt. Aber was inhaltlich erschlossen wird, ist die Zukunft der Welt Gottes. Gegenüber der Theologie Arthur Peacockes ist zu betonen, dass nicht die Evolution der Ort der Selbsterschließung Gottes ist, sondern sich diese selbst als *creatio viatorum* auf dem Weg zu Gottes escha-

---

36 Zu dieser, einen operativen Realismus implizierenden Unterscheidung siehe Gregory BATESON, *Ökologie des Geistes. Anthropologische, psychologische, biologische und epistemologische Perspektiven*, Frankfurt a. M. 1981, 576–597, 577.

tologischem Erweis seiner Treue und Liebe befindet, die sich
in Christus gezeigt hat. An die in vielen Varianten und Strö-
mungen präsente hermeneutische Theologie ist demgegenüber die Frage zu richten, ob das neue Weltverstehen des
Glaubens ohne die Annahme einer von Gott zu erhoffenden
realen Weltveränderung zu haben ist.[37] Besteht nicht die un-

---

37 Mit dem Vorwurf, dass das radikal Neue das Produkt einer in die Phantasie
abgleitenden religiösen Imagination sein kann, müssen beide Positionen
leben. Zeichenvermittelt konstruiert und zugleich mit einem anfechtba-
ren Realismus ausgestattet sind beide. Man kann sich das Problem anhand
von Bultmanns vielzitiertem Diktum in ›Neues Testament und Mythologie‹ vergegenwärtigen. »Man kann nicht elektrisches Licht und Radioappa-
rat benutzen, in Krankheitsfällen moderne medizinische und klinische
Mittel in Anspruch nehmen und gleichzeitig an die Geister- und Wunder-
welt des Neuen Testaments glauben. Und wer meint, es für seine Person
tun zu können, muß sich klar machen, daß er, wenn er das für die Haltung
des christlichen Glaubens erklärt, damit die christliche Verkündigung in
der Gegenwart unverständlich und unmöglich macht.« (Rudolf BULT-
MANN, »Neues Testament und Mythologie. Das Problem der Entmytho -
logisierung der neutestamentlichen Verkündigung«, in: Hans-Werner
BARTSCH [Hg.], Kerygma und Mythos. Ein theologisches Gespräch, Hamburg 1948, Bd. 1, 15-53, 18). Selbstverständlich ist nicht naiv hinter diese Fest-
stellung zurückzugehen und einem Wunderglauben das Wort zu reden.
Das Problem ist allerdings, dass die von der hermeneutischen Theologie
vorgeschlagene Lösung, das menschliche Selbstverständnis zum ›Ort‹ des
Neuen zu machen, im Gegenüber zur Neuropsychologe und konstruktivi-
stischen Philosophie nicht weniger ›unverständlich‹ ist. Sie erscheint heute im Horizont der exakten Wissenschaftlichkeit, die Bultmann vor Augen
hatte, als ein verlorenes Rückzugsgefecht. N. B.: Vor einem radikalen Naturalismus ist dieses vermeintliche religiöse Refugium auch nicht geschützt.
Gegen Bultmanns Diktum ist festzuhalten: »Man kann …!« Ob dieses Können im Feld realer religiöser Praxis ein theologisches Problem (im Sinne
einer verlorenen Einheitlichkeit der Wirklichkeit) oder eine Lösung (im
Sinne einer positiv aufzunehmenden Heterogenisierung der lebenswelt-
lichen Ontologien) darstellt, sei hier dahingestellt.

veräußerliche Pointe der christlichen Hoffnung darin, dass der Glaube nicht nur die Welt neu sehen lässt, sondern eine neue Welt sehen lässt, eben eine *creatio nova,* und genau hierin ein radikal Neues erhofft?

Ralph Kunz

Radikal, originell und aktuell

Neues von der Predigt

1. Nichts Neues? Ein enzyklopädischer Einstieg

Für einige Zeitgenossen ist es ausgemacht, dass die Tage der
Kirche gezählt sind und man die Theologie – wenn sie überhaupt eine Wissenschaft genannt werden kann – zu den Al-
tertumswissenschaften zählen sollte. Teilt man diese Sicht,
hofft man vergeblich, von Theologen und Theologinnen etwas radikal Neues im Sinne von etwas gänzlich Unerhörtem
zu hören. Natürlich wehren sich die Vertreter des Fachs gegen
dieses Klischee. Ein Körnchen Wahrheit hat es. Man hat es zumindest bei evangelischen Theologen mit solchen zu tun, die
sich prinzipiell auf das Zeugnis der Schrift berufen. Wenn es
um die Originalität im Sinn eines schlechthin »Nochniedage-
wesenen« ginge, wäre es um die Theologie insgesamt schlecht
bestellt.

Einzig die Praktische Theologie ist aufgrund ihres Wirk-
lichkeits- und Gegenwartsbezugs etwas besser dran. Sie rettet
den Anspruch der Innovativität damit, dass ihr vorgegeben ist
(und sie manchmal auch nur vorgibt), das Sachgemäße *zeit-
gemäß* weiterzudenken.[1] In gewisser Weise stellt sich für die

---

1   Gerhard Ebeling, *Studium der Theologie*, Tübingen ²2012, 128 f.

191

Praktische Theologie der Innovationsdruck, dem alle Wissenschaften und insbesondere die anderen theologischen Disziplinen im Gesamtsystem der Theologie ausgeliefert sind, weniger als ein Problem dar. Es war Gerhard Ebeling, der in seiner enzyklopädischen Orientierung darauf hingewiesen hatte, dass der Praktischen Theologie damit eine Schlüsselstellung zukommt.[2] Denn die geschichtliche Situation der Kirche zwingt die Praktiker, den Glauben stets neu zu artikulieren, und die Praxistheoretiker, die Umstände, aber auch die Widerstände gegenüber dieser Glaubensartikulation gegenwartsbezogen zu bedenken. Die Kontexte ändern sich und mit ihnen die Menschen, die die Botschaft des Evangeliums vernehmen und verkündigen. Weil sowohl die Umwelt als auch das System der Kirche im steten Wandel begriffen sind, gilt es, die *Kommunikation* des Evangeliums den Umständen anzupassen – immer unter dem Vorbehalt, dass dem *Evangelium* keine Kommunikation verpasst werden soll, ohne das Grundgeschehen neu zu bedenken. Das wiederum impliziert, dass es sich bei dem, was kommuniziert wird, nicht um etwas handelt, das erst verwirklicht oder neu produziert werden müsste, sondern um eine Wirklichkeit »eines immer schon im Gang befindlichen Geschehens«[3], das der Theologie stets vorausgeht. Mit anderen Worten: Praktische Theologie beschäftigt sich mit Dingen, die so beschaffen sind, dass sie den, der sich mit ihnen existentiell auseinandersetzt, erneuern. Wenn sich also die Homiletik gleichsam als Speer-

---

2 Ebd., 113–120.

3 Ebd., 117; vgl. dazu auch Gerhard Ebeling, »Fundamentaltheologische Erwägungen zur Predigt«, in: Albrecht Beutel u. a. (Hg.), *Homiletisches Lesebuch. Texte zur heutigen Predigtlehre*, Tübingen 1986, 68–83, bes. 71–73.

spitze der Theologie dergestalt mit dem Zeugnis dieser glau-
bensbegründenden Realität auseinandersetzt, dass sie die
Chancen wie Gefahren der Verkündigungssituation bedenkt,
bleibt sie von alleine *à jour.*

Hat sich das Thema für die Homiletik damit erledigt? Tatsächlich könnte sich eine solche Argumentation in der Praxis
als Bumerang erweisen. Wenn sich nämlich Neues in der Verkündigung nur durch *Aktualisierung* einstellen würde, sähe
der Gegenstand erst recht alt aus. So könnte man die Forderung einer zeitgemäßen Kommunikation interpretieren.
Darauf hat Gerhard Ebeling auch hingewiesen. Die Praktische Theologie hat im enzyklopädischen System eine Schlüsselstellung, weil ihr Gegenwartsbezug sich als kritisches
Symptom des Theologieverständnisses erweist. So kann das
Bemühen, die Relevanz der Botschaft auszuweisen, auch als
Beweis der Unwissenschaftlichkeit angesehen werden.[4]

Doch nicht um die Wissenschaftlichkeit der Theologie soll
es im Folgenden gehen. Der enzyklopädische Einstieg dient
dazu, auf Problemstellen der Verkündigung im Zusammenhang der Innovativitätsforderung aufmerksam zu machen.
Wenn man die Predigt als Renovationsverfahren versteht, das
aus altem Stoff etwas Neues macht oder herausholt, stellt sich
ein dreifaches Problem: Eine solche Sicht gibt einerseits dem
Verdacht Nahrung, dass die *Botschaft* hoffnungslos veraltet
ist. Sie verschärft andererseits das Lamento jener Kritiker, die
nach einer neuen Theologie oder einer neuen Kirche verlan-

---

4 Ebd., 114: »Die Bestreitung der Wissenschaftlichkeit Praktischer Theologie
kann sich gewissermaßen ansteckend auswirken [...]. Die weitere Konsequenz ist, der Theologie überhaupt, auch einer sogenannten historischen
Theologie, um des Verdachts praktisch-kirchlicher Abzweckung und Bin-
dung willen den Wissenschaftscharakter abzusprechen.«

gen, weil die *Institution* und ihre *Funktionäre* hoffnungslos veraltet seien. Liest man, was diese Kritiker über die Predigt sagen, stellt sich zudem der Eindruck ein, dass die *Predigtlehre* nicht viel zur Verbesserung der Lage beigetragen habe.

Ich werde darum – in einem ersten Schritt – anhand einer zeitgenössischen Predigtkritik einige dieser wiederkehrenden Argumentationsmuster beleuchten. Sinn und Zweck meiner kritischen Kritiklektüre ist es zu zeigen, wie sich in der Beschreibung der Predigtnot und in den Ideen zu ihrer Überwindung einerseits alte Klischees melden, aber auch eine Erwartung jener Empfänger artikuliert, die sich *Radikales*, also mehr als nur *Aktuelles* oder *Originelles* von der Predigt erhoffen (2.).

Ich folge der eingeschlagenen Fährte und werde dann mit Hilfe der hermeneutischen Theologie in einem zweiten Schritt aufweisen, dass es analoge Erwartungen bei den Sprechenden gibt. Sie wollen ihren Hörern unerhört Neues sagen. Und weil das Unerhörte letztlich nur das offenbarte Wort sein kann, wird hier wiederum ein Grundproblem der Verkündigung erkennbar: das Ineinander von Gotteswort und Menschenwort. Eine hermeneutisch reflektierte Homiletik weicht der damit gegebenen Aporie nicht aus, sondern versucht durch theologische Klärung der Differenzen, die unmöglichen und möglichen Aspekte der Forderung nach einem radikalen, originellen und aktuellen Vortrag ins rechte Licht zu rücken (3.).

In einem weiteren Schritt vertiefe ich die Unterscheidung von Radikalität, Originalität und Aktualität als drei homiletisch relevante *Typen der Erneuerung*. Dabei ist mir wichtig, Bezüge zwischen Theorie und Lehre herzustellen und Verbindungen zwischen der Praktik der Glaubensrede und dem Glauben als Lebenspraxis nicht abbrechen zu lassen. Darin sehe ich auch den Gewinn einer hermeneutisch fundierten Homiletik, dass sie dafür sorgt, die Reflexion der Verstehensvoraussetzungen und die Methode als Anleitung zum Vollzug miteinander zu kombinieren. Schließlich soll der Anspruch, unerhört Neues zu hören und Überraschendes zu sagen, auch an der Predigtlehre getestet werden (4.).

Was eine theoretische Reflexion für die Lehre konkret austrägt, kann ich zum Schluss nur in Form von Postulaten formulieren. Ich postuliere, dass das Ineinander von Gotteswort und Menschenwort im biblischen Text im Ineinander von Gotteswort und Menschenwort in der Verkündigung eine Entsprechung haben muss. Das wiederum kann nur im Zusammenhang einer Fundamentalhomiletik begründet werden, die prinzipielle, formale und materiale Aspekte vereint. Im Finale votiere ich deshalb für eine biblische Homiletik, die dazu anstiftet, *das Neue* im Licht der Texte immer wieder *neu zu sehen* (5.).

2. KRITISCHES

Die Kritik unter dem Titel »Das Wort zum Einschlafen« stammt aus der Feder von David Signer und ist im Juni 2010 in der Neuen Zürcher Zeitung am Sonntag erschienen.[5] Sein Fazit nimmt der Autor mit dem eingangs geäußerten Verdacht gleich vorweg: »Die reformierten Kirchen in der Schweiz leeren sich rasant. Es könnte auch an den Predigten liegen.« Signer machte also, wie er sagt, »die Probe aufs Exempel« und besuchte drei Gottesdienste in Zürcher Kirchen. Was

---

5   David SIGNER, »Das Wort zum Einschlafen«, in: NZZ *am Sonntag*, 10. Juni 2010.

»Veranstaltungskritik« genannt wird, mahnt freilich eher an
verdeckte Ermittlung oder investigativen Journalismus. Signer geht in den Gottesdienst wie Günter Wallraff als Türke
»Ali Levent Sinirlioğlu« zu McDonalds.[6] Als Gottesdienst-
christ getarnt singt, betet und hört er mit, was sich die Gemeinde sonntags anhört. Damit stellt Signer sich nicht als Be-
teiligter, sondern als Beobachter außerhalb der Gemeinschaft,
und es verwundert nicht, dass sich der Kritiker über Liedtexte
wundert, die er nicht versteht. »Was sollen wir heutzutage
mit solchen seltsamen Texten anfangen?«, fragt er. Auch die
Lesung löst Irritation aus.

> »Dann liest Peter eine Stelle aus dem Römerbrief vor, in dem Paulus
> fordert, wir sollten Gott unsern Leib als Opfer darbringen. Und wir
> sollten nicht über das hinaus sinnen, was zu sinnen nottut. [...] Bei
> dem Opfer-Zitat denke ich an die sadistische Bibelstelle, wo Gott von
> Abraham fordert, seinen Sohn zu opfern.«[7]

Zur Predigt über diese Perikope heißt es dann:

> »Nun ist Peter jedoch ein gebildeter, weltoffener Mensch, und als gu-
> ter Protestant versteht er es, die Bibelstelle in eine moderne Sprache
> zu übersetzen. Er erklärt, dass Paulus sich hier einerseits gegen aber-
> gläubische, überkommene Opferrituale richte, andererseits gegen
> sinnlose, unvernünftige Opfer im Alltag. Er fordere stattdessen, sich
> selber in Liebe für etwas Grösseres hinzugeben. [...] Das klingt gut.
> Eine zeitgemässe, einleuchtende Interpretation. Aber es wären wohl
> auch andere möglich. Wahrscheinlich könnte einer wie Peter jeden
> Text, und sei er noch so nichtssagend, in etwas Interessantes verwan-
> deln. [...] Wer wollte etwas einwenden gegen solche allgemein gehalte-
> nen Ermahnungen? Aber gerade deshalb sind sie auch etwas billig
> und boulevardesk. Sie mimen Aktualität, ohne sich echt und differen-
> ziert in ein gesellschaftliches Thema zu vertiefen.«[8]

---

6   Günter Wallraff, *Ganz unten*, Köln 1985.

7   Signer, »Das Wort zum Einschlafen«.

8   Ebd.

Interessant ist diese Kritik, weil Signer dem Prediger durchaus zutraut, einen nichtssagenden Text in etwas Interessantes zu *verwandeln*. Das Lob ist zwiespältig. Ist diese Verwandlung von etwas Nichtssagendem in etwas Aussagekräftiges gleichsam eine Gabe, die ein guter Theologe haben muss, weil die Texte für sich genommen uninteressant sind? Oder muss eine Interpretation des Textes, die sich aktuell gibt, zwangsläufig billig werden? Denn was der Prediger macht, *klingt* ja nur gut. Also mimt er doch nur Aktualität. Handelt es sich um eine Schwäche des kritisierten Predigers oder geht es Signer um eine generelle Schwäche der Predigt? Zu vermuten ist das Letztere. Jedenfalls konstatiert Signer ähnlich ambivalent nach dem zweiten Gottesdienstbesuch:

>»Alles, was hier gepredigt wird, ist bedenkenswert, nicht völlig ›jenseits‹, und das Bemühen, Bibeltexte mit Gegenwartsproblemen zu verknüpfen, lobenswert. Aber weder steht am Ende ein wirklicher geistiger Gewinn (dafür ist die Predigt dann doch wieder zu platt und uninspiriert), noch stellt sich so etwas wie Transzendenz, Spiritualität, ein Gefühl des Heiligen ein (bestenfalls gelegentlich bei der Musik, etwa bei Stücken von Bach). Zweifellos ist die reformierte Kirche zeitgemässer, aufgeklärter, moderner als Katholizismus und Islam. Aber weil sie rituell wenig zu bieten hat, hängt ihr Gottesdienst zu weiten Teilen von der Predigt ab. Diese Predigten sind zwittrig. Einerseits spürt man, dass der Pfarrer beträchtliche exegetische Verrenkungen machen muss, um einem Bibeltext heute noch Sinn abzugewinnen. Entfernt er sich andererseits jedoch zu weit vom Christlichen, bleiben oft nur noch mittelmässige Psychologie, Philosophie oder Sozialkritik. Eine Mischung aus SP-Verlautbarung und Lebenshilfe-Kolumne.«

Wieder verbindet sich ein zwittriges »Lob« mit einer grundsätzlichen Anfrage. Liegt es an den Predigern, dass die Predigt so platt und uninspiriert herauskommt, oder geht es um ein Dilemma der Predigt, dem auch mit Verrenkungen nicht beizukommen ist?

Nun ist Signers Pamphlet weder besonders originell, noch wird seine »Veranstaltungskritik« in Form und Inhalt dem Gottesdienst gerecht. Man ist versucht, dem Autor vorzuwerfen, was er den Predigten vorwirft. Da ist nichts Neues unter der Sonne. Wenn Signer Verständnis für die exegetischen Verrenkungen zeigt, offenbart sich auch sein Unverständnis. Umso mehr reizt es mich, zurückzufragen: Kann es sein, dass sich in dieser Kritik *alte Muster* zeigen? Spricht sich hier einer seine Vorurteile von der Seele und klatscht Klischees zusammen? Ist es möglich, dass dem Hörer die Worte in den falschen Hals kommen, bevor der Prediger seinen Mund auftut? Kann es sein, dass die neue Rede, die der Kritiker von der Predigt erwartet, eine Sprache verlangt, die er gar nicht verstehen kann? Kann es sein, dass der Kritiker Dinge an der Predigt kritisiert, die er nicht versteht, weil er nicht einverstanden ist mit den Zumutungen des Gottesdienstes? Aussagen, die ihn dazu zwingen würden, sich nicht nur als Beobachter einer mehr oder weniger gelungenen religiösen Rede zu sehen, sondern als jemanden, der von Gott zur Umkehr seiner Gedanken gerufen wird, die ihn seinen Nächsten wie sich selbst neu verstehen lässt? Wehrt sich Signer gegen diese Zumutung, weil sie *ihn* und nicht den Prediger alt aussehen lässt? Ist es nicht bezeichnend, dass der Kritiker einen Vers der kritisierten Auslegung übergeht und überhört? Dort heißt es:

> »Fügt euch nicht ins Schema dieser Welt, sondern verwandelt euch durch die Erneuerung eures Sinnes, dass ihr zu prüfen vermögt, was der Wille Gottes ist: das Gute und Wohlgefällige und Vollkommene.«
> (Röm 12,3)

Das alles könnte man kritisch fragen. Nur wäre man dann vielleicht mit dem Kritiker, aber nicht mit der Kritik fertig geworden. Es sind zwei Anfragen, die ich bedenkenswert finde. Muss man, um etwas Neues in der Predigt zu erfahren, den

Glauben zur Predigt bringen? Und wie kommt man als Redender oder Hörender zu dem, was Signer »Transzendenz, Spiritualität, ein Gefühl des Heiligen« nennt? Offensichtlich erwartet und fordert Signer etwas Inspiriertes, will nicht nur Interessantes hören. Er vermisst das Feuer. Auch in der schlechten Kritik scheint eine Ahnung von der Qualität des Neuen auf, einer Qualität, auf die der Kritiker über die Spur des biblischen Textes stößt:

> »Ein einziger Satz aus dem Lukasevangelium geht mir seltsamerweise noch lange nach, sinngemäss: Wo ist unter euch ein Vater, der seinem Sohn, wenn er um ein Ei bittet, einen Skorpion anbietet? Da kommt eine Ahnung auf, an welchem rhetorischen Niveau sich eine flammende Predigt messen müsste.«[9]

Signer ahnt etwas. Das einfache Bibelwort trifft ihn. Aber auch hier bleibt das Urteil zwittrig. Muss sich die Predigt am *rhetorischen* Niveau der Bibeltexte messen lassen, um flammend zu werden?

3. Hermeneutisches

3.1 Erwartungen: Innovation und Erneuerung

Es gehört zur Kernaufgabe einer homiletisch verantworteten Predigtlehre, darüber nachzudenken, wie Geschriebenes, Gehörtes und Gelesenes *wieder neu* gehört und gesagt werden kann. Diese Forderung schließt natürlich Predigtkritik mit ein. Dass es langweilige, dumme und geschwätzige Predigten gibt, immer gegeben hat und immer geben wird, ist kaum zu bestreiten. Homiletik ist insofern handlungswissenschaftlich fundiert, als sie eine Praxis im Blick hat, die *verändert*

---

9 Ebd.

werden kann.[10] Sowohl die Kritik am Modischen wie die Kritik am Ewiggestrigen sind für sich gesehen keine selbstverständlichen Ausgangspunkte homiletischer Betrachtungen. Mit Signer gesprochen, ist es vielmehr die *Erwartung* einer »flammenden Predigt«, die sich in einem »Gefühl der Heiligkeit« zeigt und die Kritik an der real erfahrenen Predigt begründet. Fehlt diese Erwartung, macht die schärfste Predigtkritik keinen Sinn. Es richtet sich die Kritik ja nicht nur auf das vordergründig Gehörte und Gesagte. Im Hintergrund spielt die Ahnung, dass etwas (ein)trifft. Auch und gerade der kritische Hörer wartet auf eine unerhörte Botschaft!

Es legt sich darum nahe, die beiden Erwartungshaltungen idealtypisch zu unterscheiden und im ersten Fall von einer *Innovation auf der Ebene der Rede* und im zweiten Fall von einer *Erneuerung im Erleben des Hörers* zu sprechen. Für den ersten Typus gilt, was Jan Assmann in seiner Schrift zum kulturellen Gedächtnis über den Innovationsdruck der Schriftreligion schreibt. Dieser stamme daher, dass in dem Maße, wie rituelle in textuelle Kohärenz übergehe, »das Element der Wiederholung zurück[tritt], weil ja nun ein anderes Gefäß für den Sinn gefunden wurde.«[11] Man kann in diesem Lichte betrachtet die sogenannte »Predigtnot«[12] auch als eine natürliche Begleiterscheinung der Schriftreligion begreifen.

---

10 Zur Problematik der Begrifflichkeit vgl. Gerhard EBELING, *Studium*, 120.

11 Jan ASSMANN, »Von ritueller zu textueller Kohärenz«, in: DERS., *Kulturelles Gedächtnis. Schrift, Erinnerung und politische Identität in frühen Hochkulturen*, München 1992, 87–103, hier 91.

12 Zum Begriff und der Geschichte vgl. Birgit WEYEL, »›Predigtnot‹ oder ›Misere‹?«, in: DIES., *Ostern als Thema der Göttinger Predigtmeditationen. Homiletische Analyse zu Text und Wirklichkeit in der Predigtarbeit*, Göttingen 1999, 211–213. Weyel weist auf die programmatische Verwendung des Begriffs im Umfeld der ›Wort Gottes‹-Theologie hin. Mit Predigtnot wird

Wer sich anheischt, im öffentlichen Gottesdienst Schrift zu interpretieren, macht es mit dem Anspruch, sich nicht zu wiederholen und Tradiertes neu zu applizieren. Festgeschriebenes soll besprochen und beredt werden, Überraschendes im Überlieferten zum Vorschein kommen.

Der Innovationsdruck der Predigt wird so zwar im richtigen Zusammenhang gesehen, aber doch nicht vollständig durchschaut, wenn man ihn nur auf den der Schriftinterpretation inhärenten Wirklichkeits- und Gegenwartsbezug zurückführt. Natürlich ist die Botschaft, die zu verkündigen ist, an den Text gebunden und die Textauslegung in die Auslegung der Situation eingebettet. Insofern ist mit einer *angemessenen Textauslegung* immer die Forderung nach einem *angemessenen Wirklichkeitsbezug* gegeben. Aber das gilt mithin auch für die Interpretation literarischer Werke. Die Dialektik von Textbindung und Situationsauslegung definiert den Weg vom Text zur Predigt rein formal.[13] Damit bliebe freilich das Problem der Neuinterpretation biblischer Texte unterbestimmt.

Denn es sind die biblischen Texte, die der Erwartungshaltung des zweiten Typus Nahrung geben. Wird von diesem

---

in diesem Ansatz der unmöglich erfüllbare Anspruch, Gottes Wort zu sagen, als notwendige Anfechtung beschrieben. In den 1960er Jahren haben u. a. Trillhaas, Krusche und Lange die dogmatische Definition der Predigtnot kritisiert und eine rhetorische bzw. kommunikationstheoretische Revision der Homiletik gefordert.

13 Die Formel »vom Text zur Predigt« steht hier für die methodische Verkürzung biblizistisch ansetzender Homiletik; vgl. Wolfgang KLIPPERT, *Vom Text zur Predigt. Grundlagen und Praxis biblischer Verkündigung*, Gütersloh [8]2012. Kritisch dazu vgl. Werner SCHÜTZ, *Vom Text zur Predigt: Analyse und Modelle*, Witten 1968, und Christian MÖLLER, *Von der Predigt zum Text*, München 1970.

Selbstanspruch eines *Wortgeschehens* abstrahiert, geht das Spezifische der Predigt – verstanden als die Verkündigung des Wortes Gottes – verloren. Worin dieser Anspruch besteht, kann mit dem *locus classicus* Röm 10,17 auf den Punkt gebracht werden: Der Glaube kommt vom Hören.[14] Wenn das Neue etwas ist, das durch den Glauben bekannt wird, und der Glaube im Hinhören auf das gepredigte Wort entsteht, wird auch die *Erwartung*, etwas Unerhörtes zu hören, durch den Akt der Rede geweckt – die Erfüllung dieser Erwartung erfährt, wer sich durch das Gelesene und Gehörte hindurch im Akt des Hörens überraschen lässt.

Wenn mit Röm 10,17 vom Anspruch der Texte die Rede ist, muss *vice versa* vom Versprechen des Gottesdienstes gehandelt werden. Im Gottesdienst wird der Hörerschaft *mehr* als nur die Neuinterpretation alter Wahrheiten versprochen. Im christlichen Gottesdienst wird die Gemeinde darauf angesprochen, *Gottes Wort* zu empfangen. Auf dieses Versprechen lässt sich die Gemeinde ein. Darauf verlässt sich insbesondere auch der Diener des göttlichen Wortes. Und dadurch unterscheidet sich die Situation der Verkündigung von der Situation einer alltäglichen Unterredung, einer Vorlesung, eines Theater- oder Konzertbesuchs oder generell gesagt: der Darbietung, die ein Publikum oder Auditorium schafft, das sich daran ergötzt.

Ich bemerke nur in Klammern: Der Hinweis auf den Gottesdienst als sachgemäßen Ort der Verkündigung soll nicht als Verweis auf einen *rituellen Modus des Sprechens* missverstanden werden. Als ob es um ein spezielles Sprechen ginge,

---

14 Vgl. dazu Christian Möller, »Die Predigt als hörende Rede in der Spannung von biblischer Tradition und Erfahrung des Glaubens«, in: *Evangelische Theologie* 38 (1978), 94–113.

das von den Sprechern eine besondere Weihe verlangen würde und das nur in dafür ausgesonderten Räumen ausgeübt werden könnte. Man würde so die Differenzen, um die es hier geht, mit Kult und Kerzen zum Verschwinden bringen. Vielleicht erfasst man die Eigendynamik der Predigt am besten, wenn man sie wie Michael Meyer-Blanck als »Unterbrechung der Unterbrechung«[15] versteht – als eine gegenläufige Bewegung zur Liturgie. Darauf ist weiter unten noch einmal zurückzukommen.

Mit der Formel *Wort Gottes* verbindet sich also ein ganzes Bündel von Versprechungen, die nicht einen absonderlichen, sondern einen eigensinnigen Sinn entfalten, der am besten im Spiel der Liturgie erfasst wird. Kennt man die Spielregeln der Liturgie, wird auch anschaulicher, warum die homiletische Herausforderung der Predigt eine eigene Problembestimmung erfordert und sich nicht in der Nötigung zur Neuinterpretation einer Erinnerung, die im Gedächtnisspeicher der Schrift aufbewahrt wird, erschöpfen kann. Anders gesagt: Dass die Fundamentaldifferenz von Gott und Menschen ins Wort gehoben wird, macht die Predigt zu einem höchst anspruchsvollen Sprechakt, der nach einer Einbettung in den Gottesdienst verlangt. Diese Voraussetzung mitbedenkend formuliere ich noch einmal die Anfragen, auf die ich nun einzugehen gedenke:

---

15 Vgl. Michael MEYER-BLANCK, »Bibel und Predigt aus homiletischer Sicht«, in: Alexander DEEG/Martin NICOL (Hg.), Bibelwort und Kanzelsprache. Hermeneutik und Homiletik im Dialog, Leipzig 2010, 31–46, 39: »Wenn [...] das biblische Verstehen als die Unterbrechung der eigenen Sinnwelt durch das Lesen eines biblischen Textes beschrieben werden kann, so ist die Predigt als ›Unterbrechung der Unterbrechung‹ aufzufassen.«

- Wie kann die Predigt Gottes Rede zu Gehör bringen?
- Wie kann ich als Hörer aus den Worten des Predigers bzw. der Predigerin Gottes Wort heraushören?
- Und wie soll ich mir das *Ineinander* von Wort Gottes und Predigt denken, ohne in methodische Sackgassen zu geraten?

3.2 Was hat der Text mit der Predigt zu tun?

In der Geschichte der Homiletik gab es verschiedene Versuche, der Aporie, die sich unweigerlich mit diesem Ineinander einstellt, zu entrinnen. Eberhard Jüngel hat in einem Vortrag, der im Anhang eines Predigtbändchens abgedruckt ist, dafür plädiert, die Aporie zu durchdenken.[16] Es lohnt sich, seinen Versuch, die Aufgabe der Predigt hermeneutisch zu begründen, kurz zu rekapitulieren. Denn im Kern dreht sich seine Argumentation um das Problem, wie die Situation der Verkündigung adäquat erfasst und mit der Situation des Textes zusammengedacht werden kann. Dabei spielt die Unterscheidung von Alt und Neu eine zentrale Rolle.

Ausgangspunkt von Jüngels Überlegungen ist die Frage, was die Predigt mit dem Text zu tun hat. Jüngel entfaltet zunächst, was er die Situation der Verkündigung und die Situation der Texte nennt. Das gemeinsame Merkmal nennt er ihre *Geschichtlichkeit*. Es gibt ursprüngliche Adressaten der Texte, es gibt die Adressaten der Predigt heute und daraus folgt die Verantwortung der Theologie, die Geschichtlichkeit der Situation der Verkündigung hermeneutisch zu verantworten. Und das meint, die Texte der Heiligen Schrift derart auszu-

---

16 Vgl. Eberhard Jüngel, »Was hat der Text mit der Predigt zu tun?«, in: Albrecht Beutel u. a. (Hg.), *Homiletisches Lesebuch. Texte zur heutigen Predigtlehre*, Tübingen 1986, 111–125.

legen, dass die Sprache des Glaubens »die Wirklichkeit des Hörers so trifft, dass der Text zur Predigt werden kann«[17]. Allerdings bleibt die Erfüllung des Anspruchs, dass der Text tatsächlich zur Predigt wird, *ubi et quando visum est deo*, das Werk des Heiligen Geistes.

Wichtig ist nun, wie oben schon vermerkt, dass dieser Anspruch nicht von außen an die Texte der Bibel herangetragen wird. Sie erheben ihn selbst. Sie beanspruchen, »als menschliches Wort Gott selbst zur Sprache zu bringen«[18]. Mit anderen Worten: Das Problem des Ineinanders von Gottes Wort und Menschenwort taucht nicht erst in der Predigt auf. Die Erwartung des Unerhörten und die Ansage des unsagbar Neuen sind in den biblischen Texten eingeschriebene Assertionen. Wenn nun, so Jüngel weiter, die Hermeneutik in den menschlichen Worten und Meinungen der Bibel historisch-kritisch nach dem Wort Gottes fragt, fragt sie darum immer auch nach dem *Grund* der Verkündigung. Darum ist die Predigt *Schriftpredigt*. Denn der Grund der Verkündigung ist auch der Grund der Schriftwerdung. Zu diesem Grund vorzustoßen, bedeutet also nicht, sich durch Gebet und Meditation oder andere Techniken mit einem freischwebenden Geist zu verbinden. Denn wir kommen zu Gott nur durch das Wort, wie es sich im Zeugnis der Heiligen Schrift offenbart. Darum bezeichnet Jüngel die Grundsituation des Textes analog der Grundsituation der Verkündigung als *homologische*. Denn »in jedem Text bekennen sich Glaubende zu Jesus Christus und damit zu Gott«[19].

---

17 Ebd., 113.
18 Ebd., 115.
19 Ebd.

Die eigentliche Pointe der Argumentation zeigt sich in der Verschränkung exegetischer und homiletischer Überlegungen. Wenn in den biblischen Texten das Ineinander von Gotteswort und Menschenwort aus unterschiedlicher Perspektive thematisch wird, muss sich das homiletische Problem an und mit den Texten zeigen lassen. Nicht ganz überraschend wählt sich Jüngel Paulus als Gesprächspartner. Denn Paulus verschärft und klärt zugleich das Problem der Predigt in seiner Sündenlehre. Dass wir den Mund zu voll nehmen, wenn wir Gott verkündigen, hat mit unserem Sündersein zu tun. Aber als Sünder erkennt sich der Mensch nur dann, wenn Gott gnädig zur Sprache kommt.[20] Das Menschenwort aber, in dem Gottes Gnade verbindlich und gnädig zur Sprache kommt, stammt aus dem Munde Jesu.

> »Dort kommt Gott gnädig in menschlichen Worten zur Sprache. [...] Dass wir Gott als gnädigen [...] Gott bekennen können, verdanken wir allein der Gnade, in der uns Gott mit Jesus Christus zusammenschließt. Das heißt aber: Die Gnade Gottes schafft eine *neue Situation*, in der Gott selbst in Jesus Christus mit uns zusammensein will.«[21]

Im Wort der Versöhnung wird nicht nur Gott, sondern die Situation, in der das Wort Gott einen neuen Sinn bekommt, neu zur Sprache gebracht. Gott bringt nicht nur sich allein, sondern diese Verstehensvoraussetzung zur Sprache. Damit ist auch die Begründung der Verkündigung erkannt: Die neue Situation setzt sich sprachlich durch und erklärt dadurch die Welt zur konstant alten Situation. Vom Text zur Predigt kommt man deshalb nicht, wenn man die Bibel modernisiert. Denn das würde ihre eigene Innovationsleistung nur schmälern, eine Innovation, die freilich so *radikal* ist, dass sich da-

---

20 Ebd., 117.
21 Ebd., 117 f.

gegen Widerspruch erheben muss. Die Aufgabe der Predigt ist es demnach, den Text, der die neue Situation bezeugt, so gut zu übersetzen, dass sich einerseits die neue Situation in der situationswidrigen Welt Raum verschafft und andererseits die Welt in die neue Situation übersetzen lässt. Vom Text zur Predigt kommt man nur, wenn man so am Text bleibt, dass die Hörer in die neue Situation eingewiesen werden.[22]

3.3 ERTRAG

Was ist das Fazit aus dieser Relecture? Jüngels Bezug auf das Wort, das den biblischen Texten zuvorkommt, interpretiert die *Innovationsleistung* der Predigt als *Erneuerung an den Hörern*. Diese formale Verschränkung entspricht der materialen Verschränkung der Perspektiven, wie sie Jüngel aus der Lektüre des Neuen Testaments gewinnt. Es ist die Orientierung am christologisch begründeten, rechtfertigungstheologisch entfalteten und eschatologisch neuen Wort Gottes. Die Predigt findet zu ihrer Gestalt im Woher eines anbrechenden und im Wohin eines kommenden »Neu« nicht im Buchstaben, sondern im Geist, wie er in den biblischen Texten bezeugt wird und als Wortgeschehen begriffen wird.[23]

Was ist der Gewinn einer solchen Sicht für die Predigt? Sie wird theologisch orientiert und grundiert. Sie bekommt ein Fundament und eine Dynamik. Denn das Neue wird als Anrede durch die Predigt als Widerfahrnis erfahrbar beschrieben. Für das Verständnis der Predigt heißt das: Neues wird nicht erzeugt, sondern bezeugt, es wird nicht produziert, sondern abduziert.[24] Denn das Neue ist gebunden an das zuvor-

---

22 Ebd., 119.

23 So auch Gerhard EBELING, *Studium*, 124 f., der mit Blick auf die Kirche vom Grund- und Begegnungsgeschehen spricht.

24 Zur Abduktion vgl. Alexander DEEG, *Das äußere Wort und seine litur-*

kommende Wort, etwas, das der Kirche *kreatorisch* vorausgeht, und nicht etwas, das ein Redner *kreativ* erschaffen könnte.[25]

Das ist das Programm der Wort-Gottes-Theologie. Für die formale oder materiale Homiletik gibt es da *prima vista* keinen Fortschritt zu verzeichnen. Der Vorwurf, dass sich auch die hermeneutische primär als prinzipielle Homiletik gebärdet und wenig zu einer Predigtlehre beitragen kann, mag auf den ersten Blick zutreffen, hält aber einer näheren Prüfung nicht stand. Denn die Rücksicht auf die Geschichtlichkeit und die Rückbindung der Predigt an den Text legen m. E. auch eine Basis, um das Neue neu zu sehen.

4. HOMILETISCHE ZWISCHENREFLEXION: RADIKALITÄT, AKTUALITÄT UND ORIGINALITÄT

Um diesen Gewinn greifbarer zu machen, ist es nötig, den Ansatz der hermeneutischen Homiletik in das größere Ganze der Homiletik einzuordnen. Dazu bietet sich die neu/alt-Unterscheidung gleichsam als eine Art Dreh- und Angelpunkt an. Jüngels Aufsatz beginnt bezeichnender- und interessanterweise mit einer Klage: bezeichnenderweise deshalb, weil die »Predigtnot« der typische Einsatzpunkt für die homiletische Praxisreflexion war, ist und bleiben wird; interessanterweise, weil Jüngel sich auf die Wort-Gottes-Theologie bezieht, wenn er 1968 schreibt, es sollte nachdenklich machen,

___

gische Gestalt. Überlegungen zu einer evangelischen Fundamentalliturgik (APThLH 68), Göttingen 2012, 65–71.

25 Zur Unterscheidung vgl. Wilfried ENGEMANN, »Predigt als Schöpfungsakt. Zur Auswirkung der Predigt auf das Leben eines Menschen«, in: DERS. (Hg.), *Theologie der Predigt. Grundlagen – Modelle – Konsequenzen*, Leipzig 2001, 71–92.

»dass die bedeutende Erneuerung der Theologie, die wir der Krisis der Theologie nach dem Ersten Weltkrieg verdanken, eine Erneuerung der Gemeinde offensichtlich nicht zur Folge hatte«[26].

Nun knüpft ja sowohl die Problembeschreibung als auch die Lösung an das Erbe der kerygmatischen Theologie an. Es wird ein bestimmter Begriff des Neuen denunziert bzw. dekonstruiert, um ihn durch einen qualitativ kategorial anderen Begriff des Neuen zu ersetzen. In Oppositionen ausgedrückt: Statt gemimter Aktualität wird die Relevanz des biblischen Textes betont und statt gesuchter Originalität für das Zeugnis plädiert. Jüngels Argumentation fügt dem »neu« der Wort-Gottes-Theologie nichts Neues hinzu. Das Neue wird als *radikal* und *revolutionär* beschrieben: *radikal*, insofern es bis an die Wurzeln der Existenz, auf den Lebensgrund (zurück)geht; *revolutionär*, insofern es die Blickrichtung umkehrt – die Lebensperspektiven revolutioniert – nicht allgemein, sondern bestimmt, nicht abstrakt, sondern konkret, nicht philosophisch, sondern theologisch in der Figur eines vehementen Zusammenschlusses von Gottes- und Menschheitsgeschichte.

Damit wird eine Figur der *Novation* vorausgesetzt – ich verwende bewusst ein Kunstwort – und konsequent von der Idee einer *Innovation* oder *Renovation* abgesetzt, die unter Zuhilfenahme einer naiven Übersetzungshermeneutik verspricht, wie man aus Altem Neues machen kann. Mit dem radikal-revolutionär Neuen werden diese anderen Novations - figuren kritisiert. Das Radikal-Revolutionäre unterscheidet sich also vom bloß Aktuellen und Originellen in diesem Anspruch, *ganz anders* anzufangen.

---

26 Ebd., 111.

Werden diese Figuren in rhetorische Strategien übersetzt, wird freilich auch die Gefahr einer zu steilen Entgegensetzung ersichtlich. Die aktuelle Predigt sucht die Relevanz durch den Bezug zum *Zeitgemäßen*; die originelle Auslegung kann durch Witz und Weisheit der Darbietung *Relevanz* erzeugen. Was soll falsch daran sein? Macht man die Kluft zwischen dem radikal Neuen, dem Aktuellen und Originellen zu groß, verschwindet die Homiletik als Kunstlehre im »Grab der Menschenworte«. So forderte es Eduard Thurneysen in seiner Kampfschrift zur Aufgabe der Predigt.[27] Der Bruch mit der Redekunst führt tatsächlich in den Abgrund: in eine antirhetorische Rhetorik oder eine rhetorische Antirhetorik.

Innovation muss in der Rede – wo denn sonst – eingelöst werden. Minimiert man hingegen die Differenzen und siedelt den Quantensprung der theologischen Erneuerung auf der Ebene einer rhetorischen Meisterleistung an, führt man – um Thurneysen »aufs Maul zu schauen« – das Wort Gottes zu Grabe. Wenn sich Aktualität und Originalität um die Vorherrschaft, das zuvorkommende Wort zu sagen, streiten, wird das Wort Gottes auf Grund gesetzt und ist nicht mehr länger Grundgeschehen.[28] Das christologisch qualifiziert Neue würde so zur ewigen Wiederkehr des Alten, das eschatologisch Neue zur Vertröstung auf eine irreale Realität. Wort Gottes

---

27 Eduard THURNEYSEN, »Die Aufgabe der Predigt«, in: Gert HUMMEL (Hg.), *Aufgabe der Predigt*, Darmstadt 1971, 105–118, 111.

28 Dieser Gefahr erliegt m. E. eine theologisch verkürzte Situationshomiletik. Programmatisch brachte Ernst Lange die Überbelastung der Predigt dadurch zum Ausdruck, dass er von einer zeitgemäßen Homiletik forderte, sie müsse ihre Sache *etsi deus non daretur* sagen, um sie dann als Anwalt des Textes und der Situation durch den Ausweis ihrer Relevanz zu retten; vgl. dazu Michael MEYER-BLANCK, *Inszenierung des Evangeliums*, Göttingen 1997, 60.

würde dann zur Formel, über deren Bedeutung sich allenfalls die Systematischen Theologen streiten, aber die für die Predigtpraxis ein abstraktes Postulat bliebe. Freilich müsste man dann konsequenterweise den Anspruch der Predigt, unerhört Neues *hören* und *sehen* zu lassen, aufgeben.

5. BIBLISCHES

5.1 BIBLISCHE HOMILETIK

So komme ich zum Schluss wieder an den Anfang zurück: nicht über die Aporetik hinaus und nur durch sie hindurch. Das radikal Neue sagt sich nicht von selbst und lässt sich nicht herbeireden. Aus dieser Spannung kommt der Prediger nicht heraus. Und das ist sachgemäß. Denn die christliche Rede ist dadurch qualifiziert, dass sie einen *Ruf* hören lässt, der jedem *Reden* vorausgeht.

Das schließt die Kritik an der Kanzelrede nicht aus. Ihr schlechter Ruf rührt daher, dass sie im Wortdurchfall das entscheidende Wort nicht hören lässt. Und das wiederum heißt, dass die Rhetorizität der Predigt sowohl prinzipiell wie formal sachgemäß reflektiert werden muss. Inhalt und Form werden dann unsachgemäß getrennt, wenn die Homiletik dem Prediger das Bewusstsein einimpft, er sei ein religiöser Virtuose, der sich nur darauf zu konzentrieren hat, die Kunst der Rede zu beherrschen, um den Geist wieder zum Zirkulieren zu bringen. Das wäre genauso kurzschlüssig wie die Idee, man solle sich darauf beschränken, Gott selbst sprechen zu lassen. In welche Abgründe solche durch Selbstbeschränkung fromm getarnte Selbstüberschätzung führt, kann man auch den Reden alternder Diktatoren ablauschen, die ein Leben lang die Revolution predigten.

Ich meine, die hermeneutische Homiletik habe die angesprochenen Sackgassen erkannt und einen Weg gewiesen. Die Verschränkung der Exegese, der Homiletik und der Systematik traut der Eigenbewegung des Textes viel zu. Das Nachdenken über das, was das Verstehen ermöglicht und der Verständigung vorausgeht, traut vor allem Gott, der aus dem Nichts die Welt geschaffen und Jesus von den Toten auferweckt hat, eine Eigenbewegung zu. Das schließt ausdrücklich die Eigenbewegung des Predigers und der Hörer mit ein! Aber der Gewinn dieses Ansatzes würde verspielt, wenn nun die Eigenbewegung der Leser oder das, was sie für die Eigenbewegung Gottes halten, blind macht für die *Eigenbewegung des Textes*.

Der von der Hermeneutik und Exegese inspirierte homiletische Leser liest die Texte nicht nur als Stoff, den es zu bearbeiten gilt, gleichsam als Rohmaterial, aus dem etwas Neues entsteht. Vielmehr sieht er sie als Zeugnisse für das Neue, das Predigt auslöst. Er hört Gepredigtes, vernimmt Impulse, die das erhoffte Neue *neu sehen* lassen.[29] Wenn man auf dieser Linie weiterdenkt, werden die Differenzen am Neuen, das einmal überraschend und ein andermal erschreckend fremd oder erfrischend anders erfahren wird, durch aufmerksame Lektüre erst entdeckt. Darum betont die biblische Homiletik zu Recht, dass der Text nur dann neue Blickrichtungen provoziert, wenn er als »fremder Gast«[30] ins Eigene kommt.

In dieser Verfremdung ist auch das Moment der Variation. Denn *der Text* ist genauso eine Abstraktion wie *das Neue*. Es

---

29 Vgl. dazu Michael MEYER-BLANCK, »Predigt als ›Neues Sehen‹. Zum Verhältnis didaktischer und theologischer Kategorien in der Homiletik«, in: *Praktische Theologie* 30 (1995), 306–320.

30 Eine glückliche Formel von Hans WEDER, »Gespräche mit dem fremden Gast. Reform der Kirche aus der Bibel I«, in: *DAS* 5 (1992), 22.

sind die Texttypen, die ein und dieselbe Situation einmal so und einmal anders neu sehen lassen. Es wird durch die Art und Weise, wie die biblischen Texte vom Neuen berichten, ganz Unterschiedliches erspielt und eingespielt. Wenn Texte erzählen, lehren, beten oder mahnen, wachsam zu bleiben, ruft das je andere Rezeptionsebenen auf den Plan. Ein Paulustext lässt den Prediger plädieren und argumentieren. Ein Psalm lädt ein zu einer kontemplativen Rede, will meditiert, nachdenklich verinnerlicht und nachgebetet werden. Die Erfahrung mit der Erfahrung wird durch die Wahrnehmung der Textgattungen vielfältiger und die Predigt vielseitiger, wenn die Texte wieder in ihre ursprünglichen Redegestalten verflüssigt werden. Was einmal erhofft und erglaubt wurde, soll wieder »erpredigt« werden. Helmut Schwier gibt ein gutes Beispiel für das Potential einer texthermeneutisch inspirierten Homiletik:

> »So ein leidenschaftlicher Brief wie der Galaterbrief mit seinen Appellen an gemeinsame Grundlagen und Erfahrungen, mit seinen komplexen Argumentationen und Schriftauslegungen, aber auch mit seinen sarkastischen Ausfällen und drastischen Flüchen lässt sich – nach der rhetorischen Analyse von Hans Dieter Betz – als Plädoyer in einer fiktiven Gerichtsverhandlung sehr konkret veranschaulichen und verstehen.«[31]

Das Neue ist kein dogmatischer Monolith, sondern ein thematischer Komplex, in dem sich Motive ausmachen lassen, Motive, die in Textstrategien eingeflossen sind und aus denen sich das Thema oder eine Reihe von Themen der Predigt wieder heraushören lassen. So hat dies Gerd Theißen in seiner

---

31 Helmut SCHWIER, »Zur Sache der Texte. Bibel, Predigt und Hermeneutik aus exegetischer Sicht«, in: Alexander DEEG/Martin NICOL (Hg.), Bibelwort und Kanzelsprache. Homiletik und Hermeneutik im Dialog, Leipzig 2010, 11–29, 18.

von der Exegese inspirierten Homiletik den Predigern ins Stammbuch geschrieben.[32] Programmatisch formuliert – im Hin und Her zwischen den Texten und den unerhörten Hör- und Sprecherfahrungen, die sich in ihnen entdecken lassen, entsteht ein Raum für das neue Wort, das trifft.[33] Dieser Raum ist vorstrukturiert durch Axiome und Motive, die für die Durchführung der Predigt entscheidende Impulse geben. Darum geht eine gute Homiletik in die Schule zu den Psalmisten, den Propheten oder den neutestamentlichen Briefautoren.

Helmut Schwier zeichnet den texthermeneutischen Zugang Theißens in das größere einer biblischen Hermeneutik ein und macht auf Wechselwirkungen zwischen innovativen Bewegungen in der Exegese und der Homiletik aufmerksam[34] und verweist selbst auf Paul Ricœur, der die Vielfalt der Formen in einer biblischen Polyphonie bestehend aus narrativen, prophetischen, vorschreibenden, weisheitlichen und

---

32 Gerd THEISSEN, *Zeichensprache des Glaubens. Chancen der Predigt heute*, Gütersloh 1994, und DERS., *Zur Bibel motivieren*, Gütersloh 2003. Zu Theißens Ansatz siehe auch: Helmut SCHWIER, »Im Dialog mit der Bibel. Gerd Theißens Impulse für Theorie und Praxis der Predigt«, in: Peter LAMPE / Helmut SCHWIER (Hg.), *Neutestamentliche Grenzgänge. Symposium zur kritischen Rezeption der Arbeiten Gerd Theißens* (NTOA, 75), Göttingen 2010, 186–201.

33 Dieses »neue Wort« ist mit dem »Predigteinfall« von Ernst Lange – siehe Ernst LANGE, »Predigtarbeit«, in: DERS., *Predigen als Beruf. Aufsätze zu Homiletik, Liturgie und Pfarramt*, München 1982, 30 ff. – vergleichbar, insofern dieses wie jener sich aus dem hermeneutischen Zirkel erschließt. Theißens exegetisch-homiletischer Brückenschlag vermag aber die Textgestalt, die bei Lange nur als abstraktes Konstrukt erscheint, differenzierter wahrzunehmen und Verbindungen in der Textwelt und der Predigtgestalt herzustellen.

34 Vgl. dazu das Themenheft »Innovative Bewegungen in der neutestamentlichen Exegese«, in: *Verkündigung und Forschung* 55:1 (2010).

hymnischen Diskursen systematisiert. Auf den Punkt gebracht:

> »In der Reflexion dieser biblischen Diskurse, die noch stärker und intensiver auf ihre Interferenzen untersucht werden können und zu denen auch ›Grenzausdrücke‹ (z. B. Paradox, Hyperbel, Überzogenheit, unnennbarer Gottesname) gehören, die eine Gottesrede via eminentiae öffnen, zeigt sich eine überzeugende Möglichkeit, nicht nur Textinterpretation, sondern theologische Textinterpretation im Kontext biblischer Vielfalt zu betreiben.«[35]

Die theologische Textinterpretation bildet mit Querverbindung zu Rhetorik und Poetik die Basis der erneuerten Homiletik.[36]

5.2 GOTTESDIENST

Eine zweite Spur, um das Problem der Novation besser zu erfassen und bei den Lösungen nicht in alte Muster zu verfallen, zielt in die andere Richtung. Ich greife dazu die Formel von Meyer-Blanck auf, der von der Predigt als »Unterbrechung der Unterbrechung« spricht.[37] Gemäß dieser Definition ist die Predigt kein ritueller Sprechakt, sondern die Unterbrechung des Ritus, aber gleichwohl ein traditionales Reden im Kontext des Ritus.[38] Man hätte deshalb die Signatur der Kanzelrede nicht adäquat erfasst, wenn man sie als Rede eines herausgehobenen Redners verstünde, der andern sagt, wo Gott hockt. Der Prediger ist vielmehr als Zeuge des Evangeliums ein Glied der Gemeinde. Er tritt aus ihr heraus, nicht um sich vor sie zu stellen, sondern um die Gemeinde wie sich selbst dem An-

---

35 Helmut SCHWIER, »Zur Sache der Texte«, 25.

36 Vgl. dazu Dawn OTTONI WILHELM, »New Hermeneutic, New Homiletic, and New Directions«, in: Homiletic 35:1 (2010), 17–33, 26 f.

37 Michael MEYER-BLANCK, »Bibel und Predigt«, 39.

38 Ebd., 44.

spruch der Anrede Gottes auszusetzen. Verkündigung ist darum ein Teil des Gottesdienstes, weil im Gottesdienst nicht nur *über* und *vor* Gott, sondern im Namen Gottes auch *zu* Gott gesprochen wird.[39] Die Liturgie ist Praxis und Vollzug des Glaubens, wie er in der Kirche bekannt und überliefert ist. Auch hier stoßen wir auf das zuvorkommende Wort, aber in seiner Feiergestalt.

Wenn wir zum Kern der Feiergestalt des Glaubens stoßen, stoßen wir auf jenes *Grundgeschehen*, von dem eingangs schon die Rede war. Im Abendmahl entfaltet sich das Geschehen nun aber nicht in der Vielfalt der Texte, die den Einen bezeugen, sondern durch ein einmaliges Geschehen in der Geschichte, »in der Nacht, da er verraten wurde«, und doch alles eine gute Wende nehmen sollte und das Heil für alle bereitet wurde. Der Menschensohn selbst gibt sich als derjenige zu erkennen, der kommen soll. Liturgie ist Erinnerung an die Erneuerung und sie ist Erneuerung in der Erinnerung.

Es ist die Liturgie, die diesen Spielraum eröffnet. Sie vermag es, gerade weil sie »langweilig« ist. Es sind immer wieder dieselben Worte, die gesagt werden. Abwechslung ist nicht gefragt und Originalität wäre tödlich. Die symbolische Einverleibung Christi im Abendmahl ist konzentrierter Glaube. Man muss also das Zusammenspiel der beiden Feiertypen sehen: die Mahlfeier konzentriert und die Predigtfeier verflüssigt. Eingedenk der Überlegung zum rechten Verhältnis von Radikalität, Aktualität und Originalität der Rede zeigt sich

---

39 Was wiederum Konsequenzen hat für die Lebensweltorientierung und den Wirklichkeitsbezug der Predigt. Dazu ausführlicher in: Ralph KUNZ, »Über das Leben des Hörers reden« oder: Lebenswelt als Deutungshorizont der Predigt«, in: Thomas KLIE/Martina KUMLEHN/Ralph KUNZ und Thomas SCHLAG (Hg.), *Lebenswissenschaft Praktische Theologie?!*, Berlin/New York 2011, 223–251.

hier eine nicht unwichtige Funktion der Sakramente im Vis-
à-vis der Predigt: Das konzentrierte Begegnungsgeschehen in
der Mahlfeier kann die Predigt vom Pathos der revolutionä-
ren Rede entlasten und ihr die Freiheit und Freude schenken,
die Polyphonie der Bibel immer wieder von Neuem zu er-
schließen.

5.3 NULLPUNKT – SCHLUSSWORT ZUM ANFANG

Ganz zum Schluss noch einmal zur Predigtkritik David Signers.

> »Was hinzukommt: Die Worte des Pfarrers richten sich natürlich an
> eine Gemeinde, die prinzipiell von der Wahrheit des Evangeliums
> ausgeht. Aber ist das noch zeitgemäss? Vielleicht müsste ein Prediger
> heute wieder bei null anfangen und versuchen, all die Atheisten,
> Agnostiker, Skeptiker und Soso-lala-Gläubigen abzuholen.«[40]

Eins ist klar: Eine Soso-lala-Predigt überzeugt weder diejenigen, die noch in die Kirche kommen, noch jene, die zu Hause
bleiben. Nein, Herr Signer, wir können nicht beim Nullpunkt
anfangen! Es wäre das alte Lied. Es käme nichts dabei heraus,
jedenfalls nichts Neues unter der Sonne.

Aber am Ende hat er mit dem *Anfangen* doch Recht, der
Kritiker. Der Anfang hat immer etwas Innovatives. Etwas
wirklich Neues geschieht erst, wenn Prediger und Hörer ihren Erneuerungsphantasien und Neuigkeitserwartungen ein
gnädiges Ende bereiten und sich von Anfang an der Wahrheit
des Evangeliums aussetzen. Oder mit dem Vers (Röm 12,2) gesagt, den Signer überhört hat: »Fügt euch nicht ins Schema
dieser Welt, sondern verwandelt euch durch die Erneuerung
eures Sinnes, dass ihr zu prüfen vermögt, was der Wille Gottes ist: das Gute und Wohlgefällige und Vollkommene.«

---

40 David SIGNER, »Das Wort zum Einschlafen«.

Autoren und Herausgeber

Andrea Anker, Pfarrerin in Teufen (Schweiz) und Doktorandin am Institut für Hermeneutik und Religionsphilosophie, Universität Zürich

Dr. Christian Danz, Professor für Systematische Theologie, Universität Wien

Dr. Hartmut von Sass, Privatdozent für Systematische Theologie und Religionsphilosophie, Universität Zürich

Dr. Konrad Schmid, Professor für alttestamentliche Wissenschaft und frühjüdische Religionsgeschichte, Universität Zürich

Dr. Dr. Günter Thomas, Professor für Systematische Theologie, Ethik und Fundamentaltheologie, Ruhr-Universität Bochum

Dr. Hans Weder, em. Professor für neutestamentliche Wissenschaft, Universität Zürich

Ingolf U. Dalferth |
Simon Peng-Keller (Hrsg.)
**Kommunikation des
Vertrauens**

224 Seiten | Paperback
ISBN 978-3-374-03027-9
EUR 38,00 [D]

Wie wird in unterschiedlichen Berufsfeldern Vertrauen geweckt und stabilisiert? Der vorliegende Studienband, der im Rahmen des interdisziplinären Zürcher Forschungsprojektes »Vertrauen verstehen. Grundlagen, Formen und Grenzen des Vertrauens« entstanden ist, gibt darauf bereichsspezifische Antworten. Auf der Basis bisheriger Forschung werden typische Formen und Probleme professioneller Vertrauenskommunikation beleuchtet. Im Fokus sind die Bereiche Medizin, Psychotherapie, Seelsorge, (Religions-)Pädagogik sowie Managementlehre. Der multiperspektivische Blick ermöglicht es, unterschiedliche Formen von Vertrauenskommunikation besser zu verstehen.

EVANGELISCHE VERLAGSANSTALT
Leipzig www.eva-leipzig.de

Tel +49 (0) 341/ 7 11 41 -16   vertrieb@eva-leipzig.de

Ingolf U. Dalferth |
Simon Peng-Keller (Hrsg.)
Grundvertrauen
Hermeneutik eines
Grenzphänomens

230 Seiten | Paperback
ISBN 978-3-374-03021-7
EUR 38,00 [D]

Von Grundvertrauen redet sich leicht. Schon schwieriger ist es zu beschreiben, was damit gemeint ist. Muss man nicht zwischen unterschiedlichen Formen von Grundvertrauen unterscheiden? Und in welchem Verhältnis steht Grundvertrauen zum Gottvertrauen? Die Studie nähert sich diesen Fragen von unterschiedlichen Seiten an und bringt philosophische, theologische, soziologische und psychologische Perspektiven erhellend miteinander ins Gespräch.
Das in diesem Band dokumentierte Forschungsprojekt des Schweizerischen Nationalfonds (Universität Zürich 2009–2012) schließt eine bedeutsame Lücke in der bisherigen Vertrauensforschung.

EVANGELISCHE VERLAGSANSTALT
Leipzig www.eva-leipzig.de

Tel +49 (0) 341/ 7 11 41 -16   vertrieb@eva-leipzig.de

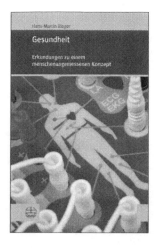

Hans-Martin Rieger

Gesundheit

Erkundungen zu einem
menschenangemessenen
Konzept

*Forum Theologische
Literaturzeitung (ThLZ.F)* | 29

248 Seiten | Paperback
ISBN 978-3-374-03172-6
EUR 19,80 [D]

»Hauptsache gesund!« Dieses Motiv gehört zu den Haupt-
themen des 21. Jahrhunderts. Die »Gesundheitsgesell-
schaft« sieht Gesundheit als höchsten Wert an, betrachtet sie als zunehmend machbar und erblickt in der
starken Nachfrage nach dem Gut »Gesundheit« einen
Wachstumsmotor. Doch was ist »Gesundheit«? Höchst
kompetent tritt Hans-Martin Rieger in die Diskussion
gesellschaftlicher, medizinischer, gesundheitspsycholo-
gischer und philosophischer Vorstellungen ein. Dazu
werden anthropologische Leitvorstellungen ethisch reflektiert und Grundmerkmale eines menschenangemessenen Gesundheitsverständnisses erkundet. Ein trans-
disziplinärer Modellvorschlag und eine theologische
Betrachtung bieten konstruktive Gesprächsanstöße.

EVANGELISCHE VERLAGSANSTALT
Leipzig www.eva-leipzig.de

Tel +49 (0) 341/ 7 11 41 -16   vertrieb@eva-leipzig.de

Christian Grethlein

Was gilt in der Kirche?

Perikopenrevision als
Beitrag zur Kirchenreform

*Forum Theologische
Literaturzeitung (ThLZ.F)* | *27*

200 Seiten | Paperback
ISBN 978-3-374-03145-0
EUR 18,80 [D]

Der renommierte Münsteraner Theologe Christian Grethlein legt eine praktisch-theologische Theorie der Schriftlesungen vor, die einen zusammenfassenden Rückblick
auf die bisherige Entwicklung und die Analyse gegenwärtiger Veränderungen im Hören biblischer Texte voraussetzt. Die daraus folgenden hermeneutischen Ein-
sichten und bibeldidaktischen Erkenntnisse erweisen
eine zentrale Perikopenrevision als problematisch. Denn
sie verfehlt den situativen Grundcharakter der Kommunikation des Evangeliums. Demgegenüber empfiehlt
Grethlein, die Auswahl der Schriftlesungen als pastorale
Aufgabe zu profilieren. Ihre Gestaltung wird durch den
personalen Charakter des Vorlesens bestimmt.

EVANGELISCHE VERLAGSANSTALT
Leipzig www.eva-leipzig.de

Tel +49 (0) 341/ 7 11 41 -16   vertrieb@eva-leipzig.de